Preussen

Für Karin, Tina und Ursula

Michael Epkenhans | Gerhard P. Gross | Burkhard Köster

Preussen

Aufstieg und Fall einer Grossmacht

Inhaltsverzeichnis

Einführung

6   PREUSSEN
Annäherung an einen Mythos

Entwicklungen und Ereignisse

10   Die Streusandbüchse des Reiches

16   Aufstieg zur Macht 1525 bis 1701

24   Albrecht von Brandenburg-Ansbach
Hochmeister des Deutschen Ordens
und Herzog in Preußen

26   Kampf um Gleichberechtigung

32   Friedrich der Große
Feldherr und Philosoph

36   Leuthen 1757
Triumph der schiefen Schlachtordnung

38   Der Alte Dessauer
Drillmeister der preußischen Armee

40   Expansion nach Osten
Die Teilungen Polens 1772 bis 1795

42   Der Weg in die Katastrophe
Preußen 1786 bis 1807

46   Jena und Auerstedt
Das Ende des alten Preußen

48   Königin Luise
Die weibliche Seite Preußens

50   Reformen von oben statt Revolution von unten

54   Befreiung und Wiederaufstieg 1813 bis 1815

56   Lützower Jäger
Schwarz-Rot-Gold wird symbolträchtig

58   1848 – Geht Preußen in Deutschland auf?

62   Otto von Bismarck
»Urpreuße« und »Reichsgründer«

64   »Eisen und Blut«
Kleindeutsche Lösung 1850 bis 1871

72   Königgrätz
Preußens Triumph über Österreich

76   Wilhelm I.
Preußischer König und nationale Integrationsfigur

78   Preußen im Kaiserreich –
ein Bollwerk gegen die Demokratie?

82   Theodor Fontane
Poetischer Realist und Chronist
einer vergangenen Epoche

84   Der Große Generalstab
Halbgötter mit karmesinroten Streifen

86   Tannenberg
Der Kampf um Ostpreußen

88   Wilhelm II.
Letzter preußischer König

90   Vom »Junkerstaat« zum »Roten Preußen«
Preußen 1914 bis 1933

96   Hindenburg
Feldherr, Ersatzkaiser und Totengräber
der Weimarer Republik

98   »Preußenschlag« und »Tag von Potsdam« 1932/33

102   Henning von Tresckow
Ein Preuße gegen Hitler

104   Das Ende
Die Konferenz von Potsdam 1945

106   Der Untergang

Lebenswelten –
Gesellschaft, Wirtschaft und Kultur

114 Einheit und Vielfalt
Preußen und seine Provinzen

120 Der Große Kurfürst
Friedrich Wilhelm I. von Brandenburg

124 Religiöse Toleranz und pragmatische Politik
Ansiedlung der Salzburger Protestanten
in Ostpreußen 1732

128 Das aufgeklärte Preußen

134 Bettina von Arnim
Lebensfrohe und gesellschaftskritische
Dichterin der Romantik

136 Das Allgemeine Landrecht von 1794

138 Junker und ihre Untertanen

142 Friedrich August Ludwig von der Marwitz
Prototyp des Preußischen Junkers

146 August Wilhelm Iffland
Schauspieler, Theaterdirektor und Dramatiker

148 Heinrich von Kleist
Ein Offizier entdeckt seine Leidenschaft
für Schauspiel und Literatur

152 Preußische Tugenden

154 Georg Friedrich Wilhelm Hegel
Ein Magnet für Intellektuelle
und einer der einflussreichsten Philosophen

156 Vom Agrarland zum Industriestaat

162 Das weiße Gold
Die Königliche Porzellan-Manufaktur Berlin

164 Johann Carl Friedrich Borsig
Unternehmer mit sozialem Engagement
und genialer Lokomotivbauer

166 Universitäten und Wissenschaft

170 Rudolf Virchow
Arzt, Politiker, Anthropologe

172 Militarismus

176 Drei Orden für Preußen

182 Semper talis
Das Erste Garde-Regiment zu Fuß

184 Abgeordnetenhaus und Herrenhaus –
Anachronismen beim Aufbruch in die Moderne?

190 Die Moltkes
Eine Familiengeschichte

194 Walther Rathenau
Wanderer zwischen den Welten

196 Marion Gräfin Dönhoff
»Echtes Preußentum war eine Kultur, ein Moral«

Anhang

198 Zeittafel
Geschichte und Kulturgeschichte
im Überblick

208 Karten – Brandenburg-Preußen
von 1415 bis 1918

212 Quellen- und Literaturverzeichnis

214 Namen- und Sachregister

216 Impressum und Bildnachweis

Preussen
Annäherung an einen Mythos

Wie kein anderer deutscher Staat hat Preußen seit der Zeit Friedrichs II., der zu Lebzeiten bereits der »Große« genannt wurde, Zeitgenossen und Historiker interessiert und fasziniert, irritiert oder auch regelrecht abgestoßen. Aus einer ärmlichen »Streusandbüchse« am Rande des alten Reichs hatten Preußens Herrscher und ihre Untertanen mit Zähigkeit, Geschick und Gewalt, aber auch gestützt auf ganz eigentümliche Tugenden schließlich eine europäische Großmacht geschaffen. Trotz der ungünstigen Mittellage in Europa, haben sie diese Stellung in einer Reihe von Kriegen erfolgreich zu verteidigen, ja sogar zu erweitern verstanden. Am Ende war es Preußen, das Deutschland seinen Stempel aufdrücken sollte – nicht Österreich, die alte Vormacht seit dem Mittelalter.

Auf Jahrzehnte der Glorifizierung Preußens und seiner Macht, vor allem im Kaiserreich, folgen dessen tiefer Fall, schließlich der physische Untergang in der »Deutschen Katastrophe« (Friedrich Meinecke) der Jahre 1933 bis 1945. Die endgültige Auflösung am 27. Februar 1947 war kaum mehr als das Ausstellen der Sterbeurkunde.

»Dieser Staat«, so Heinrich von Treitschke in der Zeit der Einigungskriege, »mit all seinen Sünden hat alles wahrhaft Große getan, was seit dem Westfälischen Frieden im deutschen Staatsleben geschaffen ward, und er ist selber die größte politische Tat unseres Volkes.« Zweifellos sprach Treitschke 1864 das aus, was viele dachten oder fühlten – bei allen Vorbehalten gegenüber einem Staat, der in manchem anders war als das katholische Bayern, das liberale Baden oder die beschaulichen thüringischen Kleinstaaten mit ihren uralten Traditionen.

Ein halbes Jahrhundert später stand dieses Preußen, dem Treitschkes Stolz gegolten hatte, auf der Anklagebank: »Die ganze preußische Geschichte ist durch den Geist der Beherrschung, des Angriffs und des Krieges charakterisiert«, behaupteten die Ententemächte am Ende des Ersten Weltkrieges in ihren Verhandlungen in Versailles im Jahr 1919. Es entbehrt nicht einer gewissen Ironie, dass diesem Verdikt auch zahlreiche Deutsche zustimmen konnten. Weltkrieg, Niederlage und Revolution veranlassten viele, über eine Auflösung Preußens nachzudenken. Der Versuch, einen Zentralstaat an die Stelle eines föderativen Staatswesens zu setzen, scheiterte nicht nur an den »Fußangeln«, die eine Umsetzung dieser Idee zur Folge gehabt hätte, sondern auch an der Hoffnung, die »guten Seiten« Preußens, seine Tugenden, für den Aufbau eines neuen, demokratischen Deutschlands nutzen zu können.

Diese Hoffnungen haben sich bekanntermaßen nicht erfüllt. Der »Tag von Potsdam« am 21. März 1933 erschien Zeitgenossen und Nachgeborenen als eine Bestätigung dafür, dass Preußen die Wurzel allen Übels in Deutschland und Europa sei. Nicht die viel beschworen preußischen Tugenden wie Pflichterfüllung, Treue, Genügsamkeit oder Toleranz prägten für Jahrzehnte das Bild Preußen-Deutschlands. Einmal mehr galt der Blick dem militaristischen, obrigkeitsstaatlichen Preußen als dem Ursprung eines »Sonderwegs«, der in fataler Weise in eine totalitäre Diktatur mündete, deren Ziel nichts anderes als die gewaltsame Eroberung der Hegemonie über Europa mit all ihren verbrecherischen Begleiterscheinungen zu sein schien.

Die viel beschworene Kontinuität von Friedrich dem Großen über Bismarck zu Hitler, in die die NS-Propagandisten sich stellten, hielten viele Politiker, Historiker und Publizisten der Nachkriegszeit für tatsächlich gegeben. Das andere, das liberale, tolerante, zeitweilig sogar revolutionäre Preußen kam hinter diesem Vorhang erst mühsam wieder hervor. Bezeichnend für diesen Wandel war, dass er sich im ehemaligen Westen und Osten Deutschlands in den 1980er-Jahren nahezu zeitgleich vollzog – wenngleich unter völlig anderen Vorzeichen.

Gleichwohl, die damit verbundenen Auseinandersetzungen mit Preußen, seinem Erbe und seinem Mythos wurden nun differenzierter und damit fruchtbarer als alle eher holzschnittartigen, ideologisch motivierten Annäherungen oder Verurteilungen zuvor geführt.

Es war sicherlich kein Zufall, dass in diese Zeit auch das Erscheinen der ersten modernen Biografien über Otto von Bismarck fiel, den »Urpreußen und Reichsgründer« wie er im Osten oder den »Weißen Revolutionär« wie er im Westen

Beschreibung der Mark Brandenburg; Kupferstich von Abraham Ortelius aus dem Jahr 1588.

hieß. Indem dessen Biografen – Ernst Engelberg in Ost-Berlin, Lothar Gall im liberalen Frankfurt am Main – versuchten, ein neues Bild dieses preußischen Junkers zu zeichnen, leisteten sie zugleich auch einen wichtigen Beitrag zur Aufarbeitung der Komplexität des Preußen-Problems in der neueren deutschen Geschichte.

Im Grunde war damit der Damm gebrochen: Preußen war wieder »en vogue«, wenngleich nunmehr unter anderen Vorzeichen. Die Zahl der direkt oder indirekt Preußen und seiner Geschichte gewidmeten Ausstellungen, Filme und Publikationen ist kaum noch zu überschauen.

Gemeinsames Anliegen aller ist das Bemühen, sich dem Mythos, dem »Januskopf«, von dem einst bereits Madame de Staël gesprochen hatte, zu nähern, seine Widersprüchlichkeiten, Irr-, Um- und Sonderwege, aber auch seine Verdienste auf dem Weg in die Moderne zu beschreiben und zu erklären.

Heute ist Preußen endgültig Geschichte: Es existiert nicht mehr, seinen tragenden Schichten ist im wahrsten Sinne des Wortes bereits 1945 der Boden entzogen worden, seine Tugenden haben im Zeichen eines globalen Wertewandels anderen ganz oder teilweise weichen müssen. Der Reiz, sich mit ihm zu beschäftigen, ist dennoch ungebrochen.

Dieser Reiz war auch das Motiv, dieses Buch zu schreiben. Dabei ging es uns nicht darum, den vielen voluminösen Standardwerken oder opulenten Bildbänden einen weiteren Band hinzuzufügen. Unser Ziel war es, die Vielfältigkeit Preußens zu beschreiben, die ausgewählten Persönlichkeiten, die dieses Land geprägt haben, mit den Mitteln des Historikers noch einmal lebendig werden und die Lebenswelten vergangener Epochen Revue passieren zu lassen – sine ira et studio, wie es sich für den Historiker gehört. Der kundige Leser mag daher manches vermissen. Doch uns ging es vor allem darum, diejenigen zu erreichen, denen Sachbücher zu »trocken« sind. Erzählende Texte, ausgewählte Bilder und sprechende zeitgenössische Quellen sollen ihm helfen, sich durch einen Einblick in die vielen Facetten preußischer Geschichte ein eigenes Bild machen zu können, das erklären hilft, wie wir wurden, was wir sind.

Potsdam im September 2011
Michael Epkenhans   Gerhard P. Groß   Burkhard Köster

Auf dem Konstanzer Konzil 1417 belehnt König Sigismund Friedrich I. mit der Mark Brandenburg.

Entwicklungen und Ereignisse

Die Gegensätze könnten kaum größer sein: Keine europäische Großmacht hat so viele Verehrer und Verächter, die einen üppigen Nährboden für Mythen und Legenden schufen. Wir betrachten die Geschichte Preußens ohne Legenden – als die Geschichte eines immer gefährdeten, etwas künstlichen, aber auch interessanten Staates, der Reformen vorantrieb. Es ist die Geschichte eines Staates, der aus sehr verschiedenartigen deutsch-slawischen Kolonialgebieten über mehrere Jahrhunderte zusammenwuchs.

Die Streusandbüchse des Reiches

Historische Fäden unterschiedlicher Länge und Stärke verknüpften sich in der brandenburgisch-preußischen Geschichte über Jahrhunderte, bis sie 1701 im Königreich Preußen einen gemeinsamen kräftigen Strang bildeten. Einige Fäden rissen, andere zeigten sich erstaunlich stark. Jeden einzelnen zu verfolgen, würde die preußische Geschichte allzu verwickelt erscheinen lassen und den Blick auf das Wesentliche verschleiern. Dennoch gibt es sie: die zentralen, wirkmächtigen Fäden, bestehend aus Machtstreben, Familieninteressen, Religion, Kriegen, Umweltbedingungen, Bündnissen und Verrat. Sie verdienen es nachgezeichnet zu werden, um das Werden eines Staates zu beschreiben, dessen Existenz bis an sein Ende immer etwas Künstliches und Unwirkliches anhaftete.

Die längste Verbindung der preußischen Geschichte führt zurück in eine Landschaft, die zwar nicht Namensgeber, aber Herzstück werden sollte. Märkische Heide, märkischer Sand, Sumpf und dunkle Kiefernwälder werden im Brandenburger Lied anschaulich und von den Landeskindern bis heute mit Inbrunst besungen. Das karge und anfangs unwirtliche Kernland der brandenburgischen Kurfürsten und später der preußischen Könige findet seinen Ausgangspunkt im 12. Jahrhundert in einem Gebiet, dessen deutsche Besiedlung gerade anzulaufen begann. Seit Karl dem Großen hatte sich der christliche Westen im Kampf mit dem heidnischen Osten befunden. Nach der Niederwerfung

Albrecht I. der Bär, Markgraf von Brandenburg, erstürmt 1150 die Festung Brennabor; Lithografie von Adolf Menzel aus dem Jahr 1834, die später koloriert wurde.

und Christianisierung der Sachsen im 10. Jahrhundert kam dann Polen als östlicher Machtfaktor mit ins Spiel. Während sich aber dort das Christentum durchgesetzt hatte, blieben die Slawen noch länger im Fokus christlicher Mission und damit auch Ziel religiöser Eiferer sowie ehrgeiziger Eroberer slawischen Gebiets. Die Grenzen zwischen Heidenbekehrung und reiner Machtpolitik verschwammen dabei in den folgenden Jahrhunderten immer mehr.

Das beste Beispiel dafür bietet die Eroberungspolitik eines Grafen suebischer Herkunft aus dem Nordharz: Albrecht I. der Bär (1100–1170) aus dem Geschlecht der Askanier. Er wurde 1134 mit einem kleinen Gebiet östlich der Elbe belehnt, der Nordmark. Hier liegt der Beginn der später in den Quellen als »Streusandbüchse« des Reiches bezeichneten Markgrafschaft Brandenburg. Albrechts Name deutet auf seine kräftige Konstitution und seine Tatkraft hin. Mit Geschick und brutaler Gewalt nutzte er die Chance, aus einem kleinen Lehen des Kaisers eine solide Regionalmacht zu schaffen. Festungen wie Stendal und Tangermünde wurden Ausgangspunkte seiner Gebietsausdehnungen. Sie waren auch dringend notwendig, befand sich Albrecht doch die folgenden 36 Lebensjahre meist im Krieg um erobertes oder ererbtes Land. In harten Kämpfen und mit durchaus wechselndem Kriegsglück gewann er nach und nach große Teile der späteren Markgrafschaft. Das 1150 ererbte und 1157 im Kampf endgültig in Besitz genommene Brandenburg wurde zum Namensgeber seines Markgrafengeschlechts.

Die Gebietsausdehnungen wurden von deutschen Kolonisten unterstützt, gelockt von der verheißungsvollen Aussicht, freie Bauern mit eigenem Land zu werden. Die Expansion des Reiches Richtung Norden und Osten wurde dabei begünstigt von der bis ins 14. Jahrhundert andauernden hochmittelalterlichen Wärmeperiode in Europa. Kirche, Landadel und Siedlern gelang es zügig, die Herrschaft der Markgrafen zu stabilisieren, wenn auch auf Kosten der alteingesessenen Slawen, die unfreie Hörige blieben. Albrechts Erfolge sicherten ihm letztlich das besondere Wohlwollen des Stauferkaisers Friedrich I. Barbarossa. Als Dank für die Erweiterung des Reiches erhielt Albrecht die erbliche Würde eines Reichskämmerers. Damit stieg die Familie zur Spitze im Reich auf. Zugleich war der Weg geebnet für die spätere Verleihung der Kurfürstenwürde. In den folgenden Jahrzehnten erweiterten die brandenburgischen Herrscher ihre Markgrafschaft beiderseits der Elbe und dehnten das Gebiet bis 1410 an die Oder und mit Ober- und Unterlausitz sogar darüber hinaus aus. Pommern hatte zwischenzeitlich auch dazugehört, war aber an Dänemark gefallen und kam erst 1618 wieder zurück in brandenburgische Hand.

Urkunde aus dem Jahr 1160 von Albrecht I. dem Bären. Das Schriftstück gilt als älteste Urkunde in der Geschichte Brandenburg-Preußens.

Diese Gebietserweiterungen durch die Askanier im 13. Jahrhundert waren die eine Seite, das Aussterben ihrer Dynastie in Brandenburg die andere. Im 14. Jahrhundert zwischen 1320 und 1410 waren nicht nur die bayerischen Wittelsbacher die Herrscher in Brandenburg. Vielmehr folgten ihnen sogar mit dem Luxemburger Karl IV. der Kaiser und seine Söhne. Das Wohlergehen der Landeskinder lag ihnen nicht am Herzen. Doch eine aus dynastischen Gründen geplante, machtpolitische Entscheidung des Kaisers sollte sich insbesondere langfristig als wichtig erweisen: die Erhebung der Markgrafen von Brandenburg in den Kurfürstenstand im Jahre 1356, dokumentiert in der Goldenen Bulle. Von anderen Fürsten neidisch beäugt, bedeutete die Erhebung nicht nur Prestigegewinn, sondern sie beförderte die Brandenburger als »Kaiserwähler« in den Status eines ernst zu nehmenden Machtfaktors im Nordosten des Reiches. Damit verbunden und fast zeitgleich begann eine bittere Phase des Niedergangs. Die fremden Herren beuteten das Land hemmungslos aus, zugleich wütete in der zweiten Hälfte des 14. Jahrhunderts die Pest. Diese Jahrzehnte waren geprägt durch Verelendung der überlebenden Landbevölkerung und zunehmende Auflehnung und Verwahrlosung des Adels.

Als 1410 der Nürnberger Hohenzoller Friedrich VI. von Kaiser Sigismund zum Statthalter der Mark Brandenburg berufen wurde, benötigte er vier Jahre, um den Adel in die Schranken zu weisen und für Ruhe und Ordnung zu sorgen. Als Dank erhielt er am 30. April 1415 die Mark Brandenburg mit der Kur- und Erzkämmererwürde. Damit stehen wir am Anfang einer mehr als 500-jährigen Geschichte der Hohenzollern, die, zu deutschen Kaisern aufgestiegen, erst mit dem verlorenen Ersten Weltkrieg enden sollte. 1410 steht aber nicht nur für den Beginn der Hohenzollernherrschaft in Brandenburg. Im gleichen Jahr beginnt mit der verlorenen Schlacht bei Tannenberg der Anfang vom Ende einer gut 200 Jahre alten Macht im Osten, des Deutschen Ordens. Diesen Faden gilt es aufzunehmen, um dem Phänomen und der Namensgebung Preußens näherzukommen.

Bevor die Ordensritter im 13. Jahrhundert im Rahmen der »Deutschen Ostkolonialisierung« die Gebiete im Ostseeraum beiderseits der Weichsel gewaltsam christianisierten, lebte dort schon seit langer Zeit ein sesshaftes Volk mit eigener Sprache: Die Pruzzen, lateinisch auch »Borussi«, hatten sich standhaft bis zur Wende vom 12. zum 13. Jahrhundert allen Eroberungen und Christianisierungsversuchen zu widersetzen gewusst. Mit den polnischen Herrschern war ihnen jedoch ein Gegner erwachsen, der immer neue Anläufe nahm, um die Bekehrung der letzten verbliebenen Heiden durchzusetzen. Zu guter Letzt wusste sich der polnische Herzog Konrad I. von Masowien nicht anders zu helfen, als die kreuzzugserprobten und aus den Kämpfen um Jerusalem kampferfahrenen Ritter des »Ordens der Brüder vom Deutschen Haus St. Mariens in Jerusalem« um Beistand zu ersuchen. Der Zeitpunkt war günstig, da der Hochmeister dieses »Deutschen Ordens«, Hermann von Salza, nach der Eroberung Jerusalems hoch in der Gunst des Stauferkaisers Friedrich II. und des Papstes stand. Der Orden stand neben seinem kriegerischen zugleich in exzellentem caritativen Ruf. Er besaß auch überall im Reich und im arabischen Raum Quartiere und Festungen. An Nachwuchs mangelte es ebenfalls nicht. Doch ein großes eigenes Territorialgebiet als Machtbasis fehlte. Umso verlockender erschien daher dem Großmeister die Aussicht, einen gottgefälligen Kreuzzug gegen die nordöstlichen Heiden mit dem Angebot Konrads verbinden zu können, ihm das Kulmer Land östlich der Weichsel zu schenken. Noch besser war, dass der Papst den Kreuzzug unterstützte und der Kaiser alle Eroberungen als künftigen Besitz des Ordens verbriefte.

Das Gewand der Ordensritter mit dem schwarzen Kreuz auf weißem Grund verbreitete ab 1231 jahrzehntelang mörderischen Schrecken unter den Pruzzen. Ihre Bevölkerungszahl war nach gut 50 Jahren schon halbiert, und sie traten nun zwangsweise zum Christentum über oder flohen weiter nach Osten. Während dieser blutige Kreuzzug aus heutiger Sicht die Schattenseite des Deutschen Ordens darstellte, erwarben sich die Ritter auf der anderen Seite große Verdienste. Vom ersten Tag an bemühten sie sich um die Kultivierung der sumpfigen und seenreichen Wildnis. Burgen entstanden, Städte wurden gegründet, Sümpfe trockengelegt und Deiche gebaut. Gekrönt wurde das Ganze von einem für die damaligen Verhältnisse perfekt aufgebauten Verwaltungssystem. 1309 verlegte der Orden dann endgültig seine Zentrale von Venedig in sein prosperierendes Ordensland. Der Hochmeister zog in die Marienburg. Noch heute kündet sie von einstiger Größe und Bedeutung. Die Marienburg – ein gewaltiges Zentrum der Macht – zählt zu den prächtigsten Bauten Europas im Mittelalter. Landwirtschaft, Handel und das Gold des Nordens, der Bernstein, machten den Orden so reich, dass er nicht einmal Steuern erheben und damit die Stände beteiligen musste.

Goldene Bulle Karls IV: Die Abbildung zeigt einen Ausschnitt aus einer Prunkhandschrift im Besitz König Wenzels, Sohn Karls IV.

Diese günstigen Rahmenbedingungen lockten viele Siedler aus dem Deutschen Reich in das fruchtbare und verlockend sicher wirkende Gebiet der Pruzzen. Zwischendurch wurde das Ordensland noch durch Feldzüge erweitert. So fiel sogar später die brandenburgische Neumark in die Hände der geistlichen Ritter.

Zum strategischen Nachteil entwickelte sich jedoch der Christianisierungserfolg. Ohne Heiden fehlte dem Orden die Hauptaufgabe. Nachdem sich als Letzter Jagiello I., Großfürst von Litauen, 1386 hatte taufen lassen und sich mit dem schon lange unzufriedenen Polenkönig verbündet hatte, sah sich der Orden starken und ernst zu nehmenden Feinden gegenüber. Nun ging es nur noch um Macht, nicht mehr um den christlichen Glauben. 1410 ereilte den Ritterorden dann bei Tannenberg eine vernichtende Niederlage gegen ein polnisch-litauisches Heer. Davon konnte sich der Orden nie mehr erholen. Es ging aber nicht nur finanziell bergab, auch Einfluss und Macht schwanden. Trotz wiederholter Hilfeersuchen an den Kaiser und das Reich kulminierte die Phase des Niedergangs 1463 im »Zweiten Thorner Frieden«, der mit weitreichenden Gebietsverlusten an Polen, einschließlich Westpreußens, verbunden war.

Noch immer aber blieb es für den Reichsadel attraktiv, Söhne im Deutschen Orden unterzubringen. War es in der Anfangszeit der niedere Adel, der den Orden als Karrierechance begriffen hatte, traten im 15. Jahrhundert zunehmend Ritter aus dem Hochadel in die höchsten Ämter. Dies ist auch ein Beleg dafür, dass der Orden immer weniger mit Glaubensidealen, sondern zunehmend mit der Versorgung adeliger Söhne in Verbindung gebracht wurde. So war schon länger strukturell angelegt, was sich nach der Wahl des Hohenzollern Albrecht von Brandenburg-Ansbach zum Hochmeister im Jahr 1511 entwickelte. Im Rahmen der Reformation in Deutschland löste er den Ordensstaat im Osten aus dem Gesamtordensverbund, schuf daraus für sich ein vererbbares Herzogtum und unterstellte sich als evangelischer Herzog mit seinem Staat der polnischen Lehensherrschaft. Die Belehnung wurde zudem noch auf seine Brüder und die Brandenburger Hohenzollern ausgeweitet. Damit waren, wenn auch noch nicht erkennbar, die Weichen in eine gemeinsame Zukunft gestellt. Anfang des 15. Jahrhunderts liefen nun langsam die Fäden der Hohenzollernherrschaft zusammen: Brandenburg und Preußen waren in ihrer Hand, wenn auch noch nicht vereint.

Vom Ordensreich blieben der Name Preußen und vom weißen Mantel der Ordensritter mit dem schwarzen Kreuz die preußischen Farben Schwarz-Weiß sowie später das Eiserne Kreuz.

Die Marienburg, die Burg des Deutschen Ordens, im polnischen Malbork (Westpreußen), 1272 erbaut, mehrmals erweitert und im 19. Jahrhundert restauriert – Ansicht vom Ufer der Nogat aus; Stahlstich, koloriert, um 1850.

Zum unruhigen und konfliktreichen 15. Jahrhundert trugen Pest und Klimaveränderung ebenso bei wie die Krise der Kirche, die sich zwischen einer tiefen religiösen Volksbewegung und Verfallserscheinungen im Klerus bewegte. Bevölkerungsverlusten und eine Vielzahl kriegerischer Auseinandersetzungen prägen auch die Herrschaft der Brandenburger Hohenzollern. War Friedrich I. noch durch die Belehnung mit der Mark von Kaiser Sigismund zum Kurfürsten erhöht worden, verschlechterte sich ihre Beziehung aber durch die ehrgeizige Heiratspolitik des Hohenzollern. Der reichsweit populäre Friedrich konnte nicht nur eine Verlobung eines Sohnes mit der polnischen Königstochter Hedwig vorweisen, sondern der Reichstag berief ihn 1422 gegen Sigismunds Willen auch noch zum Heerführer des Reiches gegen die Hussiten. Damit stand er im Interessensgegensatz zum Kaiser, der in den folgenden Jahren alles daransetzte, den (Nürnberger) Brandenburger zu schwächen. Friedrich und auch seinen Söhnen gelang es in den Folgejahren nicht, die Herrschaft zu konsolidieren. Die Stände versuchten sich seiner Macht zu entziehen.

Um die Jahrhundertmitte stand Friedrich II. in lang andauernden Kämpfen mit den Städten. Der harte Konflikt mit Berlin endete nicht nur in einer Niederlage der Stadt, die sich nun dem Landesherrn unterordnen musste, sondern sie musste auch aus der Hanse austreten. Ein herber Schlag, der im Wappen seinen Ausdruck fand: ein (noch) kriechender Bär auf vier Pfoten, über dem der Brandenburger Adler kreiste. Später erst sollte sich der Bär zu seiner heutigen Größe im Stadtwappen Berlins aufrichten. Die ersten drei Hohenzollernherzöge fühlten sich noch weit mehr mit ihrer fränkischen Heimat verbunden als mit der Mark. Albrecht III. Achilles (1470–1487) verbrachte nur wenige, kurze Zeiträume in dem Herrschaftsgebiet, das ihm immerhin die Grundlage seiner Kurfürstenwürde bot. Sein Blick richtete sich mehr auf das Reich. Erst sein Sohn Johann Cicero (1486–1499) lebte und starb in der brandenburgischen Markgrafschaft. Hatte sein Vater 1472 noch die Lehenshoheit über die pommerschen Gebiete errungen, konnte er das Gebiet um Zossen erweitern. Es gelang ihm auch in langen und mühsamen Verhandlungen, die Stände in den Aufbau einer Landesverwaltung einzubinden. Schon hier deutet sich an, was lange Zeit alle Hollenzollern beschäftigen sollte, der Kampf mit den Ständen um Gelder und Einfluss.

Kurz vor der Reformation hinterließ Johann seinem Nachfolger, der gemäß Erbfolgeregelung von 1473 (»Dispo-

Friedrich I. (1371–1440), Kurfürst von Brandenburg seit 1415, mit Gattin Else; Holzschnitt Anfang des 19. Jahrhunderts.

sitio Achillea«) der älteste Sohn sein musste, ein weiterhin innerlich zerstrittenes Territorium in unruhiger Zeit, dessen Grenzen im Fluss waren.

Joachim I. Nestor (1499–1535) war es dann, der nicht nur den Beginn einer Hohenzollernherrschaft in Preußen, sondern auch noch die Kirchenspaltung in der Person seines Vetters Albrecht im Osten erleben musste. Während dort ab 1525 mit Elan der Aufbau einer evangelischen Landeskirche betrieben wurde, blieb Joachim I. zeitlebens ein erklärter Gegner der Reformation. Für ihn war und blieb Albrecht ein Abtrünniger nicht nur des Deutschen Ordens, sondern grundsätzlich von der vorgegebenen göttlichen Ordnung. Weder erkannte er in den Folgejahren die neue Realität in Preußen an, noch konnte er seiner konvertierten Frau verzeihen, die sich 1528 nur durch Flucht nach Sachsen vor der Verfolgung durch den erzürnten Gatten retten konnte.

1525 zeigten sich die Hohenzollern gespalten in die fränkischen und preußischen Anhänger der Reformation sowie die katholischen Brandenburger. Die Gebiete lagen räumlich weit auseinander, und eine Annäherung schien ebenso wenig in Sicht, wie eine gemeinsame Herrschaft über die Territorien. Zwar bemühte sich die spätere preußische Geschichtsschreibung, eine Melange aus Fügung und langfristiger, zielgerichteter Hausmachtpolitik zu konstruieren, die den Weg zum preußischen Königtum vorzeichnete. Doch hatte das mit der Realität in der ersten Hälfte des 16. Jahrhunderts nichts zu tun. Dazu bedurfte es weiterer 175 Jahre wechselvoller Politik, mit Krisen, Kriegen und Erbschaften.

Aufstieg zur Macht 1525 bis 1701

Für die Brandenburger und Preußen im 16. und 17. Jahrhundert war weder erkennbar noch zu erahnen, dass ihre Nachkommen 1701 einem gemeinsamen König *in* Preußen als Landeskinder unterstehen würden. In der Rückschau wäre es verführerisch – und borussische Historiker im 19. Jahrhundert haben es versucht –, den Aufstieg der Hohenzollern als gleichsam planmäßige und folgerichtige Sendung darzustellen.

Dabei erweist sich schon der Versuch, historische Wegmarken zu setzen, als erklärungsbedürftig. Deutlich zeigt sich diese Problematik bei der historischen Untergliederung in der brandenburgisch-preußischen Geschichte. Die Jahre 1410 bzw. 1415 mit dem Beginn der Hohenzollern in Brandenburg hätten sich als Ausgangspunkt für die Schilderung des Aufstiegs zu preußischen Königen ebenso angeboten wie das Jahr 1618, in dem die Fäden von Brandenburg und Preußen in Hohenzollernhand zusammenliefen. Die Jahre um 1525 erscheinen aber aus zwei Gründen sinnvoll, um den Anfang des gewählten Zeitrahmens abzustecken: zum einen dadurch, dass in diesem Jahr mit Albrecht I. ein Hohenzoller weltlicher Herzog in Preußen wurde und damit überhaupt eine Vereinigung mit Brandenburg denkbar schien. Zum anderen verweist Albrechts lutherisches Bekenntnis auf ein Phänomen von welthistorischer Bedeutung, die Reformation. Deren Folgen sollte auch die brandenburgisch-preußische Geschichte nachhaltig beeinflussen.

Der 1525 regierende Brandenburger Kurfürst Joachim I. hatte noch bis an sein Lebensende mit aller Macht gegen die Reformation gekämpft. Er hinterließ 1535 ein katholisches und zugleich – gegen das Hausgesetz – auf seine Söhne aufgeteiltes Territorium. Eines war beiden Brüdern gemeinsam: Sie folgten dem Beispiel der Mutter und konvertierten. Während Johann als Markgraf von Küstrin streng protestantisch in der Neumark herrschte, erwies sich Kurfürst Joachim II. Hektor in der Kurmark als wesentlich flexibler und toleranter. Er kämpfte auf katholisch kaiserlicher Seite mit gegen die Türken, erließ 1540 eine versöhnliche Kirchenordnung mit katholischen Elementen im Gottesdienst und erwarb sich Verdienste beim Ausgleich zwischen Katholiken und Protestanten 1555 in Augsburg. Konsequent billigte er seiner zweiten Ehefrau, der polnischen Prinzessin Hedwig, die er 1535 geheiratet hatte, zu, katholisch bleiben zu dürfen.

Joachim II. (1515–1586); Hektor, Kurfürst von Brandenburg hier in Cölln an der Spree; Gemälde, um 1551, von Lucas Cranach d. J. (1515–1586).

An dieser Ehe zeigte sich, dass die Zukunft Preußens einmal mehr von einer sicher zielstrebigen, doch zugleich glücklichen Allianz aus Heirats- und Erbpolitik bestimmt sein sollte. Mit dem Aufstieg der Habsburger verbindet sich allgemein der Spruch »Tu felix austria nube« (Du glückliches Österreich heirate). Im 16. und 17. Jahrhundert hätte dies gut den Hohenzollern zugeschrieben werden können, auch das damit verknüpfte »Bella gerant alii« (Kriege mögen andere führen). Jedenfalls halfen die engen verwandtschaftlichen Beziehungen zum polnischen Königshof ungemein, als 1568 der preußische Herzog Albrecht starb. Nach über 40 Jahren solider Herrschaft hatte er nur einen Sohn hinterlassen, dessen geistiger Zustand als labil galt und der selbst keine männlichen Erben vorweisen konnte. Was lag da für Kurfürst Joachim näher, als den polnischen Schwager, natürlich gegen entsprechende Geldzahlungen, zu bitten, ihn, als Verwandten des Unzurechnungsfähigen, im Herzogtum Preußen mit zu belehnen. 1569 gelang der Schachzug. Für den durchaus absehbaren Fall, dass Albrecht II. ohne erbberechtigte Söhne sterben sollte, standen nun die Brandenburger Hohenzollern bereit, das preußische Erbe zu gegebener Zeit anzutreten.

Zur Schattenseite der Regentschaft Joachims zählte seine zwar zeittypische, aber gleichwohl verschwenderische Lebensführung, die nie durch gesicherte Einnahmen zu decken war. Immense Schulden konnten nur mittels der Stände getilgt werden, die sich dafür Privilegien sicherten, z. B. die Mitbeteiligung bei Bündniszusagen des Fürsten. Damit war der Keim gelegt für die jahrhundertelangen Spannungen zwischen den Ständen und den Hohenzollern um die leidige Haushaltsfinanzierung und die Rechte beider Seiten. Unter finanziellen Gesichtspunkten förderte der Kurfürst zunächst auch die Ansiedlung von Juden, die sich ihren Schutz gegen hohe Geldzahlungen erkaufen mussten. Sein Sohn Johann Georg beendete diese kurze Phase eines aufblühenden jüdischen Lebens in Brandenburg dann aber 1573 mit der grausamen Hinrichtung Lippolds, des jüdischen Ratgebers und Hoffinanziers seines Vaters. Dies war der Beginn für die erste große Judenverfolgung in der Markgrafschaft.

Kirchen-Ordnung im Churfurstenthum der Marcken zu Brandenburg, wie man sich beide mit der Leer und Ceremonien halten sol. Von 1540

»*Von Christlicher Freyheit*
Etlich reden auch unbescheiden von Christlicher Freyheit, dadurch die Leut zum teil vermeinen, sie sind also frey, das sie kein Obrigkeit sollen haben, das sie furder nicht geben sollen was sie schuldig sein.

Die andern meinen, Christliche Freyheit sey nichts anders denn fleisch essen, nicht beichten, nicht fasten, und dergleichen solche ungeschickte wahn des Pobels, sollen die Prediger straffen, und unterricht thun, die zur besserung und nicht zu freud diene.

Nu ist erstlich Christliche freyheit, vergebung der sunden durch Christum, on unser verdienst und zuthun, durch den Heiligen Geist, Diese freyheit, so sie wird recht ausgelegt, ist fromen Leuten seer tröstlich, und reitzet si zur liebe Gottes und zu Christlichen guten wercken. […] Denn der Teuffel ruhet nicht, und ist ein todschlager, und wachet darnach, das er uns umb leib und seele bringe, und hat lust und freud an unserm verderben.

Dagegen heisst Christliche Freyheit, das uns Christus den Heiligen geist zugesagt und geben hat, Damit er uns regiren und bewaren wil wider solchen Teufflischen gewalt, so spricht Christus selbs Johan. am viij. Denn werdet ir recht frey sein, wenn euch der Son befreyen wird. […]

Das ander stück Christlich Freyheit ist, das uns Christus nicht bindet an die Ceremonien, und gerichts ordnung des gesetzs Moßi, sondern das Christus mögen brauchen gerichts ordnung aller lender. Die Engellender Engellendisch recht, Die Franzosen Franckreichisch recht, Die Römer das Römisch recht, solche Ordnungen alle, wo sie nicht wider Gott oder vernunfft sind, approbirt und bestettigt Gott, wie es geschribn stehet zun Römern am riij. Aller gewalt ist von Gott, nicht allein Jüdisch, sondern auch aller lender gewalt, Und Sant Peter sagt in der j. am ij. Cap. Seyd unterthan aller menschlichen Ordnung.«

Johann Georg, und damit die Brandenburger Hohenzollernlinie, hatte das Glück, dass sein Onkel in Küstrin 1571 im selben Jahr kinderlos starb, in dem er sein Brandenburger Erbe antreten durfte. Damit war das Kurfürstentum nach 36 Jahren wieder in einer Hand. Doch mit dem neuen Herrscher kam nun nach zwei Generationen durchaus lebensfroher Genießer eine Seite der Hohenzollern zum Vorschein, die auch in der Folgezeit immer wieder sichtbar werden sollte – Sparsamkeit bis zum Geiz und moralischer Rigorismus. Letztlich ging er genauso unerbittlich und zielstrebig vor, wie fünf Generationen später der zweite preußische König Friedrich Wilhelm I. Dem Kassensturz folgte die erbarmungslose Verfolgung der alten Ratgeber und Kreditgeber. Der Prunk verschwand aus dem Hofleben und der eher schlichte Lebenswandel des Kurfürsten orientierte sich nun an eigenen christlichen Moralvorstellungen. Die langfristigen Erfolge auf der Einnahmeseite gaben ihm dabei genauso recht, wie dem preußischen König 150 Jahre später. Doch Ende des 16. Jahrhunderts besaß der Kurfürst noch kein stehendes Heer, und er sah sich starken Ständen gegenüber, die weiterhin über die Bereitstellung von Finanzmitteln für ihren Landesherrn ihre städtischen oder adeligen Freiheiten durchzusetzen wussten.

Wichtiger als die Konsolidierung der Finanzen sollte sich jedoch die aus Sicht der Brandenburger günstige Entwicklung in Erbangelegenheiten erweisen. Die Geisteskrankheit Albrecht Friedrichs führte zwar zunächst dazu, dass 1577 die fränkische Linie der Hohenzollern mit der preußischen Herrschaft betreut wurde. Doch auch Georg Friedrich hatte im Gegensatz zu den Brandenburgern keine Söhne. Folglich rückte damit für Johann Georg, aufgrund seiner Mitbelehnung durch den polnischen König, das preußische Herzogtum in greifbare Nähe. Sollte der Franke tatsächlich ohne männliche Erben sterben, waren die Brandenburger im Besitz des wertvollen Lehens im Osten. Vorsichtig, wie er war, sicherte Johann Georg dies perspektivisch weiter ab, indem er seinen Enkel Johann Sigismund 1594 mit einer Tochter des geisteskranken Sohnes von Herzog Albrecht verheiratete.

Um die ganze Dimension dieses Unternehmens zu verdeutlichen, gilt es noch hinzuzufügen, dass die Gemahlin des preußischen Herzogs und Mutter der jungen Anna aus der Linie der Herzöge von Kleve stammte. Damit besaßen die Hohenzollern sogar noch eine weitere Option für den Fall, dass eines Tages dieses mit Jülich und Berg vereinigte Herzogtum – mit Gebieten am Niederrhein und in West-

Kurfürst Johann Georg von Brandenburg (1571–1598); Farbdruck nach einem Aquarell von Woldemar Friedrich.

falen – einen Erben suchen sollte. Abwegig war das nicht, fehlten doch auch dort die Nachkommen. Entscheidend in diesem Fall sollte aber sein, dass hier auch eine weibliche Erbfolge möglich war. Erstmals bestand nun also die Aussicht auf Besitzerweiterung im Westen des Reichs. Fast schneller als erwartet, wurde die Option mit dem Tod des letzten Herzogs von Kleve 1609 eingelöst. Obwohl es mehrere Herrscher mit mehr oder weniger stark ausgeprägten Erbansprüchen gab, setzten sich 1614 nur zwei Parteien durch: Pfalz-Neuburg und Brandenburg. Kleve, die Grafschaft Mark, Ravensberg und Ravenstein gehörten fortan zum Brandenburger Erbe, das kurz davorstand, endgültig auch in den Besitz Preußens zu gelangen. Das Jülich-Klevische Erbe forderte aber vorher noch einen Tribut, den Wechsel Johann Sigismunds zum Calvinismus. Damit stand er nicht nur im Widerspruch zum Augsburger Reichs- und Religionsfrieden von 1555, der Lutheraner und Katholiken umfasste. Vielmehr herrschte fortan ein calvinistischer Herrscher in Brandenburg über eine große Mehrheit lutherischer, aber auch einiger katholischer Landeskinder. Dieser Widerspruch verlangte den Herrschern sehr bald eine religiöse Toleranz ab, die später zum preußischen Markenzeichen werden sollte.

1605 war Joachim Friedrich (1598–1608), natürlich gegen entsprechende hohe Zahlungen an den polnischen Lehensherrn, offiziell als »Admininstrator« für den erkrankten preußischen Herzog Albrecht eingesetzt worden. Nachdem dann noch 1618 der unerwartet langlebige Albrecht verstarb, stand nun Preußen zur Vereinigung mit Brandenburg an. Der wie sein Vater nur eine Dekade regierende Johann Sigismund (1608–1619) durfte die lange vorbereitete Belehnung mit Preußen als Erfolg feiern. Gesundheitlich schwer angeschlagen durch seinen ausschweifenden Lebenswandel, musste er jedoch ein Jahr später die Herrschaft an seinen Sohn Georg Wilhelm abgeben. Jetzt, zu Beginn des Dreißigjährigen Krieges, besaßen die Brandenburger Kurfürsten ein veritables Besitztum, wenn auch verbunden mit einem wesentlichen Schönheitsfehler: Die Territorien lagen viel zu weit auseinander. Eine Reise in die westlichen oder östlichen Territorien führte immer durch fremde Länder. Schon diese problematische territoriale Ausgangslage macht deutlich, dass nun ein neues strategisches Ziel in das Blickfeld der Familie rücken musste, das aber erst im 19. Jahrhundert erreicht werden konnte: Ob mit oder ohne Krieg, es ging um die territoriale Verbindung der Besitztümer zu einem zusammenhängenden Gebilde.

Der Tod vom Wegrand im Ereignisjahr 1633 des Dreißigjährigen Krieges;
Blatt 16 aus dem Bilderzyklus »Die Großen Schrecken des Krieges« von Jacques Callo (1592–1635).

Zu Beginn des 17. Jahrhunderts gehörten die Brandenburger Kurfürsten jedenfalls auch territorial zu den mächtigsten Herrschern im Reich, residierend in einer prosperierenden Residenzstadt Berlin, mit Adeligen und Bürgern, deren wirtschaftliche Perspektiven ausgesprochen gut schienen. Dem setzte der Dreißigjährige Krieg jäh ein bitteres Ende. Die katastrophalen Folgen der kriegerischen Auseinandersetzungen während der verheerenden Jahre von 1618 bis 1648 können nicht drastisch genug geschildert werden. Nicht nur im 21. Jahrhundert fällt es schwer, sich die apokalyptischen Bilder eines Landes vorzustellen, das in weiten Landstrichen Bevölkerungsverluste bis zu 50 Prozent und teilweise darüber zu verzeichnen hatte. Reisende sahen verlassene, ausgestorbene Dörfer oder Städte wie Brandenburg, in denen nur ein Drittel der Bewohner Krieg und Seuchen überlebt hatte und vor sich hin vegetierte. Kaum ein anderes Territorium hatte so unter dem sich vom Glaubenskrieg zum Kampf um die politische Macht ausweitenden Konflikt zu leiden wie Brandenburg. Hier brandschatzten, raubten und mordeten alle Kriegsparteien: Kaiserliche, Schweden, Dänen, Truppen der Liga und selbst die eigenen Landsknechte. Der von 1619 bis 1640 unsicher und schwankend agierende Kurfürst Georg Wilhelm hatte dem Sturm nichts entgegenzusetzen, keine kampfstarke eigene Armee und auch keine finanziellen Ressourcen, um ausreichend Söldner anwerben zu können. Im ständigen Ringen mit seinen Ständen um notwendige Gelder sah er dem Treiben zunehmend resignierend zu. So blieb ihm letztlich nur eins, seinem Sohn Friedrich Wilhelm, dem späteren Großen Kurfürsten, 1640 eine Herrschaft zu hinterlassen, die in den Kernlanden völlig verarmt und ohne Schutz nach außen dastand. Glücklicherweise war das neue Lehen im Osten, das preußische Herzogtum, von den kriegerischen Auseinandersetzungen relativ unbelastet geblieben. Folgerichtig begann von dort der Wiederaufbau des am Boden liegenden Brandenburger Besitzes, auch wenn er in späteren Regierungsjahren gern in Potsdam residierte.

Wie so oft in der Geschichte bereitete auch dort der völlige Niedergang den Weg für einen erfolgreichen Aufstieg. Friedrich Wilhelm machte sich jedenfalls keine Illusionen über die im 17. Jahrhundert dafür notwendigen Voraussetzungen: solide Finanzen und ein starkes Heer. Nur so konnte verhindert werden, dass Brandenburg-Preußen mit seinen westlichen Gebieten zwischen den Großmächten zerrieben würde. Für beides benötigte er neue Landeskinder. Interessenten für einen Zuzug fanden sich durchaus in Europa, gab es doch überall verfolgte religiöse Minderheiten. Sie aufzunehmen, war ökonomisch sinnvoll, erforderte jedoch zugleich eine nicht gerade zeittypische Toleranz. Doch daran mangelte es dem später »Großer« Kurfürst Genannten nicht, als er 1685 die erste hugenottische Einwanderungswelle von rund 20 000 protestantischen Franzosen aufnahm. Vorausgegangen war dem schon 1664 die Verkündung eines Toleranzedikts, das sich insbesondere innenpolitisch gegen die religiöse Intoleranz lutherischer Pfarrer richtete. 1671 durften dann nach rund 100 Jahren auch wieder gut bemittelte Juden in Brandenburg ansiedeln. Sie versprachen ein zusätzliches Steueraufkommen sowie Einnahmen durch Schutzgelder. Und das war es, worauf es für Friedrich Wilhelm I. ankam – Haushaltsmittel, selbst wenn sie zwischenzeitlich sogar aus französischen Subsidien stammten.

Zeit seines Lebens hatte sich der Große Kurfürst mit den Ständen um die Finanzierung seiner Herrschaft und des neuen, stehenden Heeres herumschlagen müssen. Am Ende seiner Regentschaft konnte er auf eine hervorragend ausgebildete und kampferprobte Truppe von rund 28 000 Mann blicken, deren Kosten aus Steuereinnahmen gedeckt wurde. Gelungen war dies jedoch nur gegen erhebliche Zugeständnisse an den Adel. Die Gutsherren besaßen seit dem brandenburgischen Landtagsabschied von 1653 offiziell die Gerichtsbarkeit und die Polizeigewalt. Der daraus resultierende Kampf um das Gewaltmonopol zwischen Herrschern und Ständen sollte noch die preußischen Könige umtreiben. Der größte Widerstand des Adels schlug ihm aber von den, seit alters her selbstständigeren, preußischen »Junkern« entgegen.

Immerhin gelang es mittels gesicherter Finanzen, einer immer besser funktionierenden Verwaltung und eigener Truppen in 46 Regierungsjahren Brandenburg-Preußen wieder zu konsolidieren. Große Territorialgewinne waren zwar nicht zu verzeichnen. Auch das Intermezzo einer Brandenburgischen-Afrikanischen Handelskolonie von 1682 bis 1721 an der westafrikanischen »Goldküste« kann kaum dazugerechnet werden. Aber mit dem Erzbistum Magdeburg fiel 1680 immerhin noch eine weitere Herrschaft in den Besitz der Hohenzollern. Dieses außenpolitische Fazit könnte auch das Ergebnis einer friedlichen Epoche sein. Das Gegenteil war der Fall: Friedrich Wilhelms Herrschaft war geprägt von einem ununterbrochen geschickten Lavieren zwischen den europäischen Großmächten, verbunden mit

Zu Beginn des Dreißigjährigen Kriegs besaßen die Brandenburger weit auseinanderliegende Territorien; zeitgenössisches Gemälde eines Dorfs in der Mark.

wechselnden Bündnissen und Kämpfen in der zweiten Hälfte des 17. Jahrhunderts, dominiert von der aggressiven Außenpolitik Ludwigs XIV. im europäischen Mächtekonzert.

Im Jahr 1675 gelang es dem Großen Kurfürsten noch, ein erstes großes Ausrufezeichen zu setzen. Mit dem schon damals viel beachteten Sieg des brandenburgisch-preußischen Heeres gegen die Schweden bei Fehrbellin stehen wir gleichsam am Beginn des späteren Preußens als militärische Großmacht.

Nur 25 Jahre später sollte sich Friedrich Wilhelms Sohn Friedrich III. als Friedrich I. zum König in Preußen krönen. Auch dafür hatte sein Vater die letzte, notwendige Voraussetzung geschaffen. Im Frieden von Oliva war es ihm im Zuge des 2. Nordischen Krieges 1660 gelungen, vom polnischen König die lang ersehnte Souveränität über das Herzogtum Preußen zu erhalten. Schon hier erklärt sich, weshalb der erste preußische Monarch 1701 König *in* Preußen wurde, nicht König *von* Preußen, und schon gar nicht von Brandenburg. Brandenburg war und blieb ein Lehen, nur mit Preußen war nun ein souveränes Eigentum gegeben und bot damit die notwendige Voraussetzung für den Königstitel. Dabei verhieß die Regentschaft Friedrichs III. ab 1688 zunächst nichts Gutes. Galt der Thronfolger des Großen Kurfürsten doch als klein gewachsener, eitler Barockfürst, dem eher an Prachtentfaltung als an Finanzkonsolidierung gelegen war. Andererseits zeigte er sich auch als geselliger, weltoffener, sprachgewandter, dabei wissenschafts- und kulturinteressierter absolutistischer Herrscher.

Dennoch stand er intellektuell und als Persönlichkeit eher im Schatten seiner attraktiven Frau Sophie Charlotte, einer Tochter des Hannoveraner Kurfürsten von Braunschweig-Lüneburg. Ihre Mutter, Sophie von der Pfalz, war einige Jahre die Erzieherin Liselottes von der Pfalz, der späteren Schwägerin Ludwigs XIV. Sophie Charlotte entwickelte sich schnell zum kulturellen Mittelpunkt des barocken Berlin. Das später so benannte Schloss Charlottenburg in Berlin steht ebenso für ihr Wirken, wie die Gründung der Akademien der Künste (1696) und der Wissenschaften (1700) mit ihr verbunden bleiben. Gelehrte von Rang und Namen, an erster Stelle Gottfried Wilhelm von Leibniz, ließen gemeinsam mit ihr in unzähligen Diskussionsrunden die Aufklärung in Brandenburg-Preußen aufblühen. Sie starb früh im Alter von 36 Jahren 1705 infolge einer Lungenentzündung.

Die Krönung des Gatten scheint ihr herzlich egal gewesen zu sein. Und doch war diese von vielen Zeitgenossen eher belächelte Erhebung die wesentliche Lebensleistung des Monarchen, mit ungeahnten Folgewirkungen für die Hohenzollernherrschaft. Als kaiserlicher Dank für die Gestellung von Brandenburger Truppen auf der Habsburger Seite im Spanischen Erbfolgekrieg durfte er sich also ab 18. Januar 1701 König nennen, wohlgemerkt »in« Preußen, eine Einschränkung, die erst sein Enkel aufgab, der sich als Friedrich II. (der Große) König von Preußen nannte. Einmal mehr hatten auch wieder Gelder fließen müssen, die der Staat nicht aufzubringen vermochte, um die Standeserhebung abzusichern. Der erste Preußenkönig war letztlich der Prototyp des absolutistischen Herrschers seiner Zeit, orientiert am französischen Vorbild und weitgehend blind für die sozialen Bedingungen seiner Untertanen. Er hinterließ 1713 eine junge Monarchie mit großen Schulden, starken Ständen, schwachen Bauern, einem kleinen, aber gut geschulten Militär, einer aufblühenden Wissenschaftslandschaft, weit auseinanderliegenden Landesteilen und umgeben von Großmächten, die Preußen bestenfalls als nützlichen Bündnisgenossen, nicht jedoch als ernst zu nehmenden Gegner betrachteten. Seinen beiden Nachfolgern sollte es vorbehalten bleiben, Preußen zu dem zu machen, was ihm aus der Rückschau Größe verleiht.

Der Große Kurfürst empfängt die Huldigung der preußischen Landstände zu Königsberg am 18. Oktober 1663; Holzstich um 1880.

Politisches Testament des Großen Kurfürsten vom 19. Mai 1667

»Mitt dem konige in Pollen vndt der Republik, als den negsten Nachbahren, erstlich wegen der Chur Brandenburg, vndt Dan auch wegen Preussen, haltet alzeitt gutte Nachbarschaft, vndt suchet der Republick gutte affection zuerhalten, Spahret auch hirahn keine kosten, den wan Ihr der Republick freundtschaft versicher[t] seidt, So wirdt die nuhmer erhaltene Souverenittet in Preussen Euch desto sicherer sein, vndt Ihr werdet selbige mitt besserer ruhe genissen konnen. In was vnertraglichen zustande Ich vndt meine vorfahren bey der Chron Pollen hiebefohr, wehrendem Vasallagio [während der Lehensherrschaft Polens] gewessen, vndt wie alles mitt gelde alsda aufgewogen werden mussen, solches kann nicht alles beschriben werden. […]

Was fur ursachen vnsere vorfahren die Churfursten von Brandenburg gehabt, mitt der Chron Franckreich in gutter correspondents auch in Alliance zu stehen, Dauon wirdt Euch das Archivum den besten bericht abstatten, vndt habt Ihr Euch darauß informiren zu lassen, auff solche ahrdt konet Ihr Euch, wie fur diessen vnsere vorfahren gethan, mitt Franckreich auch Allijren, Jedoch das Ihr den Respeckt, welchen Ihr, als ein Churfurst, auff das Reich vndt den kayser haben musset, nicht ausser augen setzet, der Guldenen Bulle vndt Churfurstlkichen verein vndt preminents in keinerley wege zuwider handelt, Sonderen Ewere Reflection furnehmlichb aufs Reich, als frembde Chronnen habet, Auch bey solchen Consilien Euch nicht finden lasset, welche den Alten Reichsverfassungen wie auch herkommen zugegen lauffen mochten. […]

In der Chur Brandenburg sein getreue vnterthanen welche willig vundt gerne Euch vnter Die Armen greiffen werden, Ihr künnet Euch auch auff Ihre treue gewiß verlassen, was nun Das Hertzogtumb Preussen angehen thutt, So ist solches ein so furnehmes Hertzogtumb das deren keines im Romischen Reich von macht vundt stercke ist, vndt dahero gleich als ein kostbahres kleinodt zu schetzen vndt in gutter acht zu nehmen stehet, vndt ist furnehmlich Darhin zu sehen, Damitt der anitzo zerfallene Cammer Staadt wider zurecht gebracht werden moge, werender meiner Regierung ist es wegen der continuirlichen kriege, vndt gantz verderblichen zeitten, eine wahre unmuglichkeitt gewesen, Den anfang hab ich gleichwoll gemacht, werde auch was mir Gott Das leben fristen wirdt, ferner fortfahren, vndt solches kan damitt geschehe, das die verpfendete stucke wider gelosset, vndt beybracht werden mogen, vndt dan das keine Bauren oder wuste huffen weck geschenket, dieweill Ewer reichtumb in Preussen in beibehaltung Der viellen huffen vornehmlich bestehet. Derohalben wollet Ihr solche nicht vergeben, den wan man Die Hennen oder hunner vergibet, So werden sie schwerlich Eier legen. […].«

Albrecht von Brandenburg-Ansbach

Hochmeister des Deutschen Ordens und Herzog in Preußen

Kaum ein Hohenzoller kann einen ähnlich faszinierenden und zugleich schillernden Lebensweg vorweisen wie der aus der fränkischen Linie stammende, 1490 als dritter Sohn des Markgrafen Friedrich V. von Ansbach-Bayreuth geborene Albrecht. In seiner Person veranschaulicht sich die Wende vom Mittelalter zur Neuzeit in machtpolitischer wie religiöser Perspektive. Dass er später mit der Gründung des weltlichen Herzogtums Preußen den Weg für die preußischen Könige bereiten sollte, lag noch fernab jeder Vorstellung, als er 1501 die niederen Priesterweihen erhielt. Wie für viele nachgeborene Söhne des Reichs- und Hochadels spielte dabei in erster Linie die Versorgung eine Rolle. Auch seine Ernennung zum Domherrn in Köln 1506 bietet weniger einen Hinweis auf geistliche Berufung als vielmehr auf eine Katholische Kirche vor der Reformation, die neben tiefer Volksfrömmigkeit auch durch vielfältige Verfallserscheinungen im Klerus charakterisiert war. Immerhin erhielt der intelligente junge Mann in Köln bis 1508 das geistige Rüstzeug für seine späteren religiösen Dispute und Schriftwechsel im Zuge der Reformation.

Nach kurzen weltlichen Zwischenstationen ereilte ihn der Ruf seines Vaters, der in Verhandlungen mit dem Deutschen Orden seinen Sohn Albrecht als Nachfolger des 1510 verstorbenen Hochmeisters Friedrich von Sachsen durchsetzen konnte. Für Albrecht sprach aus Sicht des Ordens besonders die Verwandtschaft mit dem polnischen Herrscherhaus der Jagiellonen. Im Alter von nur 21 Jahren stand der junge Hochmeister ab 1511 einem Orden vor, der schon seit Langem seinen Anspruch als Missionsorden, aber auch als Machtfaktor des Reiches im Osten eingebüßt hatte. Doch schon seine ersten Amtsjahre zeigten einen aktiven, selbstbewussten Mann, der bereit war, für seinen Orden, aber auch für seine eigene Machtstellung zu kämpfen. Der daher unvermeidliche Konflikt mit Polen führte 1519 zu einem Krieg, der 1521 in einem vierjährigen Waffenstillstand mündete, an dessen Ende ein neues Preußen stand.

Während mehrerer Reisen durch das Reich begegnete Albrecht 1523 erstmals dem Prediger Andreas Osiander, der den 33-Jährigen für die lutherische Reformation gewinnen konnte. Für den in jungen Jahren noch durchsetzungswilligen Albrecht hieß das in Konsequenz, den Ordensstaat in ein weltliches Herzogtum mit evangelischer Kirchenordnung umzuwandeln. Angesichts des kaiserlichen und innerfamiliären Widerstands gegen die Reformation, aber auch wegen Drohungen aus Rom, wandte sich Albrecht Polen zu. Am 8. April 1525 kam es zu einem Friedensschluss mit weitreichenden Folgen: Albrecht wurde mit dem von nun an weltlichen Herzogtum Preußen als Erbe belehnt und die preußischen Stände wurden mit ihren Privilegien bestätigt. Das Ende des Deutschen Ordensreiches war besiegelt. Die Stände huldigten dem neuen Herrscher, und die Bauernaufstände des Jahres 1525 wurden von ihm durch Verhandlungen und ohne großes Blutvergießen beendet.

Albrecht von Brandenburg, Herzog von Preußen und Markgraf von Ansbach im Porträt als Hochmeister des Deutschen Ordens.

Damit begann die mehr als 40-jährige Herrschaft Albrechts als Herzog in Preußen. Während dieser zunächst sehr erfolgreichen Regentschaft erholte sich das heruntergewirtschaftete Preußen nicht nur wirtschaftlich. Auch Kunst und Wissenschaften fanden in ihm einen Förderer. Seinen sinnfälligen Ausdruck fand dies unter anderem in der 1544 eingeweihten Universität Königsberg, die lange Zeit universitäres Zentrum des protestantischen Preußen bleiben sollte. Zugleich engagierte er sich mit Nachdruck für die Entwicklung des Schulwesens als geistige Bildungsstätte.

Ganz protestantischer Landesherr, ehelichte der ehemalige Geistliche bereits 1526 die dänische Prinzessin Dorothea (1504–1547), mit der er sechs Kinder bekam, von denen jedoch nur die Tochter Anna-Sophie die ersten Jahre überlebte. Der Thronfolger Albrecht Friedrich entstammte seiner zweiten Ehe mit Anna Maria (1532–1568), einer Tochter des Herzogs Erich I. von Braunschweig-Calenberg. Außenpolitisch wenig erfolgreich rieb sich Herzog Albrecht im Kampf für eine starke Zentralgewalt erfolglos gegen die Stände auf. Auch die harten innerkirchlichen Konflikte in den 50er- und 60er-Jahren mit den orthodoxen Lutheranern gingen zu seinen Ungunsten aus. Die Stände und der polnische Lehensherr diktierten ihm zum Lebensende hin noch seine Ratgeber. Erschwerend kam hinzu, dass für alle ersichtlich der Erbe Albrecht Friedrich aufgrund einer geistigen Behinderung nicht regierungsfähig schien. Was für die Herzöge in Preußen tragisch war, sollte sich für die Brandenburger Hohenzollern als Glücksfall erweisen. Denn für den geisteskranken Friedrich Wilhelm wurden die Brandenburger Kurfürsten nun mit dem Herzogtum Preußen mitbelehnt. Die spätere Vereinigung von Brandenburg und Preußen zeichnete sich nun am Horizont ab.

So verheißungsvoll die Regentschaft begonnen hatte und so nachhaltig das Wirken Albrechts die preußische Geschichte beeinflussen sollte, verbrachte er die letzten Jahre doch als innen- und außenpolitisch Gescheiterter. Bereits von Krankheit gezeichnet, wurde er am 20. März 1568 ein Opfer der Pest. Seine Gemahlin überlebte ihn nur um Stunden.

Kampf um Gleichberechtigung 1701 bis 1786

Da die preußischen Länder (...) so zerschnitten und getrennt sind, halte ich es für das dringendste Erfordernis, sie zusammenzuführen oder die abgetrennten Teile wieder anzugliedern.« Mit diesen Worten beschrieb Friedrich II. treffend die Machtpolitik seiner Vorfahren, in deren Tradition stehend er Preußen in den Kreis der europäischen Großmächte führte.

Zu Beginn des 18. Jahrhunderts befand sich die europäische Staatenwelt im Wandel. Frankreichs Expansionsbestrebungen wurden durch eine Allianz europäischer Staaten gestoppt. Aus dem Kampf gegen die französischen Hegemonialbestrebungen gingen Österreich und Großbritannien als neue Großmächte hervor, während Spanien und die Niederlande aus dem Kreis der Großmächte ausschieden. Großbritannien hatte seinen Kolonialbesitz in Nordamerika durch französische Abtretungen in Kanada erheblich erweitert. Österreich, das dank seiner Siege in den Türkenkriegen territorial aus dem Heiligen Römischen Reich deutscher Nation herauswuchs, blieb trotz allem die vorherrschende Macht im Reich.

Die schwedische Niederlage gegen Russland im Nordischen Krieg (1700–1721) beendete Schwedens Vormachtstellung im Ostseeraum und führte zum Aufstieg Russlands, das sich in den folgenden Jahrzehnten verstärkt Europa zuwandte. Das sich neu formierende europäische Großmachtsystem beruhte auf dem Prinzip der »balance of power« und hatte die Verhinderung einer habsburgischen oder bourbonischen Hegemonie in Europa zum Ziel. Das Gleichgewicht der Kräfte blieb jedoch im Fluss und bot so europäischen Mittelmächten die Chance, zur Großmacht aufzusteigen. Preußen nutzte diesen Spielraum für die eigene Machterweiterung.

Preußens Aufstieg zur Großmacht ist die Folge von »Geografie und Herrscherwillen«. Über die Jahrhunderte war es das erklärte Ziel des Hauses Hohenzollern, die verstreuten Landesteile zwischen dem Niederrhein im Westen und Preußen im Osten mit den Kernlanden der Mark Brandenburg zu verbinden und so die Basis für einen einheitlichen Staat zu schaffen, der nach der Überzeugung der preußischen Könige eine führende Rolle im Kreis der europäischen Großmächte einnehmen sollte.

Erste Schritte erfolgten bereits unter dem Großen Kurfürsten Friedrich Wilhelm. Er stärkte Preußen nach den Verwüstungen des Dreißigjährigen Krieges wirtschaftlich und errichtete eine funktionierende Verwaltung. Dies ermöglichte ihm den Aufbau eines stehenden Heeres. Nachdem der Große Kurfürst durch seine Politik die Stellung Brandenburgs im Reich und in Europa gefestigt hatte, gelang es seinem Sohn Friedrich I. mit Erlangung der Königswürde, die äußere Anerkennung des Machtzuwachses des Hauses Hohenzollern zu erhalten.

Diesem Ziel diente auch die dem französischen Vorbild folgende prachtvolle Hofhaltung Friedrichs I., die, in Verbindung mit staatlicher Misswirtschaft, das Land an den Rand des Staatsbankrotts führte. Das Fundament für den Aufstieg Preußens zur Großmacht legte jedoch sein Sohn Friedrich Wilhelm I. Unter den Fürsten seiner Zeit war der neue preußische König eine Ausnahmeerscheinung. Sah er sich doch ganz im Sinne seines calvinistisch-pietistischen Glaubens als »Amtmann Gottes« auf Erden, der im Auftrag Gottes für die ihm anvertrauten Menschen und den Staat zu sorgen hatte. In der Durchführung dieses Auftrags duldete er keinen Widerspruch und setzte seinen Herrschaftsanspruch gemäß der Devise »nicht räsonieren, ordre parieren« auch gegen den Adel kompromisslos durch. Ein Ergebnis dieser Politik war der klassisch-preußische Untertan, der diszipliniert, diensteifrig, unbestechlich und gehorsam seine Pflichten erfüllte und seinem Monarchen gehorchte.

Friedrich Wilhelm I. trat 1713 nicht nur wegen der ruinierten Finanzen ein schweres Erbe an. Außenpolitisch drohte Preußen wie im Dreißigjährigen Krieg zwischen Konflikten im Westen und im Nordosten zum Spielball der Großmächte zu werden. Dies konnte nach seiner Überzeugung nur durch den Aufbau einer schlagkräftigen Armee verhindert werden. Sein Ziel war die »Wehrhaftmachung Preußens aus eigener Kraft«. Anders als sein Vater setzte er daher nicht auf prunkvolle, höfische Staatsrepräsentation, sondern auf das Militär als Instrument der Machtdemonstration.

Friedrich Wilhelm I., König in Preußen. Im Hintergrund erkennt man das 1715 belagerte Stralsund; Gemälde von 1729, von Antoine Pesne (1683–1757).

Folgerichtig schaffte Friedrich Wilhelm I. direkt nach dem Thronwechsel die pompöse Hofhaltung ab. Für alle Welt unverkennbar regierte in Preußen nicht mehr »ein leutseliger, großer Verschwender«, sondern ein ungemütlicher »Workaholic«, der mit Härte auf Schlendrian aller Art reagierte. Ein Herrscher, der nicht mehr Prunk und Gehabe, sondern ganz im Sinne seines calvinistisch-pietistischen Glaubens »Müh' und Arbeit« in das Zentrum seiner Arbeit stellte.

Zwingende Voraussetzung für den Aufbau einer starken Armee waren jedoch ausreichende Finanzmittel, eine florierende Wirtschaft und eine funktionierende Verwaltung. Beherzt ging der junge König, der sich selbst als »Finanzmann und Feldmarschall« sah und Preußens »größter, innerer König« werden sollte, ans Werk. Er erhob Sparsamkeit und strikte Ausgabenbegrenzung zu den obersten Prinzipien seiner Politik. Schulden durften nicht mehr gemacht werden. Zugleich bekämpfte er die Korruption, sanierte den Staatshaushalt, betrieb eine merkantilistische Wirtschaftspolitik und warb Arbeitskräfte aus ganz Europa an. Zugleich führte er die allgemeine Schulpflicht ein, zentralisierte und modernisierte die bestehende Verwaltung und schuf einen funktionierenden Beamtenapparat.

Die finanz- und wirtschaftspolitischen Maßnahmen waren so erfolgreich, dass innerhalb weniger Jahre die jährlichen Staatseinnahmen verdoppelt und der preußische Haushalt saniert werden konnten. Dank dieses umfassenden Reformprogramms wurde Preußen vielerorts in Europa als Modellstaat wahrgenommen. Alle durchgeführten Reformen dienten einzig dem Ziel, Preußen zu einer Militärmacht ersten Ranges und damit zur Großmacht zu erheben. Dazu musste der preußische Zwerg in die Rüstung eines Riesen schlüpfen.

Während seiner Herrschaft (1713–1740) investierte Friedrich Wilhelm I. 85 Prozent des Staatshaushalts in die preußische Armee und verdoppelte deren Personalstärke auf rund 80 000 Mann. Damit besaß Preußen die viertstärkste Armee Europas, obwohl es von der Bevölkerungszahl nur an 13. Stelle stand. Den Kern der Armee bildete die Infanterie. Mit ihren hohen taktischen Fähigkeiten und ihrer überlegenen Schlagkraft plante man, die numerische Überlegenheit potenzieller Gegner, wie Frankreich oder Österreich, auszugleichen.

Die anfängliche Willkür bei der Rekrutierung der einheimischen Soldaten beendete Friedrich Wilhelm I. durch die Einführung des Kantonreglements 1733. Dies bestimmte, dass jedes Regiment aus einem ihm zugewiesenen Kanton (Bezirk) seine Soldaten rekrutieren konnte. Um den wirtschaftlichen Aufschwung, der nicht zuletzt durch die großen Militärausgaben gefördert wurde, nicht zu gefährden und den Erfordernissen der Wirtschaft Geltung zu tragen, waren die Söhne wohlhabender Bürger oder von Facharbeitern vom Wehrdienst befreit. Zugleich zwang der König den Landadel als Offiziere in den Militärdienst.

Friedrich Wilhelms I. Vorliebe für alles Militärische brachte ihm, der mit einer Größe von 1,65 Metern und einem Gewicht von über 100 Kilogramm nicht das Abbild eines schneidigen Feldherrn war und von vier Männern aufs Pferd gehoben werden musste, schon zu Lebzeiten den Beinamen »der Soldatenkönig« ein.

Friedrich Wilhelm I., König in Preußen, vor seinen »Langen Kerls« in Potsdam; Farbdruck von Carl Röchling.

So kriegerisch der preußische Monarch auftrat und so sehr er seine Leibgarde, die »Langen Kerls«, liebte, vermied er wenn möglich kriegerische Aktionen. Lediglich im Großen Nordischen Krieg ergriff er gegen die Schwedens Partei und erwarb so Teile Vorpommerns.

Das Bestreben, den preußischen Staat durch den Aufbau einer starken Armee abzusichern, hatte die Militarisierung des Soziallebens zur Folge. Alles in Preußen drehte sich um das Militär. Friedrich Wilhelm I. schaffte den Feudalstaat seines Vaters ab und setzte an dessen Stelle einen Militärstaat oder, wie Comte de Mirabeau am Ende des Jahrhunderts formulierte, »Preußen ist kein Staat mit einer Armee, vielmehr eine Armee, die einen Staat besitzt«. Als Friedrich Wilhelm I. 1740 starb, hinterließ er seinem Nachfolger trotz der immensen Militärausgaben neben einer prall gefüllten Staatskasse eine starke und gut ausgebildete Armee.

Sein Erbe, Friedrich II. war, sich als »erster Diener des Staates« verstehend, von Anfang an bereit, die Armee bei sich bietender Gelegenheit zur Machterweiterung Preußens einzusetzen. Im Gegensatz zu seinem Vater fühlte sich der drahtige junge Monarch nicht nur als Organisator, sondern auch als Feldherr. Er verließ den väterlichen Weg der inneren Konsolidierung und betrat schon kurz nach seinem Amtsantritt den der Expansion.

Der durch den Tod Kaiser Karls VI. entstandene Streit um die Nachfolge bot ihm die Möglichkeit, mit der Eroberung der reichen österreichischen Provinz Schlesien die Machtposition Preußens dauerhaft zu stärken. Als Vorwand für den Überfall führte er angebliche Rechtsansprüche an, die er mit den Worten: »Bravo, das ist das Werk eines tüchtigen Scharlatans«, kommentierte. Der preußische Einmarsch in Schlesien, aus heutiger Sicht ein kühl kalkulierter Raubzug, löste den österreichischen Erbfolgekrieg aus. Verbündet mit den an einer Schwächung der habsburgischen Macht interessierten Staaten Sachsen, Frankreich, Bayern und Spanien gelang es Friedrich II. nach siegreichen Kämpfen, die Provinz zu annektieren.

Im Frieden von Berlin (1742) trat die österreichische Herrscherin Maria Theresia Schlesien an Preußen ab. Nach dem Kriegsaustritt Preußens ging der österreichische Erbfolgekrieg weiter. Als sich ein Sieg des mit England verbündeten Österreichs abzeichnete, trat Friedrich II., obwohl eine direkte Bedrohung der eroberten Provinz Schlesiens nicht vorlag, 1744 aufseiten der Gegner Maria Theresias wieder in den Konflikt ein. Mit dem erneuten Kriegseintritt wollte der preußische Herrscher den schnellen Wiederaufstieg Österreichs verhindern und angemessen an den Verhandlungen über das Erbe der Habsburger beteiligt werden. In rascher Folge eroberten preußische Truppen große Teile Böhmens. Die Siege brachten jedoch keinen politischen Erfolg. Als die verbündeten Franzosen ihn nicht unterstützten und Sachsen seine Neutralität aufkündigte, sah sich Friedrich II. gezwungen, seine Armee aus Böhmen zurückzuziehen. Erst ein Jahr später gelang es ihm durch die hart erkämpften Siege bei Hohenfriedberg, Soor und Kesselsdorf, Maria Theresia zu einem erneuten Friedensschluss zu bewegen. Im Frieden von Aachen 1748 garantierte sie die preußischen Ansprüche auf Schlesien.

Schlacht bei Hohenfriedberg am 4. Juni 1745; Farbdruck nach einem Aquarell von Carl Röchling.

In den folgenden Jahren arbeitete Friedrich II. an der inneren Festigung des preußischen Staates und seiner Armee. Seine Außenpolitik bestimmte dabei auch die Furcht vor österreichischen Revanchegedanken.

Während in Deutschland die Waffen schwiegen, spitzte sich der Gegensatz zwischen Frankreich und England in den Kolonien zu. Ein Kampf beider Staaten schien unausweichlich. Dieser Konflikt musste wegen der englischen Besitzungen in Hannover über kurz oder lang auch zu einem deutschen Konflikt werden. Ein zukünftiger europäischer Krieg besaß das Potenzial, die gerade erkämpfte Großmachtstellung Preußens zu gefährden. In dieser Lage schloss Preußen 1756 ein Abkommen mit England, in dem sich beide verpflichteten, Angriffe einer fremden Macht in Deutschland gemeinsam abzuwehren. Dieser Vertrag leitete einen Wandel der Bündnisse in Europa ein. Die traditionellen Gegner führten, von Russland wohlwollend unterstützt, Bündnisgespräche, um Preußen und Großbritannien anzugreifen.

Damit endete die fast dreihundertjährige Feindschaft zwischen den Häusern Habsburg und Bourbon. Friedrich II. interpretierte diese Bündnisbemühungen als Angriffsvorbereitungen und entschloss sich, die feindliche Koalition vor ihrer endgültigen Formierung durch einen Angriff auf Sachsen zu zerschlagen. Gemäß der Devise »lieber prävenire, als präveniri« (lieber vorbeugen, als vorgebeugt werden) fiel die preußische Armee überraschend und ohne Kriegserklärung in dem mittlerweile mit Österreich verbündeten Sachsen ein.

Damit begann der Siebenjährige Krieg (1756–1763), der sich zu einem Existenzkampf Preußens gegen Österreich, Russland, Frankreich und die Mehrzahl der Reichsfürsten ausweitete. Während Friedrich II. im Westen, Süden und Osten Preußens um das Überleben Preußens kämpfte, fand parallel in Nordamerika und Indien der Kampf zwischen Frankreich und Großbritannien um die Kolonien statt. Trotz großer Siege bei Rossbach (1757) über die Franzosen und die Reichsarmee und bei Leuthen (1757) über die Österreicher drängte die Übermacht der Gegner Friedrich II. letztlich in die Defensive. Nach der schweren Niederlage bei Kunersdorf (1759) gegen die Russen verlor der preußische Monarch zeitweilig die Hoffnung auf den Sieg. Erst mit dem Thronwechsel in Russland 1761, dem sogenannten »Mirakel des Hauses Brandenburg«, und dem anschließenden Austritt Russlands aus dem Krieg schöpfte Friedrich I. wieder Hoffnung, den Krieg siegreich durchstehen zu können. Letztlich ermöglichte die Uneinigkeit der gegnerischen Koalitionsführung sowie eine kompromisslose »Alles- oder-Nichts-Strategie« Friedrichs II. die preußische Selbstbehauptung.

Im Frieden von Hubertusburg (15.2.1763) wurde Schlesien unwiderruflich Preußen zugesprochen und damit dessen Großmachtstellung endgültig begründet. Gleichzeitig war der Grundstein für den preußisch-österreichischen Dualismus gelegt, der die Politik beider Staaten für die nächsten Jahre bestimmte.

Als Folge der Kriege stand Preußen wirtschaftlich am Rand des Ruins. Daher bemühte sich Friedrich II. in seinen letzten Regierungsjahren intensiv um den wirtschaftlichen Aufbau Preußens. Er ließ unkultivierte Gebiete urbar machen und intensivierte die merkantilistische Wirtschaftspolitik seines Vaters.

Um die ungebrochene wirtschaftliche Leistungsfähigkeit Preußens zu demonstrieren, baute Friedrich II. in Potsdam mit großem finanziellem Aufwand das »Neue Palais« als Repräsentationsbau. Außenpolitisch gelang ihm mit der ersten polnischen Teilung 1772 der Erwerb Westpreußens und des Ermlands.

Damit war die seit Jahrhunderten angestrebte Landverbindung zwischen den preußischen Kernlanden und Ostpreußen hergestellt. Trotz aller finanziellen Schwierigkeiten unterhielt Friedrich II. weiterhin eine starke Armee, die wegen ihrer militärischen Leistungen als die beste ihrer Zeit galt. Er setzte sie jedoch nur noch einmal im Bayerischen Erbfolgekrieg ein. Dieser ging, da sich die Auseinandersetzungen wegen der schlechten Versorgungslage in Kämpfen um die Kartoffeläcker erschöpften, als »Kartoffelkrieg« in die Geschichte ein.

Der Weg Preußens zur Großmacht unter Friedrich II. war ein kriegerischer. Drei Kriege markieren den Aufstieg in den Kreis der europäischen Großmächte Frankreich, Österreich, Großbritannien sowie Russland. Für die nächsten Jahrzehnte wurde Europa von der Gleichgewichtspolitik des Konzerts der fünf Großmächte (Pentarchie) bestimmt.

Die Kriegführung Friedrichs II., dem man schon zu Lebzeiten den Beinamen »der Große« verlieh, sowie sein Nimbus als unbesiegbarer Feldherr verhinderten notwendige Reformen im preußischen Militär- und Staatswesen. Dies führte zur Niederlage von Jena und Auerstedt 1806 und dem Zusammenbruch des altpreußischen Staates.

Politisches Testament Friedrichs des Großen von 1768

»So sind die großen Mächte Europas. Es bedarf der Geschicklichkeit, der Geschmeidigkeit, der Intrige und der Ausgaben, um daraus Vorteil zu ziehen, ohne dass sie es merken, und am Ziel, auf das man seine Kräfte anspannt, mitzuwirken. (…) Die erste Sorge eines Fürsten muss darin bestehen, sich zu behaupten, die zweite sich zu vergößern. Dieses System verlangt Schmiegsamkeit und dass man zu allem bereit ist, um es durchzuführen. Bald muss man lavieren, bald mit vollen Segeln fahren, aber man darf sein Ziel nicht aus den Augen verlieren. Was nicht am ersten Tag erreicht wird, wird durch die Zeit zur Reife kommen, und das Mittel, seine Wünsche geheim zu halten, ist friedliche Gesinnung zur Schau tragen bis zu dem Augenblick, in dem man seine geheimen Ansichten aufdecken kann. So haben alle großen Politiker gehandelt. Das ist ein Prinzip, von dem man sich nicht entfernen darf, ohne die Eifersucht aller Völker zu erregen und ihnen Zeit zu geben, Euren Projekten zuvorzukommen.«

KAMPF UM GLEICHBERECHTIGUNG 1701 BIS 1786

Friedrich der Große

Feldherr und Philosoph

Wer war Friedrich der Große? Ein schöngeistiger Flötenspieler, ein begnadeter Feldherr oder ein kühl kalkulierender Machtpolitiker? Diese Fragen bewegen die Nachwelt bis heute. Die Widersprüchlichkeit seiner Persönlichkeit wurde schon in seiner Jugend angelegt. Eine familiäre Atmosphäre mütterlicher und väterlicher Liebe hat der kleine Friedrich, der am 24. Januar 1712 das Licht der Welt erblickte, in seinem protestantischen Elternhaus nie erfahren – dagegen einen unerbittlichen Leistungsdruck.

Pedantisch reglementierte sein Vater, der »Soldatenkönig« Friedrich Wilhelm I., den Tagesablauf des jungen Prinzen. Nicht klassische Bildung, sondern Fächer wie Ökonomie, Geografie und neuere Geschichte standen im Zentrum seiner Erziehung. Besonderen Wert legte der Monarch auf die militärische Ausbildung. Gerade diese lag dem Kronprinzen jedoch nicht.

Für den Vater war der unsoldatische Sohn ein ängstlicher Hasenfuß. Dies galt es ihm auszutreiben. Von Kindesbeinen an erzog er den Kronprinzen mit militärischer Härte und Strenge. Die selbstbewusste und selbstständige Persönlichkeit Friedrichs sowie seine geistigen und musischen Neigungen brachten ihn früh in einen Gegensatz zum Vater. Mit 18 entschloss er sich zur Flucht. Der Fluchtversuch scheiterte.
Der Vater-Sohn-Konflikt erreichte seinen Höhepunkt, als der preußische König den Freund und Fluchthelfer des jungen Friedrich, Hans Hermann von Katte, vor dessen Augen enthaupten ließ.

Hinrichtung des Jugendfreundes Friedrichs II., Hans Hermann von Katte, auf Befehl seines Vaters, Friedrich Wilhelms I. Ein grausames Schauspiel, bei dem der Kronprinz zusehen musste; Kupferstich um 1790.

ENTWICKLUNGEN UND EREIGNISSE

Friedrich II. in der Schlacht bei Zorndorf 1758 zwischen Preußen und Russland; Kopie nach einem verschollenen Gemälde von Carl Röchling.

Dieses Erlebnis und die anschließende eineinhalbjährige Festungshaft in Küstrin brachen den Widerstand des Kronprinzen. Er unterwarf sich dem Vater und heiratete auf dessen Befehl aus dynastischen Gründen Elisabeth Christine von Braunschweig-Bevern. Die »weder schöne noch geistreiche Gemahlin« lehnte er zeitlebens ab. Die Ehe blieb kinderlos. Seine »politischen« Lehrjahre verbrachte Friedrich II. von 1736 bis 1740 auf Schloss Rheinsberg. Hier legte er seine visionären politischen Vorstellungen, die in der Idee gipfelten, der Fürst habe »der erste Diener des Staates« zu sein, in seiner Schrift »Antimachiavell« nieder.

Dass Friedrich II. nicht nur ein Schöngeist, sondern auch ein kühl kalkulierender Machtpolitiker war, zeigte er nur wenige Monate nach seinem Regierungsantritt. Im Dezember 1740 marschierte die preußische Armee in Schlesien ein. In den folgenden Kriegen verteidigte er seine Eroberung und etablierte Preußen als Großmacht in Europa. In den Kriegen zeichnete er sich als hervorragender Taktiker und Stratege aus. Schon zu Lebzeiten wurde ihm aufgrund seiner militärischen Erfolge der Beiname »der Große« verliehen.

Der hemmungslose, sicherlich auch persönlich motivierte, Expansionsdrang seiner ersten Regierungsjahre wich im Laufe der Jahre einer uneigennützig an der preußischen Monarchie ausgerichteten Politik.

Am Ende seiner Regierungszeit orientierte er sein Handeln nicht mehr an der Mehrung seines Ruhms, sondern an der Bewahrung des Erreichten. Als aufgeklärter absolutistischer Herrscher sah er sich verpflichtet, dem Staat zu dienen. Ganz im Sinne seines Freundes, des französischen Philosophen Voltaire, förderte er die Wissenschaft, schaffte die Folter ab, befahl den Kartoffelanbau und gewährte seinen Untertanen die Glaubensfreiheit. In Preußen sollte »jeder nach seiner Façon selig werden«.

Friedrich II. bei einem Flötenkonzert im Schloss Sanssouci im Jahr 1750; Zeichnung nach Adolf Menzels Gemälde aus dem Jahr 1852.

In seinen letzten Lebensjahrzehnten zog sich der König immer häufiger auf sein Schloss Sanssouci in Potsdam zurück. Viele seiner Freunde verließen den gegenüber seiner Umgebung immer misstrauischer werdenden »Alten Fritz«. Einsam und von schweren Gichtanfällen gezeichnet verstarb der preußische König, der am Lebensende in manchem seine Hunde mehr liebte als seine Mitmenschen, am 16. August 1786.

Friedrich II. auf Inspektionsreise im Oderbruch. Gemälde von Christoph Frisch; um 1750.

Die Frage nach der historischen Größe Friedrichs des Großen ist zugleich die nach der Diskrepanz seines Denkens und Handelns. Immer wieder vorgenommene Reduzierungen auf den genialen Feldherren oder den über Leichen gehenden Machtmenschen werden ihm nicht gerecht. Friedrich der Große war Schöngeist, eiskalter Machtpolitiker, Reformer und Feldherr in einer Person. In all seinen Widersprüchen ein Kind seiner Zeit.

LEUTHEN 1757
Triumph der schiefen Schlachtordnung

In den frühen Morgenstunden des 5. Dezember 1757 beobachtete der Befehlshaber der österreichischen Armee in Schlesien, Prinz Karl von Lothringen, wie die von Friedrich dem Großen geführte preußische Armee mit klingendem Spiel zum Angriff gegen seinen rechten Flügel vorging. Der Schwager Kaiserin Maria Theresias führte daraufhin seine Reserven an den bedrohten Abschnitt. Als sich der erste Pulverdampf gelegt hatte, bot sich ihm ein unerwartetes Bild. Die preußische Armee marschierte vor seinen Augen nach Süden ab.

Von der Unangreifbarkeit seiner Stellung überzeugt und angesichts der Überlegenheit seiner Truppen, etwa 35 000 Preußen standen etwa 65 000 Österreichern gegenüber, glaubte der österreichische Feldherr, sein Gegenüber bräche die Schlacht ab. Dies war ein folgenschwerer Irrtum. Denn der preußische König hatte ihn mit einem Scheinangriff getäuscht und zum frühzeitigen Einsatz seiner Reserven verleitet. Friedrich der Große, der das Gelände um Leuthen von früheren Manövern gut kannte, hatte von Anfang an geplant, die österreichische Armee durch einen Flankenmarsch zu umgehen und deren linken Flügel anzugreifen.

Seine Truppen zogen daher nicht ab, sondern marschierten, durch eine Hügelkette den Blicken ihres Gegners entzogen, gegen die linke Flanke der österreichischen Armee auf. Hier hatte Friedrich der Große den Schwachpunkt der österreichischen Stellung erkannt. Denn die gemäß der im 18. Jahrhundert praktizierten Lineartaktik, mit in der Tiefe flach, in der Breite dagegen weit ausgedehnten Infanterielinien, aufmarschierte österreichische Armee, war gerade an ihren Flanken höchst verwundbar. Zumal wenn ein Angreifer mit der schon von den Griechen praktizierten schiefen oder schrägen Schlachtordnung zum Angriff antrat. Diese bot die Möglichkeit, den eigenen schwachen defensiven Flügel hinter dem verstärkten Angriffsflügel zurückzuhalten und den verlustreichen Frontalangriff solange wie möglich zu vermeiden.

Dank der hervorragenden Ausbildung seiner Truppen gelang es Friedrich dem Großen, innerhalb kürzester Zeit seine schon in Gefechtsformation gegliederten Kolonnen unbemerkt von den Österreichern zur Schlacht aufzustellen. Durch seinen Flankenmarsch hatte er zudem im Schwerpunkt des Angriffs die Überlegenheit erreicht. Gegen 12 Uhr begann der Angriff der in der schiefen Schlacht-

Aufmarschplan der Schlacht bei Leuthen am 5.12.1757; kolorierter Kupferstich von 1758. In der Schlacht siegte die zahlenmäßig unterlegene preußische Armee über die österreichische Armee durch die sogenannte schiefe Schlachtordnung.

Ansprache Friedrichs II. an seine Generäle vor der Schlacht bei Leuthen; unvollendetes Gemälde von Adolph Menzel von 1859/61.

ordnung aufmarschierten preußischen Armee. Dieser traf den österreichischen linken Flügel völlig überraschend. Er konnte dem Angriff nicht standhalten und wurde zurückgeworfen. Ein Gegenangriff wurde von der an der rechten preußischen Flanke stehenden preußischen Kavallerie unter dem Husarengeneral von Zieten blutig zurückgeschlagen. Erst als es Prinz Karl gelang, seine Armee mit Front gegen die angreifenden Preußen umzugruppieren, geriet deren Angriff gegen 15 Uhr vor dem Ort Leuthen ins Stocken. Der Friedhof rückte in das Zentrum des Geschehens. Unterstützt durch heftiges Artilleriefeuer, gelang es den Preußen schließlich, den Friedhof zu stürmen und die Verteidiger zurückzuwerfen. Die Schlacht stand auf Messers Schneide. In dieser Lage griff die österreichische Kavallerie die vermeintlich ungeschützte linke preußische Flanke an. Darauf hatte der Führer des linken preußischen Kavallerieflügels, General von Driesen, gewartet. Mit seinen für den Gegner nicht einsehbaren Schwadronen griff er die ungedeckte linke Flanke der österreichischen Kavallerie an und drängte sie in die eigenen Infanterielinien. Dem in dieses Chaos hinein vorgetragenen preußischen Bajonettangriff hatten die österreichischen Truppen nichts mehr entgegenzusetzen. Sie flohen vom Schlachtfeld. Die Schlacht war verloren. Der Schlachterfolg stabilisierte die militärische Lage Preußens, beendete jedoch nicht den Krieg.

Der Triumph von Leuthen begründete den Mythos von der Unbesiegbarkeit der preußischen Armee, der erst in der Doppelschlacht von Jena und Auerstedt sein Ende fand. Der Feldherrnmythos Friedrichs des Großen dagegen überdauerte die Zeit.

Der Alte Dessauer

Drillmeister der preußischen Armee

Nur wenige preußische Feldherren waren zu ihrer Zeit so populär, wie der am 3. Juli 1676 in Dessau geborene Fürst Leopold I. von Anhalt-Dessau – genannt der »Alte Dessauer«. Seine unstandesgemäße Hochzeit mit der Apothekertochter Anna Luise Föhse trug ebenso wie sein Humor zu seiner großen Volkstümlichkeit bei. Sein Ruf als raubeiniger, knorriger, volksnaher Fürst und Feldherr überdauerte die Zeit. Unzählige Anekdoten ranken sich um sein Leben. So soll er den Gebrüdern Grimm als Vorbild für das Märchen König Drosselbart gedient haben. Karl May setzte ihm sogar mit einer Sammlung von Humoresken in dem Band »Der Alte Dessauer« ein Denkmal. Theodor Fontane widmete ihm 1898 das Gedicht »Der Alte Dessauer«. Soldaten marschierten unter den Klängen des nach ihm benannten langsamen Infanteriemarsches, und die Ratsuhr in Dessau spielt noch heute zur vollen Stunde: »So leben wir, so leben wir, so leben wir alle Tage.«

Seit frühester Jugend militärisch ausgebildet, kämpfte er Seite an Seite mit Prinz Eugen von Savoyen während des Spanischen Erbfolgekriegs und zeichnete sich durch besondere Tapferkeit aus. In die Geschichtsbücher ist er als der Drillmeister der preußischen Armee eingegangen. Sein Name ist untrennbar mit der Einführung des Gleichschritts in der preußischen Armee verbunden. Durch seine Reformen und den von ihm eingeführten eisernen Drill wurde die preußische Armee zu einer der schlagkräftigsten Europas. Obwohl Nichtraucher, gehörte er dem Tabakskollegium König Friedrich Wilhelms I. an und war einer der engsten Berater und Freund des Soldatenkönigs. Diese enge Verbindung belastete jedoch sein Verhältnis zu Friedrich dem Großen. Dieser stand dem mittlerweile zum Reichsmarschall ernannten engen Vertrauten seines Vaters sehr kritisch gegenüber und gab ihm daher während des ersten Schlesischen Krieges kein Kommando. Verärgert zog sich der Alte Dessauer auf seine Güter zurück. Im zweiten Schlesischen Krieg mit der Verteidigung der Mark Brandenburg beauftragt, schlug der Fürst am 15. Dezember 1745 bei Kesselsdorf die verbündeten Österreicher und Sachsen. Vor der Schlacht hatte der alte Haudegen Gott mit den Worten: »Lieber Gott, stehe mir heute gnädig bei! Oder willst Du nicht, so hilf wenigstens die Schurken, die Feinde nicht, sondern siehe zu, wie es kommt!«, um Neutralität gebeten. In dieser Schlacht stürzte er sich, als die preußischen Reihen wankten, selbst ins Getümmel und riss seine Soldaten erfolgreich mit. Obwohl dieser entscheidende Sieg Österreich zum Frieden bewegte, blieb das Verhältnis zwischen Friedrich dem Großen und Leopold I. zerrüttet. Als der Alte Dessauer am 9. April 1747 starb, kommentierte der preußische König seinen Tod lapidar mit den Worten »Der Alte Dessauer ist verrecket«.

Gebet des Alten Dessauers vor der Schlacht bei Kesselsdorf 1745; Gemälde von Richard Knötel.

»Der alte Dessauer«
Theodor Fontane 1898

Ich will ein Lied euch singen!
Mein Held ist eigner Art:
Ein Zopf vor allen Dingen,
Dreimaster, Knebelbart,
Blitzblank der Rock vom Bürsten
Und jeder Knopf wie Gold, –
Ihr merkt, es gilt dem Fürsten,
Dem alten Leopold.

All' Wissenschaft und Dichtung
Sein Lebtag er vermied,
Und sprach er je von »Richtung«,
Meint' er in Reih' und Glied;
Statt Opern aller Arten
Hatt' er nur einen Marsch,
Und selbst mit Schriftgelahrten
Verfuhr er etwas barsch.

Nicht mocht' er Phrasen thürmen
Von Fortschritt, glatt und schön,
Er wußte nur zu stürmen
Die Kesselsdorfer Höh'n;

Er hielt nicht viel vom Zweifel,
Und wen'ger noch vom Spott,
Er war ein dummer Teufel,
Und glaubte noch an Gott.

Ja, ja, er war im Leben
Beschränkt, wie man's so heißt,
Und soll ich Antwort geben,
Warum mein Lied ihn preist?
Nun denn, weil nie mit Worten
Er seine Feinde fraß,
Und weil ihm rechter Orten
So Herz wie Galle saß.

Wir haben viel von Nöthen
Trotz allem guten Rath,
Und sollten schier erröthen
Vor solchem Mann der That;
Verschnittnes Haar im Schopfe
Macht nicht allein den Mann –
Ich halt' es mit dem Zopfe,
Wenn solche Männer dran.

Expansion nach Osten – Die Teilungen Polens 1772 bis 1795

Zu den dunkelsten Kapiteln der europäischen und damit auch der deutschen Geschichte gehören die drei polnischen Teilungen im letzten Drittel des 18. Jahrhunderts. Dass die Großmächte im 18. Jahrhundert ohne Rücksicht auf historische Bindungen oder auf staatsrechtliche Klammern am Konferenztisch über das Schicksal von Staaten entschieden, war keine Seltenheit. Die mehrfachen Teilungen Polens unterschieden sich davon jedoch insofern, dass bei Einigkeit unter drei Großmächten – Russland, Preußen und Österreich – der Mindermächtige nur noch abwarten konnte, was mit ihm geschah. Polen, das einst zu den mächtigsten Staaten in Osteuropa gehört hatte und größer als Frankreich gewesen war, hatte seit der Mitte des 17. Jahrhunderts einen geradezu dramatischen Verfall erlebt. Es war geschwächt worden durch zahlreiche eher widerwillig geführte Kriege gegen Schweden sowie gegen das aufstrebende Russland um die Vorherrschaft im Ostseeraum und durch die damit verbundenen Zerstörungen und Verluste – ein Drittel der Dörfer und Städte wurde dabei verwüstet, fast die Hälfte der Bevölkerung kam dabei um.

Beschleunigt wurde dieser Niedergang dadurch, dass die republikanisch-wahlmonarchische Verfassung es auch ausländischen Herrschern ermöglichte, den polnischen Thron zu besteigen. Bekanntestes Beispiel dafür ist der sächsische Kurfürst Friedrich August I. (der Starke). Diese Wahlen eröffneten ausländischen Mächten die Möglichkeit, sich mithilfe eigener Kandidaten in die polnischen Angelegenheiten einzumischen. Adelsanarchie und innere Turbulenzen hatten das Land, das zunehmend in russische Abhängigkeit geraten war, jedoch weitgehend unregierbar gemacht. Der Versuch König Stanislaus August Poniatowskis, der 1763 mit russischer Hilfe gewählt worden war, innere Reformen durchzusetzen und damit Polen zu stabilisieren, erweckte jedoch das Misstrauen der Nachbarn. Ein stabiles, starkes Polen war nicht in deren Interesse.

In seinem Politischen Testament von 1752 hatte Friedrich II. in seinen Überlegungen über Möglichkeiten der Vergrößerung seines Staates unmissverständlich das preußische Interesse an einer Teilung festgeschrieben: »Erwerbungen mit der Feder sind solchen mit dem Schwert allemal vorzuziehen. Man setzt sich weniger Zufällen aus und schädigt weder seine Börse noch seine Armee. Bei der friedlichen Eroberung von Polnisch-Preußen halte ich es für durchaus nötig, Danzig bis zuletzt aufzusparen. Denn über diese Erwerbung werden die Polen ein großes Geschrei erheben, führen sie doch ihr ganzes Getreide über Danzig aus.« Nachdem der Preußenkönig 1768 angesichts der inneren Wirren in Polen zunächst vergeblich einen ersten Teilungsplan vorgelegt hatte, einigten sich dessen Nachbarn 1772 darauf, verschiedene Vorfälle zu nutzen und Teile Polens zu amputieren: »Im Namen der Heiligen Dreifaltigkeit! Der Geist des Haders, die Wirren des Bürgerkrieges, der das Königreich Polen seit so vielen Jahren erschüttert, und die Anarchie, die mit jedem Tag zunimmt, der vergeht, […] liefern uns gute Gründe dafür, mit Besorgnis den vollständigen Zerfall des Staates zu erwarten«, hieß es in der Präambel des Teilungsvertrags. Preußen erhielt danach das Verbindungsstück zwischen den Kernlanden und der »Kronprovinz« Preußen, das spätere Westpreußen, Russland das Gebiet bis zur Düna, Österreich die Provinzen Galizien und Lodomerien. Polen verlor damit fast 40 Prozent seiner Einwohner.

Dieser Verlust hatte jedoch weder Apathie noch revolutionäre Unruhen zur Folge. Im Gegenteil – der polnische König bemühte sich in den folgenden zwanzig Jahren, eine Adelsnation mit mittelalterlichen Zügen in einen modernen bürgerlichen Staat umzuwandeln. 1791, noch vor dem revolutionären Frankreich, war Polen das erste Land in Europa, das eine freiheitliche Verfassung hatte. Teile des konservativen Adels lehnten diese Entwicklung jedoch ab, baten die russische Zarin Katharina II. schließlich um Intervention, um die alte Ordnung wiederherzustellen. 1793 einigten sich Russland und Preußen auf die Abtrennung weiterer Gebiete: Während das Zarenreich Podolien sowie Teile des östlichen Polens erhielt, bekam Preußen Danzig und Thorn sowie die Gebiete der späteren Provinz Posen zugesprochen. Anders als die erste Teilung löste die zweite jedoch einen nationalen Aufstand aus, dessen Führer Tadeusz Kosciusko war. Die Tatsache, dass »die Polen es gewagt hatten, ihr

Erste Teilung Polens 1772. Katharina II. von Russland, Stanislaus II. August von Polen, Joseph II. von Österreich und Friedrich II. von Preußen betrachten die Landkarte Polens.

Posen blieb bei Preußen, das als Entschädigung für seine Verluste jedoch Teile Sachsens zugesprochen bekam. Die Auswirkungen dieser Entwicklung auf das Leben der neuen Untertanen der preußischen Krone waren weitreichend, wenngleich unterschiedlich – je nach Stand und Epoche. Preußische Vorurteile über die angebliche polnische Unfähigkeit vernünftig zu regieren – das Diktum von der »polnischen Wirtschaft« stammt aus dieser Zeit –, aber auch Vorbehalte gegenüber der katholischen Kirche bestimmten von Anfang an das gegenseitige Verhältnis.

Preußische Beamte versuchten, preußische Tugenden zu vermitteln, griffen aber auch drastisch in überlieferte Lebensformen ein. Hinzu kamen erste Formen einer gezielten Germanisierung: Bereits 1777 stellte Friedrich II. polnische Gutsbesitzer mit Besitz beiderseits der Grenze vor die Wahl, sich in Westpreußen niederzulassen oder ihre Güter zu verlieren. Die katholische Kirche schließlich wurde zwar offiziell geschont; die erhobenen hohen Abgaben waren im Ergebnis jedoch nichts als eine »schleichende Säkularisation durch Diebstahl« (Christopher Clark). Auf Anzeichen von Aufständen oder tatsächliche Erhebungen der Polen, die 1861 nur 2,25 von 18,5 Millionen Einwohnern ausmachten, reagierte die preußische Verwaltung mit massiver Militärpräsenz und Unterdrückung wie nach 1830, 1846 oder 1863. Die Folge waren Forderungen nach gezielter Germanisierung durch die weitere Ansiedlung deutscher Bauern in den Ostprovinzen, vor allem aber eine Sprachenpolitik, die die kulturelle Identität der polnischen Minderheit untergraben sollte. Beide Maßnahmen scheiterten ebenso wie Bismarcks Versuche, im Kulturkampf die führende Rolle des polnischen Klerus im Kampf um nationale Eigenständigkeit zu untergraben. Höhepunkt dieser Politik der Aus- und Abgrenzung war die Ausweisung von 32 000 nicht eingebürgerten Polen und Juden im Jahr 1885 aus Berlin und den Ostprovinzen. Das alte Ethos des preußischen Staates, alle seine Bewohner als seine christlichen Untertanen zu betrachten, kapitulierte damit endgültig vor dem Siegeszug eines aggressiven Nationalismus, dessen massivster Ausdruck die Gründung des ultranationalen Ostmarkenvereins war, dem einflussreiche Angehörige aus Staat, Gesellschaft und Wirtschaft angehörten.

nationales Schicksal selbst bestimmen zu wollen, brachte dem polnischen Staat das Todesurteil« (Martin Broszat). Nach der Niederschlagung teilten Österreich, Russland und Preußen das Land erneut. Nach seinem Sieg über Preußen errichtete Napoleon I. 1807 mit dem Herzogtum Warschau zwar einen von Frankreich abhängigen Satellitenstaat unter Führung eines von ihm abhängigen Fürsten, König Friedrich August III., mit seiner Niederlage 1814/15 verschwand dieses jedoch wieder von der Landkarte. Auf dem Wiener Kongress musste Preußen große Teile der 1793/95 erworbenen Gebiete – darunter die polnische Hauptstadt Warschau – an das in Personalunion mit Russland verbundene »Königreich Polen« abtreten. Allein das Großherzogtum

Der Weg in die Katastrophe – Preußen 1786 bis 1807

Am 27. Oktober 1806 zog Napoleon I., seit 1804 Kaiser der Franzosen, im Triumphzug durch das Brandenburger Tor in Berlin ein. Tiefer konnte der Fall Preußens kaum sein. Preußen, das in den Jahrzehnten zuvor unter Friedrich dem Großen endgültig seine Stellung als europäische Großmacht durchgesetzt hatte, lag nach den schweren Niederlagen bei Jena und Auerstedt vollständig am Boden. König Friedrich Wilhelm III. und seine Familie hatten die eigene Hauptstadt inzwischen verlassen und waren nach Ostpreußen geflüchtet. Militärisch blieb die Lage aussichtslos, zumal der russische Zar Alexander I. Preußen allenfalls halbherzig zur Seite stand. Allein die Festung Kolberg leistete unter Führung ihres legendären Bürgermeisters Nettelbeck und eines jungen Offiziers, Neidhart von Gneisenau, der später zu den großen Reformern gehören sollte, erfolgreich zähen Widerstand.

Nachdem auch Königin Luise mit ihrem Versuch gescheitert war, Napoleon durch ihre Schönheit zu betören und damit zum Nachgeben zu veranlassen, blieb dem preußischen König nichts anderes übrig, als den demütigenden Frieden von Tilsit (9. Juli 1807) zu unterschreiben. Preußen, das seinen Großmachtstatus mit so vielen Opfern erkämpft hatte, gehörte fortan nicht einmal mehr zu den Mittelmächten Europas.

Nach der siegreichen Schlacht bei Jena und Auerstedt zieht Napoleon 1806 an der Spitze seiner Garden durch das Brandenburger Tor; Gemälde von Charles Meynier.

Die Hälfte des Landes, darunter alle Gebiete westlich der Elbe, sowie ein großer Teil der Erwerbungen aus den polnischen Teilungen gingen verloren; statt 9,7 hatte Preußen fortan nur noch 4,9 Millionen Einwohner. Zugleich musste Preußen ungeheure Summen als Kriegsentschädigung zahlen sowie die Kosten für die fortdauernde Besatzung durch französische Truppen übernehmen. Als besonders schmachvoll empfanden es viele jedoch, dass die einst so ruhmreiche Armee zugleich von 190 000 (1786) auf nunmehr 42 000 Mann verkleinert werden musste.

Die Ursachen für diese vernichtende Niederlage, die Preußen, Inbegriff militärischer Macht, nicht nur in seinen Grundfesten, sondern auch in seinem ureigenen Selbstverständnis zutiefst erschütterte, waren vielfältig: Die Armee, die aufgrund ihres Drills und des militärischen Geschicks ihrer Führer seit der Zeit des Soldatenkönigs zu den schlagkräftigsten Europas gehört hatte, hatte den Anschluss an die neue Zeit schlichtweg verpasst. Weitaus fataler freilich war, dass die Nachfolger Friedrichs des Großen, sein Neffe Friedrich Wilhelm II. und dessen Sohn, Friedrich Wilhelm III., in den beiden Jahrzehnten nach dessen Tod außenpolitisch einen Zickzackkurs verfolgt hatten. 1792 hatte Preußen zwar gemeinsam mit Österreich den Revolutionären in Frankreich den Krieg erklärt, um die alte Ordnung wiederherzustellen.

Bereits 1795 verließ es diese Koalition jedoch aus höchst eigennützigen Gründen. Um in aller Ruhe die Aufteilung der restlichen Gebiete Polens vorantreiben zu können, erklärte Preußen sich im Frieden von Basel (5. April 1795) für neutral und gestand Frankreich alle eigenen Gebiete links des Rheins zu. Dafür erhielt es im Gegenzug die Zusage, für den Fall, dass Frankreich eines Tages das gesamte linksrheinische Gebiet besetzen würde, auf der rechten Rheinseite entschädigt zu werden. Viel wichtiger war aus preußischer Sicht allerdings die Vereinbarung, Norddeutschland zukünftig zu neutralisieren.

Aus preußischer Sicht war dieser Friede kein schlechtes Geschäft. Im Zeitalter der Kabinettspolitik hatte die Regierung in Berlin viel erreicht: Die Neutralität gab Preußen freie Hand im Osten. Zugleich stärkte sie dessen Einfluss im Norden und lenkte Frankreichs Armeen gegen Österreich, den alten Rivalen, um. Aber auch die Auswirkungen auf das Reich sollten nicht vergessen werden: Mit seiner Politik machte Preußen einmal mehr deutlich, dass ihm dessen Schicksal herzlich egal war.

Die Folgen waren dennoch katastrophal, selbst wenn man berücksichtigt, dass von einer »Berufung Preußens« für das Reich zu dieser Zeit noch nicht gesprochen werden kann und auch Österreich sich kaum weniger eigensüchtig verhielt. Als Wien 1797 Paris im Frieden von Campo Formio gegen den Verzicht auf eigene Besitzungen in Flandern die alte Seerepublik Venedig abtrotzte, gestand es diesem auch zu, die Neuordnung des deutschen Flickenteppichs in Angriff zu nehmen. Es entbehrt nicht einer gewissen Ironie, dass neben den süddeutschen Territorien Baden, Württemberg und Bayern vor allem Preußen zu den großen Gewinnern des Reichsdeputationshauptschlusses gehören sollte: Mit den Bistümern Münster, Hildesheim und Paderborn sowie Erfurt, den Abteien Essen, Werden, Elten, Herford und Quedlinburg sowie den Reichsstädten Nordhausen, Mühlhausen und Goslar vergrößerte sich Preußen – ohne Krieg – um 13 000 Quadratkilometer und fast eine halbe Million Einwohner.

Gleichwohl, Preußen galt in der Politik und in der sich herausbildenden Öffentlichkeit fortan als unzuverlässiger Kantonist im Kampf gegen Frankreich und die Revolution, ein Makel, auf den Bismarck noch ein Jahrhundert später in seinen »Gedanken und Erinnerungen« voller Verachtung hinweisen sollte. Trotz aller Kritik aus dem Ausland, aber auch aus den eigenen Reihen, sollte die preußische Regierung auf Jahre hinaus an dieser Politik festhalten. Obwohl Frankreich, nunmehr angeführt von dem militärischen Genie Napoleon, seinen Einfluss in Europa immer weiter ausweitete, versuchte Preußen, sich aus diesen Konflikten herauszuhalten. Mit seiner Schaukelpolitik zwischen Frankreich auf der einen, der antinapoleonischen Koalition auf der anderen Seite setzte es sich jedoch mehrfach regelrecht zwischen die Stühle und verspielte nicht zuletzt durch die klaglose Hinnahme französischer Demütigungen jede Glaubwürdigkeit.

Als Preußen 1806 versuchte, sich nach dem Zusammenbruch aller Hoffnungen im Bündnis mit Napoleon eigenständig zu behaupten, ja für sein Verhalten vielleicht sogar durch die dauerhafte Überlassung des Königreichs Hannovers belohnt zu werden, gleichwohl aber den geheimen Draht nach Russland nicht abreißen zu lassen, stand es allein da. Der Entschluss, Napoleons Streben nach Hegemonie den Weg zu versperren, endete in einer vernichtenden Niederlage. Innerhalb weniger Wochen wurde wahr, was Napoleon König Friedrich Wilhelm III. Anfang Oktober 1806 in seiner

Antwort auf dessen Brief voller Klagen über das treulose Verhalten des Kaisers vorausgesagt hatte: »Aber Sire, Eure Majestät wird besiegt werden! Sie werden die Ruhe Ihrer Tage, das Leben Ihrer Untertanen preisgeben, ohne auch nur den kleinsten Grund zu Ihrer Entschuldigung vorbringen zu können! Heute stehen Sie noch unbescholten da und können mit mir auf eine Ihres Ranges würdige Weise unterhandeln, aber noch ehe ein Monat vergeht, wird Ihre Lage eine andere sein!«

Diese Antwort war in ihrer Arroganz kaum zu überbieten; nach dem Sieg über Österreich und Russland bei Austerlitz (1805) konnte Napoleon es sich freilich leisten, so auf die preußische Herausforderung, die die Realitäten völlig verkannte, zu antworten.

Preußen vor 1806 lediglich als eine schlecht regierte Macht zu betrachten, die sich fast zwangsläufig auf dem Weg in die Katastrophe befunden hätte, wäre grundfalsch. Sicher, in der Außenpolitik fehlten der preußischen Regierung am Ende die klare Linie und ein wenig Fortune; auch die Armee war nicht mehr auf der Höhe der Zeit, und mit König Friedrich Wilhelm II., dem Neffen des kinderlosen großen Königs, war im Gegensatz zu seinem menschenscheuen Onkel ein Lebemann auf den Thron gekommen. Zwei Ehen, zwei weitere Ehen zur »linken Hand«, zahlreiche Mätressen und insgesamt 15 Kinder machen dies deutlich. Hatte sein Onkel nüchtern, ganz den Prinzipien der Spätaufklärung verpflichtet, zu regieren versucht, so liebte sein Neffe wie viele seiner Zeitgenossen den Spiritualismus, die Hellseherei und die Astrologie.

Weitaus fataler freilich war seine Verschwendungssucht: Innerhalb von elf Jahren verschleuderte er den ihm hinterlassenen Staatsschatz von 51 Millionen Talern, eine für die damalige Zeit gewaltige Summe. Ein Teil des Geldes ging an seine Mätressen und Günstlinge oder wurde für rauschende Feste ausgegeben, zu denen er großzügig die halbe Bürgerschaft Berlins einlud. Aber auch die Hauptstadt profitierte von dieser Verschwendungssucht: In vielen Bereichen hatte sie weiterhin einen ländlichen Charakter, prachtvolle Bauten – darunter das neue Brandenburger Tor – zeugten jedoch von dem Willen, Macht und Größe zu repräsentieren.

Die Inkraftsetzung des Allgemeinen Preußischen Landrechts 1794, eine der modernsten Rechtsordnungen damals, ist ebenfalls eindeutig auf der Habenseite der Regierung zu verbuchen.

Berlin-Mitte, Unter den Linden. Blick auf die Neue Wache und das Zeughaus, links Prinz-Heinrich-Palais, rechts Eingang zum Opernhaus; Gemälde von Wilhelm Brücke.

Zugleich entwickelte sich ein blühendes gesellschaftliches Leben, dessen Vertreter auf der neuen Prachtmeile zwischen Oper und Brandenburger Tor, der neugestalteten Allee Unter den Linden flanierten oder sich in den vielen Literarischen Salons trafen. Dort diskutierten, angeregt von bereits damals berühmten Salondamen wie Rahel Lewin oder Henriette Herz, Angehörige von altem preußischen Adel und jungem, selbstbewusstem Bürgertum sowie mancher königliche Prinz ohne Rücksicht auf überlieferte ständische Grenzen freimütig über die Fragen der Zeit, über Literatur, Philosophie und Religion. Der Einmarsch Napoleons in Berlin sollte diesem glanzvollen Höhepunkt kulturellen Lebens jedoch zunächst ein Ende bereiten; erst 1813, in der Euphorie der Befreiungskriege, blühte es wieder auf.

JENA UND AUERSTEDT
Das Ende des alten Preußen

Hatte Friedrich Wilhelm III. am 14. Oktober 1806 tatsächlich nur eine »Bataille« verloren, wie es kurz danach in Berlin verkündet wurde? Der Name der Schlacht weist schon darauf hin, am 14. Oktober 1806 kam es zu zwei nahezu zeitgleich verlaufenden Entscheidungsschlachten in enger räumlicher Nähe. Nach zehn Jahren des Schwankens zwischen Neutralität und Annäherung an Frankreich stand Preußen im Herbst 1806 vor der Existenzfrage. Napoleon rückte offensiv mit 170 000 Soldaten vom Main durch Thüringen nordwärts in Richtung Berlin vor.

Die von ihm dafür gewählte Formation seiner Kräfte ließ jederzeit eine starke Schwerpunktbildung, aber auch Flankenschutz zu. Unbegründet war dieses Vorgehen nicht, drohten doch im Osten die mit Preußen verbündeten Sachsen, von Westen Truppen aus dem Raum Hannover und frontal die preußischen Hauptkräfte. Neben der Flexibilität im Handeln bewog Napoleon zu diesem Vorgehen aber auch der seit Roßbach legendäre Mythos des altpreußischen Militärs. Das französische Trauma dieser Niederlage am 5. November 1757 gegen Friedrich den Großen, die auch nicht die verbündete Reichsexekutionsarmee verhindern konnte, wirkte nach. Doch während bei den Franzosen und ihren Verbündeten die Führung klar in einer Hand lag, zeigte sich die Situation bei seinen Gegnern ganz anders. Entgegen der Empfehlung seines Oberbefehlshabers, des erfahrenen Herzogs von Braunschweig, befahl der König getrennt aufzumarschieren. Während also Preußen und verbündete Sachsen am 10. Oktober noch über den besten Ort für die Zusammenführung der Truppen stritten, fiel der populäre preußische Prinz Louis Ferdinand in einem der Vorgefechte bei Saalfeld. Sein vielbetrauerter Tod war gleichsam der Vorbote kommender Ereignisse.

Auf beiden Seiten blieb die Lage noch tagelang unklar. Erst am 13. Oktober klärten französische Kräfte Teile der preußischen Truppen bei Jena auf. Napoleon nahm an, dort den Hauptkräften gegenüberzustehen, und ergriff die Initiative. Dabei standen die preußischen Truppen auf der Hochebene in günstigen Stellungen. Kein Gefecht erwartend, wurde der preußische Befehlshaber Fürst Hohenlohe

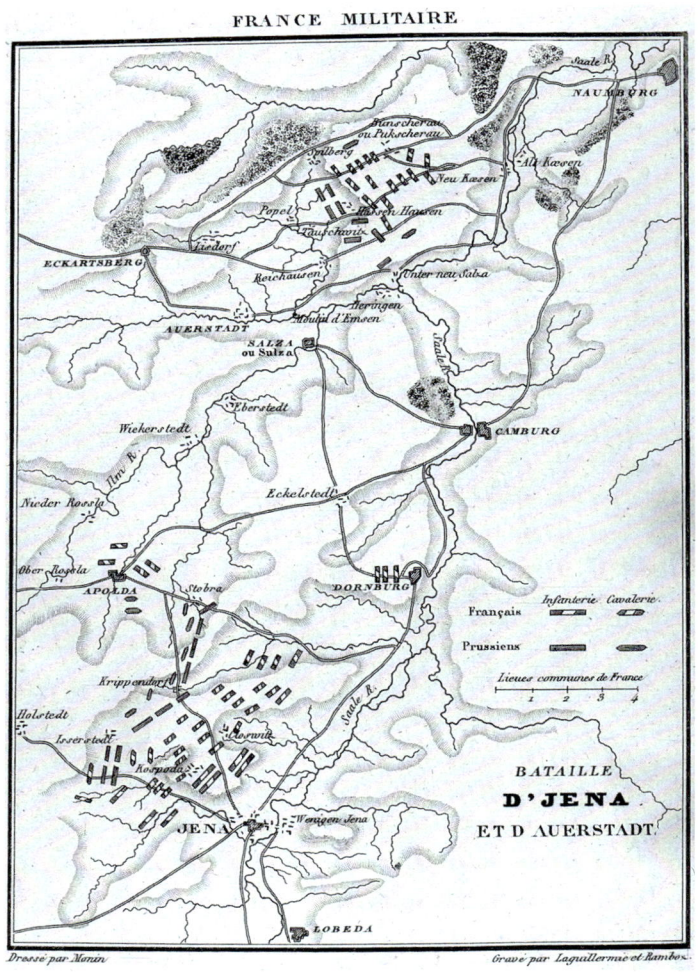

Plan der Schlacht bei Jena und Auerstedt aus der Folge »France Militaire« nach Monin.

daher vom französischen Angriff in den frühen Morgenstunden des 14. Oktober völlig überrascht. Starkes Artilleriefeuer begleitete einen Angriff aus schwierigem Gelände über die Steilhänge des Saaletals. Der Versuch Hohenlohes, die von den Franzosen eingenommenen Dörfer Isserstedt und Vierzehnheiligen zurückzuerobern, scheiterte am zögerlichen Führungsverhalten. Weitgehend ungeschützt im offenen Gelände liegend, erlitten seine Truppen hohe Verluste im mehrstündigen französischen Artillerie- und Infanteriefeuer. Während Hohenlohe weiterhin inaktiv auf Verstärkung für den Angriff wartete, nutzten die Franzosen die Schwächung des Gegners, um die Front der Preußen anzugreifen. Nach ersten Einbrüchen sah sich Hohenlohe gezwungen, den Rückzug zu befehlen. Aus dem Rückzug entwickelte sich nach einer französischen Reiterattacke panikartige Flucht. Dabei stießen die fliehenden Soldaten auf die Geschlagenen der Schlacht bei Auerstedt. Die Niederlage verwandelte sich in ein Chaos.

Während in Jena rund 96 000 Franzosen 53 000 Preußen gegenüberstanden, sprach bei Auerstedt zahlenmäßig alles für die 50 000 Preußen, gegenüber etwa 27 000 Franzosen. Doch auch hier hatten Nebel und mangelnde Aufklärung zu einem unübersichtlichen Lagebild geführt, das die Franzosen aktiv für sich zu nutzen wussten. Parallel zu einem preußischen Vorstoß griffen französische Kräfte bei der Chaussee nach Kösen nahe des Dorfes Hassenhausen an. Verunsichert über die Offensive und den frühzeitigen Ausfall des tödlich getroffenen Herzogs von Braunschweig fehlte es dann auf preußischer Seite an einer einheitlichen Führung. Nichts von der Niederlage bei Jena ahnend, befahl der überforderte König nachmittags den Rückzug seiner Truppen, ohne auch nur einmal die wartende, starke und vermutlich schlachtentscheidende Reserve eingesetzt zu haben. Am Abend des 14. Oktober war der Krieg verloren. Während Napoleon schon am 27. Oktober 1806 siegreich in Berlin einmarschieren konnte, floh König Friedrich Wilhelm III. nach Ostpreußen. Er konnte nur noch resigniert die »fast gänzliche Auflösung der verschiedenen gegen Frankreich ins Feld geführten Armee-Corps« vermerken. In den sich noch bis November hinziehenden Rückzugsgefechten konnten sich zwei Generale auszeichnen, die für die Zukunft standen. Blücher und sein Generalquartiermeister Gerhard von Scharnhorst mussten zwar am 6. November mit nur noch 9000 Mann ohne Munition bei Ratkau in der Nähe von Lübeck kapitulieren. Doch ihre Erfahrungen in den Gefechten mit den französischen Truppen sollten die Zukunft bestimmen. Die altpreußische Armee hatte ihren im Siebenjährigen Krieg erworbenen Nimbus endgültig eingebüßt. Im Kampf mit den bestgeführten und damals modernsten Truppen kamen auf preußischer Seite gravierende Führungsfehler, Überalterung des Offizierskorps, mangelnde Kampfkraft der Truppen und eine inzwischen veraltete Taktik drastisch zum Vorschein. Die verheerende Niederlage bereitete aber zugleich den Weg in die Zukunft der tiefgreifenden Militärreformen im Gesamtwerk der Preußischen Reformen.

Der Oberfeldherr der preußischen Hauptarmee, Herzog Ferdinand von Braunschweig, wird verwundet aus der Schlacht geführt; Chronotypie von Richard Knötel.

Königin Luise

Die weibliche Seite Preußens

»In dieser weihevollen Stunde, die dem Gedächtnis der unvergeßlichen Königin Luise gewidmet ist, […] regt sich in uns doch auch ein freudiges und erhebendes Gefühl von Stolz und Glück in dem Bewußtsein, daß die Verklärte, der diese Feier gilt, uns angehörte, […] und daß sie unser geblieben ist weit über Tod und Grab hinaus, daß ihr Bild und ihr Gedächtnis zu den schönsten und unverlierbarsten Schätzen unserer nationalen Erinnerung gehört. In der Blüte ihrer Jahre ist sie dahingegangen; und so steht ihr Bild uns allen noch heute vor Augen in dem sanften Glanze ihrer durch das Leid verklärten Schönheit.«

Mit diesen Worten begann der berühmte Preußenhistoriker Otto Hintze seine Festrede zur feierlichen Würdigung ihres hundertsten Todestages. Sie verweisen auf die bis heute ungebrochene Popularität und Verehrung für eine preußische Königin, die wie keine andere die weiblichen Seiten Preußens charakterisierte. Die 1776 in Hannover geborene »Königin der Herzen«, wie sie heute vielleicht genannt würde, entstammte dem Haus Mecklenburg-Strelitz. Luises Mutter starb, als die Tochter sechs Jahre alt war. Erst ab 1786 kam wieder Stabilität in die Erziehung. Im Haus ihrer in Darmstadt lebenden Großmutter durfte sie nun eine ungezwungene, zugleich aber fast bürgerliche Lebensführung erfahren – zwei Bedingungen, die sie und das Bild von ihr prägen sollten.

1793 lernte Luise den preußischen Kronprinzen Friedrich Wilhelm kennen, der sofort in Liebe zu der ausgesprochen attraktiven, lebenslustigen jungen Frau aus bestem Adel entflammte. Die Liebe sollte ungebrochen bis zu Luises Tod halten. Sie wurde schnell zur entscheidenden Stütze des mit wenig Selbstvertrauen ausgestatteten Hohenzollern, der sich einer prekären Haushaltslage und kaum zu überblickenden politischen Herausforderungen gegenübersah. Mätressen wie bei seinem Vater gab es jedenfalls nicht. Noch im selben Jahr heiratete das Liebespaar, ebenso wie Friedrich Wilhelms Bruder Ludwig die Schwester Luises, Friederike, ehelichte. Schnell gewann Luise mit ihrer offenen und natürlichen Art Sympathien in Preußen. Nur am Hof stieß man sich an dem selbstbestimmten und lebensfrohen Auftreten der Prinzessin. Die Geburt der beiden Söhne Friedrich Wilhelm 1795 und Wilhelm 1797, dem späteren deutschen Kaiser, verbesserte ihre Position aber erst nach der Thronbesteigung Friedrich Wilhelms III. Von ihren insgesamt zehn Kindern erreichten nur sieben das Kindesalter. Die nunmehr 21 Jahre junge Königin lebte in einem Preußen der Übergangszeit, immer im Schatten der Französischen Revolution und Napoleons.

Die Jahre um die Jahrhundertwende führten aber auch in eine blühende Berliner Kulturlandschaft. In den Salons sammelten sich Bildungsbürger, Adel und Kulturschaffende. Für diese neue, romantische und zugleich zukunftsorientierte Welt bot die junge Königin den vorbildhaften Bezugsrahmen. Ihre Ehe entsprach dem bürgerlichen Ideal einer bescheidenen, glücklichen Großfamilie, sie war aktiv in der intellektuellen Gesellschaft präsent, und sie erlaubte sich über die angestammte Rolle als Ehefrau hinaus auch politische

Königin Luise mit König Friedrich Wilhelm III. und den Kindern Friedrich Wilhelm (neben Luise), Charlotte und Wilhelm (auf der Bank) um 1800 im Schlossgarten von Paretz; Lithografie von Carl Röchling.

Mitsprache. Dabei spürte sie den Reformgeist der Zeit und setzte auch darum mit aller Kraft auf die Nation als Rückhalt der Monarchie. Ihr entschiedenes Eintreten für Preußen, ohne Rücksicht auf ihre Person, auch in den schweren Krisenjahren nach 1806, legte den Grundstein für ihren bleibenden Ruhm über Generationen hinweg. Schon unmittelbar im Anschluss an die Niederlage von Jena und Auerstedt hatte sie ihren unglücklich agierenden Gatten gedrängt, »nur um Gottes Willen keinen schändlichen Frieden« abzuschließen, vielmehr empfahl sie mit Nachdruck, auf die Unterstützung der Untertanen im Widerstand gegen Napoleon zu setzen. Damit war sie schon Jahre im Voraus richtungsweisend für die spätere Befreiung von der französischen Fremdherrschaft. Luise bot dem gedemütigten König den Rückhalt, den er dringend benötigte. An den harten Friedensbedingungen für Preußen konnte ihr berühmtes Zusammentreffen mit Napoleon im Rahmen des Friedens von Tilsit 1807 allerdings nichts ändern. Doch ihre verbleibenden drei Lebensjahre widmete sie unermüdlich der Reform und Festigung des Staates, der ihre Heimat geworden war. Am 19. Juli 1810 starb sie überraschend an einer Lungenentzündung. In der Erinnerung blieb ein Mythos, der das Bild einer sich für ihr Volk aufopfernden Hohenzollerndynastie in der Bevölkerung festigen sollte. In seiner Festrede von 1910 resümierte Otto Hintze: »Im Volke wußte man es nicht anders, als daß Königin Luise am gebrochenen Herzen gestorben sei, aus Gram über das Unglück und die Schmach ihres Landes, als ein Opfer der schweren Zeit; […] und jene Idee von einem Opfertod samt der daran geknüpften Hoffnung, auf eine besserer Zukunft Preußens behalten doch ihren tiefen Sinn.« Wie schon 1910 erlebte auch das Jahr 2010 ein preußisches Luise-Jahr, ihr Mythos als preußische Königin des Volkes scheint ungebrochen.

REFORMEN VON OBEN
statt Revolution von unten

»Mit dem Martini-Tage Eintausend Achthundert und Zehn (1810)«, so hieß es in dem bald berühmt gewordenen »Oktoberedikt« des Freiherrn Karl vom und zum Stein aus dem Jahr 1807, »hört alle Gutsuntertänigkeit in Unseren sämtlichen Staaten auf. Nach dem Martini-Tage 1810 gibt es nur freie Leute […].« Selten haben derartig »trockene« gesetzliche Regelungen einen so großen Nachklang gehabt, wie dieser einleitende Satz des § 12 des »Oktoberedikts«.

Nach der demütigenden Niederlage Preußens im Krieg gegen Napoleon ging kein Weg mehr an einer Modernisierung von Staat, Gesellschaft und Wirtschaft in der Form einer »Revolution von oben« vorbei, um eine Revolution von unten zu vermeiden und Preußen zugleich wieder zu seinem einstigen Status zu verhelfen. Bereits vor der Niederlage hatte eine Gruppe von Reformern um den Reichsfreiherrn vom Stein und Außenminister Karl August von Hardenberg Reformen angemahnt und erste Vorschläge ausgearbeitet. Gegen die Widerstände der Bürokratie und des Adels hatten sie sich jedoch zunächst nicht durchsetzen können. Kennzeichen dieser – so Hardenberg – »Revolution im guten Sinne«, die dem schnellen Wiederaufbau den Weg ebnen sollte, war die Verbindung von Tradition und Fortschritt. Die überlebten Strukturen des bisherigen absolutistischen Regimes sollten aufgebrochen und ein Staat sollte geschaffen werden, in dem Bürger am Staatsleben mitwirkten.

Stein-Hardenberg´sche Reformen in Preußen. Von links: General Gerhard von Scharnhorst, Minister Karl August von Hardenberg und Staatsminister Karl vom und zum Stein; Holzstich um 1860.

Am Beginn der Reformen stand eine Neuorganisation der Verwaltung. »Den Fortschritten des Zeitgeistes, der durch äußere Verhältnisse veränderten Lage des Staats und den jetzigen Bedürfnissen desselben« entsprechend wurde diese umgestaltet. An die Stelle des auf den König zugeschnittenen Kabinetts, neben dem es noch eine Vielzahl miteinander konkurrierender Behörden gab, trat ein nach dem Ressortprinzip gegliederter Ministerrat. Dieser sollte der bisher stark zersplitterten Verwaltung »die größtmöglichste Einheit, Kraft und Regsamkeit« geben, vor allem aber die »Geisteskräfte der Nation und des Einzelnen auf die zweckmäßigste und einfachste Art« im Interesse des Wiederaufbaus mobilisieren. In gleicher Weise wie die Spitze des Staates wurde auch die Verwaltung des Landes durch die Bildung von Regierungsbezirken vereinheitlicht und gestrafft.

Zu den wichtigsten Bestandteilen dieses umfangreichen Reformwerks, das seit 1807 umgesetzt wurde, gehörten ohne Frage die Agrarreformen. Sie gewährten den Bauern auf den adligen Gütern endlich jene persönliche Freiheit, über die die Bauern, die auf den königlichen Domänen und westlich der Elbe lebten, schon lange verfügten. Umzug an einen anderen Ort, Berufswahl oder Heirat waren nun nicht mehr an die Zustimmung des Gutsherrn gebunden, auch der Gesindezwang wurde aufgehoben. Die Folge dieser Entscheidungen war die Kommerzialisierung der Landwirtschaft. Der Preis, den die Bauern dafür zahlten, war dennoch hoch. Zunächst entfielen mit der Befreiung alle Schutz- und Hilfsverpflichtungen des Gutsherrn. Aufgrund der Ablösebestimmungen konnten die adligen Gutsbesitzer ihren Besitz und ihr Kapitalvermögen erheblich steigern, während die Kleinbauern, die ihre Höfe meist nicht halten konnten, zu Tagelöhnern abstiegen oder in die Städte abwanderten. Dort bildeten sie das Gros der allmählich entstehenden Industriearbeiterschaft. Dennoch: Obwohl fast fünf Millionen Hektar Land an die Großgrundbesitzer ging, können die verbliebenen Bauern durchaus als Gewinner bezeichnet werden. Befreit von den Fesseln der Ständegesellschaft, vergrößerten sie die bisherigen Nutzflächen um 60, die Produktion um 40 Prozent. Damit schufen sie die Grundlage für die Ernährung einer Bevölkerung, die bald innerhalb weniger Jahre rasant wachsen sollte.

Kaum weniger bedeutsam war das Gewerbeedikt von 1810, das den alten Zunftzwang aufhob. Durch diese Deregulierung stieg die Zahl der Betriebe, was wiederum einen heftigen Konkurrenz- und Verdrängungswettbewerb im Handwerk auslöste. Verbunden mit einer Aufhebung der Binnenzölle schuf die Gewerbereform die Grundlagen für die spätere Entfaltung der gewerblichen und industriellen Kräfte in Preußen.

Die Heeresreform schaffte alte adlige Standesprivilegien ebenso ab wie die entehrenden Strafen. Sie öffnete zudem das Offizierkorps für Angehörige des Bürgertums. Indem die Reformer um Gerhard von Scharnhorst zugleich erklärten, das »jeder Bürger eines Staates der geborene Verteidiger desselben sei«, legten sie die Grundlagen für die Einführung der allgemeinen Wehrpflicht (1813). Aus einem Zwangs- wurde damit einen Ehrendienst, der die militärische Schlagkraft maßgeblich stärken sollte.

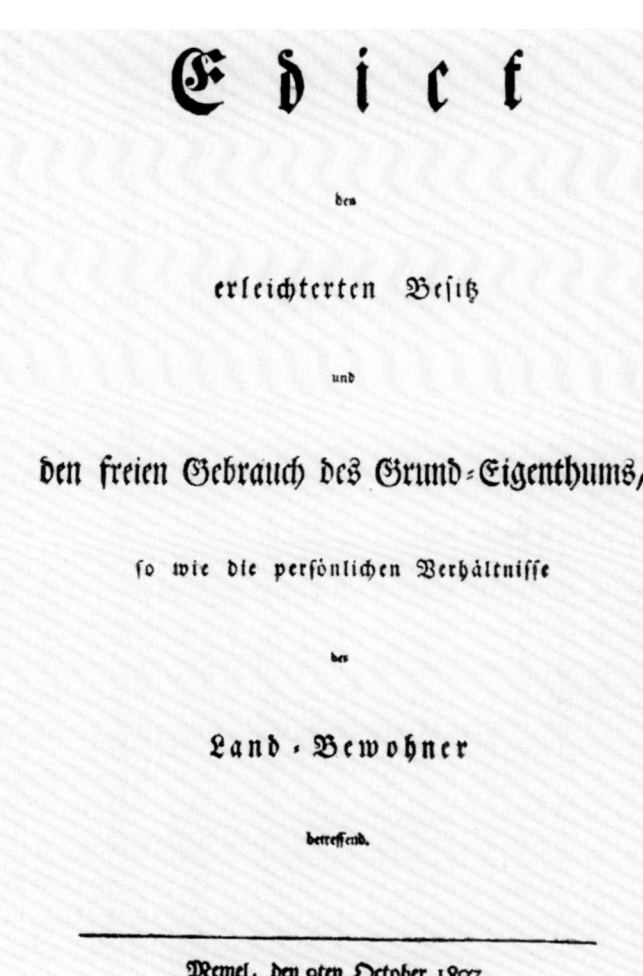

Aufhebung der personengebundenen Erbuntertänigkeit der Bauern zur Erleichterung von Besitz und zum freien Gebrauch von Grundeigentum; Deckblatt des Erlasses – Edikts – vom 9. Oktober 1807.

Die Städteordnung des Jahres 1808 brachte die kommunale Selbstverwaltung und sollte den Bürger wenigstens auf der lokalen Ebene am politischen Geschehen beteiligen. Die Bildungsreformen, für die vor allem Wilhelm von Humboldt verantwortlich war, etablierten ein einheitliches staatliches Bildungssystem, das auf einem Volksschul-, Gymnasial- und Universitätswesen basierte. Das Emanzipationsedikt von 1812 gab der jüdischen Bevölkerung endlich die gleichen Rechte wie den anderen Staatsangehörigen, auch wenn manche Einschränkungen fortbestanden.

Trotz der unleugbaren Fortschritte, die diese Reformen in fast allen Bereichen zur Folge hatten, fällt das Urteil ambivalent aus. Zu vieles blieb trotz des hohen, ideellen Anspruchs der Reformer angesichts massiver Widerstände des Adels in zentralen Bereichen Stückwerk. Preußen war – ungeachtet wiederholter Versprechungen, eine Gesamtstaatsverfassung einzuführen – auch in den folgenden Krisen von 1848/49 und 1862 bis 1866 ein monarchischer Obrigkeitsstaat, der dem 1871 gegründeten Kaiserreich nachhaltig seinen Stempel aufdrückte.

Auszug der preußischen Landwehr ins Feld 1813; Gemälde von Gustav Graef (1821–1895).

Auszüge aus der »Rigaer Denkschrift« des Ministers Hardenberg 1807

Eine Revolution im guten Sinne

»Die Begebenheiten, welche seit mehreren Jahren unser Staunen erregen und unserem kurzsichtigen Auge als fürchterliche Übel erscheinen, hängen mit dem großen Weltplan einer weisen Vorsehung zusammen. Nur darin können wir Beruhigung finden. Wenngleich unserem Blick nicht vergönnt ist, tief in diesem Plan einzudringen, so lässt sich doch der Zweck dabei vermuten: das Schwache, Kraftlose, Veraltete überall zu zerstören und nach dem Gange, den die Natur auch im Physischen nimmt, neue Kräfte zu weiteren Fortschritten zur Vollkommenheit zu beleben.

Der Staat, dem es glückt, den wahren Geist der Zeit zu fassen und sich in jenen Weltplan durch die Weisheit seiner Regierung ruhig hinein zu arbeiten, ohne dass es gewaltsamer Zuckungen bedürfe, hat unstreitig große Vorzüge, und seine Glieder müssen die Sorgfalt segnen, die für sie so wohltätig wirkt.

Die Französische Revolution, wovon die gegenwärtigen Kriege die Fortsetzung sind, gab den Franzosen unter Blutvergießen und Stürmen einen ganz neuen Schwung. Alle schlafenden Kräfte wurden geweckt, das Elende und Schwache, veraltete Vorurteile und Gebrechen wurden – freilich zugleich mit manchem Guten – zerstört. Die Benachbarten und Überwundenen wurden mit dem Strome fortgerissen.

Unkräftig waren alle die Dämme, welche man diesem entgegensetzte, weil Schwäche, egoistischer Eigennutz und falsche Ansicht sie bald ohne Zusammenhang aufführte, bald diesen im gefährlichen Irrtum unterbrach und dem verheerenden Strome Eingang und Wirkung verschaffte.

Der Wahn, dass man der Revolution am sichersten durch Festhalten am Alten und durch strenge Verfolgung der durch solche geltend gemachten Grundsätze entgegenstreben könne, hat besonders dazu beigetragen, die Revolution zu befördern und derselben eine stets wachsende Ausdehnung zu geben. Die Gewalt dieser Grundsätze ist so groß, sie sind so allgemein anerkannt und verbreitet, dass der Staate, der sie nicht annimmt, entweder seinem Untergange, oder der erzwungenen Annahme derselben, entgegensehen muss. [...]

Also eine Revolution im guten Sinn, gerade hinführend zu dem großen Zwecke der Veredelung der Menschheit, durch Weisheit der Regierung und nicht durch gewaltsame Impulsion von Innen oder Außen – das ist unser Ziel, unser leitendes Prinzip. Demokratische Grundsätze in einer monarchischen Regierung: diese scheint mir die angemessene Form für den gegenwärtigen Zeitgeist. Die reine Demokratie müssen wir noch dem Jahre 2440 überlassen, wenn sie anders je für den Menschen gemacht ist.

Mit eben der Kraft und Konsequenz, womit Napoleon das französische revolutionäre System verfolgt, müssen wir das unsrige für alles Gute, Schöne, Moralische verfolgen, für dieses alles, was gut und edel ist, zu verbinden trachten. Ein solcher Bund, ähnlich dem der Jakobiner, nur nicht im Zweck und in der Anwendung verbrecherischer Mittel, und Preußen an der Spitze könnte die größte Wirkung hervorbringen und wäre für dieses die mächtigste Allianz [...].«

BEFREIUNG
und Wiederaufstieg 1813 bis 1815

»An mein Volk« hieß es pathetisch in jener Ansprache vom 17. März 1813, mit der König Friedrich Wilhelm III. in Breslau die Untertanen seiner Provinzen, »seine Brandenburger, Preußen, Schlesier, Pommern und Litthauer«, zum Kampf gegen Napoleon aufrief. Ausführlich rechtfertigte er die zögerliche Politik der Jahre zuvor, doch nun sei der Krieg für »Preußen« und »Deutsche« gegen Frankreich unvermeidbar. »Es ist der letzte entscheidende Kampf, den wir bestehen, für unsere Existenz, unsere Unabhängigkeit, unsern Wohlstand«, und andere Wege stünden nicht mehr zur Verfügung, »weil ehrlos der Preuße und der Deutsche nicht zu leben vermag«.

Dies waren starke Worte, doch viel später hätten sie auch nicht fallen dürfen, war doch der Hass gegen Frankreich inzwischen unübersehbar. Im Sommer 1812 hatte Preußen sich auf Druck Napoleons noch an dessen Feldzug gegen den Zaren beteiligt. Bereits im Vorfeld dieses Krieges war es in Ostpreußen jedoch zu Unruhen gekommen, da die durchziehenden französischen Truppen rücksichtslos geplündert hatten. Als die geschlagene Grande Armée zurückkehrte, nahm die Bevölkerung blutige Rache für die Erniedrigungen des Sommers. Viel entscheidender für die weiteren Ereignisse war jedoch das Ausscheren der preußischen Truppen aus dem Bündnis mit Napoleon. Eigenmächtig unterzeichnete General Hans David Ludwig Graf Yorck von Wartenburg mit dem russischen General Diebitsch am 30. Dezember 1812 die Konvention von Tauroggen. Mit dieser Entscheidung, für die er bereit war, den Tod vor dem Erschießungspeleton wegen Ungehorsams zu riskieren, machte er den Armeen des Zaren den Weg frei für die Verfolgung der Grande Armée. Zugleich zwang er seine eigene Regierung auch zum Handeln. Diese, allen voran der König, tat sich anfangs schwer, am Ende ging jedoch kein Weg mehr daran vorbei, nun das vorher Undenkbare zu wagen: den Aufstand gegen Napoleon.

Schritt für Schritt bereitete die Regierung, auf die bald auch der aus Russland zurückgekehrte Freiherr vom Stein Einfluss nahm, den offensichtlich unvermeidlichen Kampf vor. Ausgehend von Königsberg, der Krönungsstadt der preußischen Könige, über Breslau, wohin sich der König mit seiner Familie geflüchtet hatte, nahm dieser schließlich seinen Lauf.

Die Begeisterung, mit der die Untertanen des Königs dessen Aufruf vom März folgten, war unvorstellbar. Alle arbeiteten für den Krieg, kamen ihrer nur wenig später eingeführten »Wehrpflicht« nach und rückten in die neu aufgestellte Landwehr ein oder schlossen sich Freikorps an, von denen das Lützowsche bald zur Legende wurde. Der militärische Wert der Landwehr und der Freikorps ist umstritten. Gleichwohl, der Enthusiasmus, mit dem Bürger aller Schichten, Gymnasiasten und Studenten (12 Prozent), Handwerker (41 Prozent), einfache Bauern und Tagelöhner (18 Prozent) in den Krieg zogen, war trotz aller regionalen und sozialen Unterschiede unverkennbar. Besonders hervorzuheben ist dabei die Bereitschaft der Juden, für ihren Staat zu kämpfen, waren sie nun doch erstmals gleichberechtigte Staatsbürger. Angespornt wurden sie dabei vom »Turnvater« Friedrich Ludwig Jahn, den Dichtern Theodor Körner oder Ernst Moritz Arndt. Mit ihren Werken lieferten sie das ideologische Rüstzeug für den Kampf gegen den alten »Erbfeind«.

In beispielloser Weise unterstützte zugleich die Bevölkerung – ob Arm oder Reich, ob Mann oder Frau – die Kriegsanstrengungen. Sie gab »Gold für Eisen« oder schloss sich in wohltätigen Vereinen zusammen, die Spenden sammelten oder sich um Verwundete kümmerten. Mit dem von Friedrich Wilhelm III. gleichzeitig gestifteten »Eisernen Kreuz« wiederum konnten jetzt alle Soldaten belohnt werden, nicht nur Offiziere, die im Krieg tapfer gegen den »Erbfeind« kämpften. Diesen »Erbfeind« griff die von Scharnhorst und Gneisenau neu aufgebaute Armee seit dem Frühjahr 1813 offen an. Ganz anders als 1806 lösten Rückschläge, Verluste und Niederlagen dieses Mal jedoch keine Panik oder heillose Flucht aus. In zähen Kämpfen zeigte die Armee – 228 000 Infanteristen, 31 000 Kavalleristen und 13 000 Artilleristen –, dass die Saat der Reformer aufgegangen war. Zusammen mit den Verbündeten drängte sie nun Napoleon aus Deutschland. Höhepunkt dieser Kämpfe war

Die Völkerschlacht bei Leipzig 1813; kolorierte Radierung von Carl Rahl (1812–1865) nach Johann Adam Klein (1792–1875).

die Völkerschlacht bei Leipzig im Oktober 1813, bei der auf beiden Seiten annähernd 500 000 Soldaten kämpften. Doch auch die Gefechte bei Großgörschen – wo Scharnhorst tödlich verwundet wurde –, Großbeeren und Bautzen oder der Übergang über den Rhein bei Kaub am Ende des Jahres sollten nicht vergessen werden. Am 31. März 1814 zog der preußische König schließlich zusammen mit den anderen Monarchen der antinapoleonischen Koalition siegreich in Paris ein – so wie einst Napoleon in Berlin.

Die Gestaltung des Friedens, über den Repräsentanten der Fürsten, nicht der Völker, seit dem Herbst 1814 in Wien verhandelte, erwies sich bei allen Gemeinsamkeiten dann doch als schwieriger als erwartet. Auch wenn man sich über dessen Grundprinzipien – Restauration, Legitimität und Solidarität – einig war, gab es genügend Konfliktstoff. Insbesondere der Wille des Königs, sich dem Zaren gegenüber dankbar zu erweisen, drohte die antinapoleonische Front zu spalten, ja einen Krieg untereinander heraufzubeschwören. Indem Preußen Russlands Ansprüche auf Polen rückhaltlos unterstützte, gefährdete es das von England und Österreich verfochtene Prinzip des Gleichgewichts auf dem Kontinent.

Dass Preußen freilich hoffte, für seine Treue gegenüber dem Zaren mit dem reichen Sachsen für eigene Verluste im Westen eine Entschädigung zu erhalten, sollte auch nicht übersehen werden. Da dessen König bis zuletzt zu Napoleon gehalten hatte, schien diese Forderung nach den Regeln der alten Kabinettspolitik legitim. In letzter Minute gelang es dann doch, den Krieg zu vermeiden. Der mühsam ausgehandelte Kompromiss verschob Preußen jedoch nach Westen. Als »Wacht am Rhein« sollte es die Grenze gegen Frankreich schützen. Nach der unerwarteten, jedoch kurzen Rückkehr Napoleons aus seiner Verbannung erschien diese Aufgabe noch dringlicher als zuvor.

Dass diese territoriale Zersplitterung langfristig Preußen geradezu dazu zwingen würde, seinen Einfluss in Deutschland zu vergrößern, um ein einheitliches staatliches Gebilde zu formen, war damals nicht absehbar. Zur Enttäuschung aller, die als Konsequenz aus den Befreiungskriegen einen einheitlichen, liberalen Nationalstaat gefordert hatten, wollte Preußen von einer »deutschen Berufung« nichts wissen. Alle Bemühungen, einen strafferen Bund gemeinsam mit Österreich zu bilden, waren angesichts der preußischen Haltung in der polnisch-sächsischen Frage zwar gescheitert. Preußen selbst aber konnte mit der Minimallösung, einem lockeren Staatenbund, dem »Deutschen Bund«, allerdings durchaus leben. Sein Beitrag zur Niederlage Napoleons bei Waterloo im Sommer 1815, als preußische Truppen unter Blücher und Gneisenau gleichsam in letzter Minute einen drohenden Misserfolg in einen Sieg verwandelten, machte zudem einmal mehr deutlich, dass Preußen nach Jahren des Niedergangs wieder eine ernst zu nehmende europäische Groß- und Militärmacht war.

LÜTZOWER JÄGER
Schwarz-Rot-Gold wird symbolträchtig

Schwarz-Rot-Gold, die Farben der deutschen Nationalflagge, begleiteten Studenten und Professoren auf die Wartburg ebenso wie die 30 000 Demonstranten 1832 auf ihrem Weg zum Hambacher Schloss, um für nationale Einheit, Freiheit und Bürgerrechte einzutreten. Die Frankfurter Nationalversammlung wählte 1848 die Farben für ihre deutsche Flagge aus. Im Auftrag der jungen deutschen Demokratie zierten sie dann in der Reichskriegsflagge die Schiffe der ersten deutschen Flotte bis 1852. Die Weimarer Republik wählte sich Schwarz-Rot-Gold zur Nationalflagge, und seit 1949 stehen die Farben in der Bundesflagge der Bundesrepublik Deutschland erneut für Freiheit, Recht und Demokratie.

Kein Symbol im öffentlichen Leben des getrennten wie des vereinten Deutschland weist so offensichtlich zurück in die preußisch-deutsche Geschichte. Freiwillige Jäger wie die Dichter Theodor Körner und Joseph von Eichendorff, die Turner Friedrich Friesen, dessen Grab noch immer auf dem Invalidenfriedhof in Berlin zu besuchen ist, und Ludwig Jahn hätten sich 1813 sicher nicht träumen lassen, welche Symbolik und Tradition aus ihrem Widerstand gegen die napoleonische Fremdherrschaft erwachsen sollte.

Schon am 3. Februar 1813, sechs Wochen vor der Kriegserklärung Preußens gegen Frankreich, hatte der preußische Staatskanzler Hardenberg im Zuge der Aufrüstung den »Aufruf zur Bildung freiwilliger Jäger-Detachements« unterzeichnet. Der Aufruf richtete sich an diejenigen Bürger, die bislang vom Militärdienst freigestellt waren und sich nun auf eigene Kosten ausrüsten und beritten machen konnten. Sold gab es keinen, und um den täglichen Lebensunterhalt mussten sich die Freiwilligenverbände selbst kümmern, was in letzter Konsequenz oft requirieren bedeutete. Als Lohn winkten neben Erfüllung der nationalen Pflicht die Aussicht auf ehrenvolle Unteroffiziers- und Offiziersstellen. Immerhin mehr als zehn Prozent der im Felde stehenden Truppe waren Freiwillige, die nicht wie die übrige Armee auf König Wilhelm III., sondern auf das Vaterland vereidigt wurden. Berühmtheit erlangten dabei auch Frauen, die sich in Männerkleidung meldeten und mitkämpften, wie die ihren Verwundungen im Gefecht bei Lüneburg erlegene Eleonore Prochaska. Friedericke Krüger erhielt sogar das selten verliehene »Eiserne Kreuz« und wurde aufgrund von Tapferkeit noch auf dem Schlachtfeld von Dennewitz am 6. September 1813 zum Unteroffizier befördert. Der preußische König übernahm später die Patenschaft für den ersten Sohn. Dem Frauenbild des 19. Jahrhunderts entsprach das zwar nicht, zeigt aber die Begeisterung für den nationalen Befreiungskampf quer durch die Geschlechter. Hier leuchtete auch ein erstes Aufbegehren gegen das hergebrachte Rollenverständnis auf.

Unter dem aus einem mecklenburgischen Adelsgeschlecht stammenden preußischen Major Adolf von Lützow sammelten sich im Februar 1813 zahlreiche Freiwillige im »Königlich Preußischen Freikorps«. Als reguläre Truppe sollten sie die preußische Armee im Kampf gegen die napoleonische Fremdherrschaft in Deutschland verstärken. Eine der ersten Aufgaben galt der Uniformgestaltung. Die jungen Männer und wenigen Frauen, zumeist Stadtbürger und Studenten, sammelten sich notgedrungen in ihrer bunt gemischten zivilen Bekleidung. Um schnell und pragmatisch eine einheitliche Farbgebung für eine gemeinsame Uniform zu erhalten, färbte sie die Zivilröcke einfach mit der deckenden Farbe Schwarz. In Verbindung mit roten Aufschlägen und goldfarbenen (Messing-)Knöpfen entstand so die Farbkombination, unter der die »Lützower Jäger« oder auch »Schwarzen Jäger« Berühmtheit erlangen sollten. Schwarz-Rot-Gold war geboren.

Die Aufgaben der Freiwilligenverbände wie der »Lützower Jäger« umfasste im Wesentlichen den sogenannten »Kleinen Krieg«, eine Art Partisanenkrieg hinter den feindlichen Linien. Die Truppe nahm aber auch an Gefechten und Schlachten teil.

Über die militärische Leistungsfähigkeit dieser militärisch nur kurz und unzureichend ausgebildeten Truppe wird seit 150 Jahren gestritten. Immerhin hatten die Jäger aufgrund eines Führungsfehlers Lützows am 17. Juni 1813 in Kitzen bei Leipzig große Verluste zu verzeichnen. Auch kam es neben großer Tapferkeit zu Fahnenflucht in ihren Reihen. Dennoch wurde das Lützowsche Freikorps das berühmteste der Befreiungskriege.

»Auf Vorposten«: Heinrich Hartmann (vorn links), Theodor Körner (hinter Hartmann sitzend) und Karl Friedrich Friesen (rechts, stehend) als Lützower Jäger in den Befreiungskriegen; Gemälde von Georg Friedrich Kersting.

Insgesamt dienten in ihm über 3000 Freiwillige, viele auch Nichtpreußen. Das Lützowsche Freikorps wurde 1815 in zwei reguläre Truppenteile überführt. So entstanden das Infanterie-Regiment Nr. 25 und das Ulanen-Regiment Nr. 6 unter ihrem Kommandeur Oberstleutnant von Lützow. Beide Regimenter kämpften mit in der Schlacht von Waterloo. Ihren Nimbus verdanken die Lützower Jäger aber nicht nur ihrer Farbgebung, sondern dem bekannten Lied Theodor Körners »Lützows wilde Jagd« aus dem Jahr 1813, für das 1814 Carl Maria von Weber die Musik schrieb. Es endet in der sechsten Strophe:

Die wilde Jagd und die deutsche Jagd
Auf Henkersblut und Tyrannen!
Drum, die ihr uns liebt, nicht geweint und geklagt!
Das Land ist ja frei, und der Morgen tagt,
Wenn wir's auch nur sterbend gewannen.
Und von Enkeln zu Enkeln sei's nachgesagt:
Das war, das war: Lützows Lützows wilde, verwegene Jagd.

1848 – Geht Preußen in Deutschland auf?

„Ich habe", erklärte König Friedrich Wilhelm IV. am 21. März 1848 bei einem Umzug durch Berlin, »heute die alten Deutschen Farben angenommen und Mich und Mein Volk unter das ehrwürdige Banner des Deutschen Reiches gestellt. Preußen geht fortan in Deutschland auf.« Was war geschehen? Was hatte den preußischen König veranlasst, bei einem Umzug durch die Stadt eine Armbinde mit den Farben Schwarz-Rot-Gold anzulegen und seinen Hut vor den von seinen Truppen erschossenen Bürgern Berlins zu ziehen?

Anders als 1806, als die Fundamente Preußens durch eine Bedrohung von außen ins Wanken geraten waren, hatte in den Tagen zuvor eine Revolution die preußische Monarchie erschüttert. Nachdem die Revolutionäre in Paris am 24. Februar 1848 den »Bürgerkönig«, Louis-Philippe I., verjagt hatten, hatte die revolutionäre Welle in Windeseile ganz Europa erfasst. Anfang März entluden sich die politischen und sozialen Spannungen. In den süddeutschen Staaten bildeten Liberale und Demokraten nach Massenprotesten »Märzministerien«. Diese trugen den Forderungen nach mehr »Freiheit« – Meinungs-, Versammlungs- und Pressefreiheit, der Einrichtung von Schwurgerichten und der Bildung von Bürgerwehren – Rechnung. Zugleich begannen sie, der lang ersehnten Bildung eines einheitlichen Nationalstaats den Weg zu ebnen.

Während die Proteste in den meisten Staaten des Deutschen Bundes relativ friedlich verliefen, kam es in den Hauptstädten der beiden Führungsmächte des Deutschen Bundes, Wien und Berlin, zu blutigen Unruhen. Beide Mächte zahlten nun den Preis dafür, dass sie sich in den Jahrzehnten seit 1815 geweigert hatten, den Forderungen der Liberalen nach »Einheit und Freiheit« nachzugeben.

Preußen, das nach 1806 mit seinen Reformen viele Hoffnungen geweckt hatte, hatte sich nach dem endgültigen Sieg über Napoleon erstaunlich schnell politisch ins Schlepptau Österreichs begeben und die von Metternich formulierte Politik der »Restauration« mitgetragen. Alle liberalen Bewegungen wurden daher im Zeichen der »Karlsbader Beschlüsse« von 1819 gnadenlos unterdrückt. Insbesondere von einer Einlösung des 1815 zum vierten Male erneuerten Verfassungsversprechens des Königs war kein Rede mehr. Die 1823 gewährten Provinzialstände waren kein Ersatz für eine Gesamtrepräsentation.

Wenn Preußen dennoch die revolutionäre Welle 1830 relativ unbeschadet überstand, dann lag dies nicht zuletzt an der »Janusköpfigkeit« der Monarchie. So rückständig diese in politischer Hinsicht war, so modern war sie in anderen Bereichen: Der preußische Verwaltungsapparat war seit den Reformen äußerst effizient, wie die Lage der Staatsfinanzen und die wirtschaftliche Entwicklung bewiesen. 1818 waren alle Binnenzölle aufgehoben worden, und die Gründung des Deutschen Zollvereins (1834), dessen Motor Preußen war, hatte wichtige Grundlagen für industrielles Wachstum und florierenden Handel geschaffen. Erste Stimmen sahen Preußen seitdem bereits »berufen«, auch die Führung in »Kleindeutschland«, das heißt einem Nationalstaat ohne Österreich, zu übernehmen.

Entgegen vielen Erwartungen änderte sich an dieser Diskrepanz zwischen Modernisierung und politischer Rückständigkeit nichts, als Friedrich Wilhelm IV. 1840 nach dem Tod seines Vater den preußischen Thron bestieg. Es blieb bei kleineren Gesten wie der Freilassung inhaftierter »Demagogen«. Ansonsten herrschte bald wieder ein Klima der Unterdrückung und Unfreiheit: Die allgegenwärtige Zensur prüfte sogar die Inschriften von Grabsteinen, und auch Rauchen in der Öffentlichkeit war unter Strafe verboten, galt es doch als revolutionär. »Mit der Cigarre im Munde sagt und wagt ein junges Individuum ganz andere Dinge als ohne Cigarre«, schrieb die »Neue Preußische Zeitung« in den Tagen der Revolution.

Eine Einlösung des Verfassungsversprechens kam für Friedrich Wilhelm IV. nicht infrage. Entsprechend seiner religiös begründeten Einstellung zur Rolle des Königs war es unvorstellbar, »dass sich zwischen unseren Herrgott im Himmel und dieses Land ein beschriebenes Blatt Papier gleichsam als zweite Vorsehung eindränge, um uns mit seinen Paragraphen zu regieren und die alte heilige Treue zu ersetzen«. Der Vereinigte Landtag, den er schließlich 1847 einberief, um über die Bewilligung neuer Steuern zur Finanzierung der Eisenbahn Berlin–Königsberg zu beraten, war daher auch zum Scheitern verurteilt.

Am 13. März entluden sich die aufgestauten politischen, nicht zu vergessen aber auch die sozialen Spannungen in Berlin. Die Prachtstraßen Berlins konnten inzwischen das Elend der wachsenden Industriearbeiterschaft nur mühsam verbergen. Diese hungerte, insbesondere nach der schlechten Ernte des Vorjahres. Hinzu kam das Elend der vielen Kleinbauern und Landarbeiter, der Heimgewerbetreibenden – allen voran der Weber – und der Handwerker. Getreu dem Motto des Prinzen Wilhelm, dem Bruder des Königs und späterem Kaiser, »Gegen Demokraten helfen nur Soldaten«, reagierte die Regierung auf die ersten Demonstrationen mit brutaler Gewalt. Kavallerie trieb die Menge vor dem Schloss auseinander und eröffnete das Feuer. Im Gegensatz zu früher ließ sich die Menge dieses Mal nicht einschüchtern; ihrerseits errichtete sie nun Barrikaden. Am 18. März erreichten die Kämpfe im Stadtzentrum, an denen sich Tausende Arbeiter, junge Burschen, Handwerker, Tagelöhner und Bettler beteiligten –, schließlich ihren Höhepunkt: 200 tote und 700 verletzte Demonstranten waren zu beklagen, hinzu kamen 100 tote Soldaten. Aus Furcht vor weiterer Eskalation gab König Friedrich Wilhelm IV. jedoch überraschenderweise nach. Am 19. März zog er, auf dem Balkon des Stadtschlosses stehend, den Hut vor dem Leichenzug der Demonstranten, zwei Tage später versuchte er, sich wie beschrieben an die Spitze der Revolution zu setzen.

Zwei junge Burschen verteidigen bei Straßenkämpfen in Berlin während der Märzrevolution 1848 eine Barrikade gegen ein ganzes Bataillon Garden; Federlithografie von Theodor Hosemann.

Eine Deputation der Frankfurter Nationalversammlung unter dem Parlamentspräsidenten Eduard Simson trägt am 3. April 1849 im Rittersaal des königlichen Schlosses in Berlin dem preußischen König Friedrich Wilhelm IV. die deutsche Kaiserkrone an; Holzstich.

Zunächst verlief die Entwicklung in Preußen wie in den anderen Bundesstaaten: Der rheinische Bankier Gottfried Ludolf Camphausen bildete ein liberales »Märzministerium«, Wahlen zur Nationalversammlung in Frankfurt sowie zu einer preußischen Nationalversammlung wurden abgehalten. Zugleich entfaltete sich in allen Provinzen ein lebendiges politisches Leben. Wie groß die Aufbruchsstimmung war, belegt die Rückkehr der »Väter« des eben erst veröffentlichten »Kommunistischen Manifests«, Karl Marx und Friedrich Engels. Vom liberalen Köln aus versuchten sie seit Anfang April, mithilfe der »Neuen Rheinischen Zeitung« Einfluss auf den weiteren Verlauf der Revolution zu nehmen. 1843 hatte Marx, selbst Rheinländer, Preußen nach dem Verbot der ersten »Rheinischen Zeitung« das Land verlassen müssen. Am Ende scheiterten Marx und Engels ebenso wie die übrigen weitaus gemäßigteren Revolutionäre an der Vielfalt der zu bewältigenden Probleme, der Unterschiedlichkeit der Ziele und der damit einhergehenden inneren Zerrissenheit. Den Sturm auf das Berliner Zeughaus am 14. Juni betrachteten viele gemäßigte Liberale und Demokraten mit Sorge. Sie hatten Angst vor der Entfesselung des Pöbels; die Unruhen in Paris, die wenig später ausbrachen und die erst nach brutalem Eingreifen des Militärs endeten, gaben ihnen offenkundig Recht.

Hinzu kommt, dass die Nationalversammlung in sich zerstritten war – sowohl hinsichtlich der Grundlagen der neuen Ordnung als auch im Hinblick auf das Verhältnis Preußens zur Paulskirchenversammlung. Rechte wie Linke waren sich einig, Preußens Vormachtstellung nicht aufzugeben, wie Benedikt Waldeck es nach der Wahl eines österreichischen Erzherzogs zum Reichsverweser pointiert formuliert: »Wir wollen das Schwert, das wir so lange siegreich für Deutschland geführt haben, gern in den Schoß der Nationalversammlung niederlegen, gern dem Zentraloberhaupt Deutschlands übergeben (…) Aber einem Reichsverweser, der für seinen Kopf den Krieg erklären könnte, dem wollen wir das Schwert Friedrich des Großen nicht anvertrauen.«

All diese kleinen und großen Querelen trugen dazu bei, die Macht des Königs schleichend zu stärken. Seit dem Herbst plante Friedrich Wilhelm IV. den Staatsstreich, Anfang November, nach dem Sieg der Konterrevolution in Wien, führte er diesen schließlich durch. Die Nationalversammlung wurde mit Gewalt aus Berlin nach Brandenburg vertrieben, dann aufgelöst. Anfang Dezember erließ der König einen Verfassungsoktroi und machte damit allen Debatten über eine Verfassung, die auf dem souveränen Willen des Volkes beruhte, ein Ende. Die Entscheidung der Frankfurter Nationalversammlung, dem preußischen König Friedrich Wilhelm IV. schließlich die Kaiserkrone anzutragen, war nach den Debatten in der Paulskirche über »kleindeutsch« oder »großdeutsch« zwar konsequent, aber wirkungslos. Höflich lehnte der preußische König diese Krone, die er zutiefst verachtete, Ende April 1849 ab. Wenig später schlug seine Armee unter Führung seines Bruders, Prinz Wilhelm, aufflammende Aufstände im Süden Deutschlands, aber auch in Teilen Preußens blutig nieder. Zahlreiche Revolutionäre wurden hingerichtet oder zu langen Haftstrafen verurteilt; wer konnte, floh ins europäische Ausland. Es entbehrt nicht einer gewissen Ironie, dass mancher der Flüchtlinge – Lothar Bucher, Ludwig Bamberger oder Friedrich Kapp – später führende Positionen unter jenem Mann einnehmen sollten, dessen Aufstieg zum Politiker – freilich auf der Seite der Gegenrevolution – ebenfalls 1848/49 begann: Otto von Bismarck.

Eine Generation später sollte Bismarck zusammen mit dem Bruder des Königs Preußen, wie im März 1848 versprochen, im Reich aufgehen lassen – freilich im Rahmen einer »Revolution von oben« – nicht von unten.

König Friedrich Wilhelm IV. an Christian Karl Freiherr von Bunsen, 13. Dezember 1848

»Ich will Ihnen das Licht darüber so kurz und hell als möglich schärfen. Die Krone ist erstlich keine Krone. Die Krone, die ein Hohenzoller nehmen dürfte, wenn die Umstände es möglich machen könnten, ist keine, die eine, wenn auch mit fürstlicher Zustimmung eingesetzte, aber in die revolutionäre Saat geschossene Versammlung macht (in der Art der Straßenpflasterkrone Louis Philipps), sondern eine, die den Stempel Gottes trägt, die den, dem sie aufgesetzt wird, nach der heiligen Ölung »von Gottes Gnaden« macht, weil und wie sie mehr denn 34 Fürsten zu Königen der Deutschen von Gottes Gnaden gemacht und den Letzten immer der alten Reihe gesellt. Die Krone, die die Ottonen, die Hohenstaufen, die Habsburger getragen, kann natürlich ein Hohenzoller tragen; sie ehrt ihn überschwänglich mit tausendjährigem Glänze.

Die aber, die Sie leider meinen, verunehrt überschwänglich mit ihrem Ludergeruch der Revolution von 1848, der albernsten, dümmsten, schlechtesten, wenn auch, gottlob, nicht bösesten dieses Jahrhunderts. Einen solchen imaginären Reif, aus Dreck und Letten [Ton, Lehm] gebacken, soll ein legitimer König von Gottes Gnaden und nun gar der König von Preußen sich geben lassen, der den Segen hat, wenn auch nicht die älteste, doch die edelste Krone, die niemand gestohlen worden ist, zu tragen? [...]

Ich sage es Ihnen rund heraus: Soll die tausendjährige Krone deutscher Nation, die 42 Jahre geruht hat, wieder einmal vergeben werden, so bin ich es und meinesgleichen, die sie vergeben werden. Und wehe dem, der sich anmaßt, was ihm nicht zukommt!«

Otto von Bismarck

»Urpreuße« und »Reichsgründer«

Wie kaum ein anderer Politiker hat Bismarck das Schicksal Deutschlands im »langen 19. Jahrhundert« mitgestaltet. Am 1. April 1815, dem Jahr der endgültigen Niederlage Napoleons I., in Schönhausen an der Elbe geboren, trat er nach einer bewegten Jugend 1847 in die Politik ein. Als Nachrücker kam er in den Vereinigten Landtag. In diesem focht er nicht nur mit scharfer Klinge für die von den Liberalen bedrängte preußische Monarchie; nach langem Suchen fand er in der Politik das eigentliche Betätigungsfeld. 1847 heiratete er auch die Frau, der er bis an das Ende seines Lebens in Liebe verbunden sein sollte: Johanna, geborene von Puttkamer. Hunderte Briefe zeugen von großer Zuneigung zu dieser tief religiösen und bescheidenen, wenn auch unpolitischen Frau. In diesen Briefen, die zu lesen auch heute noch ein literarisches Vergnügen ist, berichtete er ihr von seinen alltäglichen Erlebnissen, Eindrücken und Gefühlen, von Politik und Religion. Der Ehe entstammten drei Kinder: Marie, Herbert und Wilhelm, der allgemein Bill genannt wurde. Der älteste, zeitweilig auch der zweite Sohn und später der Schwiegersohn, Kuno Graf von Rantzau, gehörten zeitlebens zu den engsten Beratern des »Eisernen Kanzlers«. In der Revolution von 1848 stand er treu zu seinem König; im März 1851 wurde er schließlich für seine Verdienste mit dem wichtigsten preußischen Gesandtenposten beim Deutschen Bundestag in Frankfurt am Main belohnt. Bismarck war inzwischen jedoch nicht mehr der borniette Verfechter rein junkerlicher Interessen, sondern im Begriff, sich zum »Realpolitiker« zu wandeln.

Nach weiteren Stationen als Gesandter in Petersburg und Paris wurde Bismarck im September 1862 zum preußischen Ministerpräsidenten berufen, um die vom Abgeordnetenhaus bedrängte Krone zu retten. Gestützt auf eine verfassungsrechtlich kaum haltbare Lückentheorie, verteidigte er wie »ein kurbrandenburgischer Vasall, der seinen Lehnsherren in Gefahr sieht« – so Bismarck zu Wilhelm I. am 22. September 1862 – die überlieferten Vorrechte der Krone gegenüber den Ansprüchen des Parlaments. Mit seinem außergewöhnlichen Gespür für Realpolitik begann er zugleich, die Interessen der Nationalbewegung mit denen Preußens zu verbinden. Eine günstige außenpolitische Großwetterlage kam ihm dabei zu Hilfe. Im Lauf von drei Kriegen – 1864 gegen Dänemark, 1866 gegen Österreich, 1870/71 gegen Frankreich – gelang es ihm, Österreich zum Austritt aus dem Deutschen Bund zu zwingen und die Staaten »Kleindeutschlands« unter preußischer Führung zu vereinigen. Der Traum von der nationalen Einheit ging damit in Erfüllung.

Ob nun diesem auch die Freiheit folgen würde, war zunächst eine offene Frage. Die Reichsverfassung war von Bismarck so konstruiert, dass die Hürden für eine Parlamentarisierung und Demokratisierung nach westeuropäischem Vorbild hoch waren. Durch geschicktes Taktieren gelang es ihm zudem, die liberale Bewegung zu schwächen bzw. diese zu seinem Verbündeten im Kampf gegen andere wie den politischen Katholizismus und die aufsteigende Sozialdemokratie zu machen, die er als Bedrohung der für ihn maßgeblichen Kräfte empfand. Das Ausbleiben der für einen sozialen Ausgleich wichtigen inneren

Bismarck in Diplomatenuniform im Jahr 1861/62; Öldruck um 1875.

Einheit bildete daher eine für die weitere Zukunft schwere Hypothek. Ganz anders verlief hingegen die Entwicklung in der Außenpolitik. Ausgehend von dem Grundsatz, dass das Deutsche Reich »saturiert« sei, und gestützt auf ein ausgeklügeltes Bündnissystem, gelang es Bismarck durch geschicktes Taktieren und eine Politik des Augenmaßes, das neue Reich in der Mitte Europas zu sichern und den Frieden wahren zu helfen.

Ausgelöst durch unterschiedliche Auffassungen über die von Wilhelm II. gewünschte Arbeitsschutzgesetzgebung, die die Versöhnung mit den ausgegrenzten Teilen der Bevölkerung fördern sollte, aber auch weil der junge Kaiser sein eigenes persönliches Regiment errichten wollte, zwang Wilhelm II. Bismarck im März 1890, sein Rücktrittsgesuch einzureichen. Dessen politische Laufbahn endete damit.

»Eisen und Blut« – Kleindeutsche Lösung 1850 bis 1871

Preußen stützt sich immer bei jemanden ab, sucht immer jemanden, der ihm hilft, ist nie bereit, selbst zu helfen (…), bereit, jede beliebige Menge an Idealen oder Gefühlen beizusteuern, aber scheu gegenüber allem, was nach Realität schmeckt. Es hat eine große Armee, aber eine, die bekannt dafür ist, nicht kampfbereit zu sein (…). Niemand zählt es zu seinen Freunden; niemand fürchtet es als seinen Feind. Wie Preußen zu einer Großmacht aufstieg, sagt uns die Geschichte; warum es immer noch eine ist, kann niemand sagen.« Mit diesen Worten zeichnete der Leitartikel der britischen »Times« am 23. Oktober 1860 seinen Lesern das Bild eines ohnmächtigen und isolierten Preußens. Nur ein Jahrzehnt später hatte dieses Preußen mit seiner Armee zwei europäische Großmächte besiegt und unter seiner Führung Deutschland geeinigt.

Wie war es zu der allem Anschein nach für die Zeitgenossen unerwarteten Entwicklung gekommen? Die Beantwortung dieser Frage führt uns nicht nach Berlin, sondern nach Wien. Dort hatten sich zwischen September 1814 und Juni 1815 die Sieger über Napoleon versammelt, um die Neuordnung Europas zu verhandeln. Das »Konzert der Mächte« spielte aber keine wohlklingende Melodie. Aufgrund der Einzelinteressen überwogen zeitweise eher die Dissonanzen, denn Österreich und Großbritannien wollten einen zu großen Machtzuwachs Preußens und Russlands verhindern.

Im Zentrum der Wiener Beratungen stand immer die Frage: Was soll mit der Mitte Europas geschehen? Da an einem geeinten starken deutschen Staat in der Mitte Europas keiner der Beteiligten interessiert war, rief man den »Deutschen Bund« als locker organisierten Staatenbund der 38 deutschen Einzelstaaten unter Führung Österreichs ins Leben. Dieser nach langen Verhandlungen erzielte Konsens stellte das europäische Mächtegleichgewicht wieder her und führte zu einem 50-jährigen Frieden in Europa.

Ein entscheidendes Problem der europäischen Mächteordnung, die Deutsche Frage, war damit aber nur unvollkommen gelöst worden. Wer sollte vor dem Hintergrund des preußisch-österreichischen Dualismus auf Dauer die Führung des »Deutschen Bundes« innehaben: Preußen oder Österreich?

Offiziell hatte Österreich den Vorsitz inne, Preußen war aber durch seine polnischen Gebietsverluste auf der einen und dem Zugewinn der Rheinprovinz auf der anderen Seite nach Deutschland hineingewachsen. Zwangsläufig richtete sich der Blick von Berlin aus in den folgenden Jahrzehnten stärker auf Deutschland, zumal sich die anfangs ungeliebte katholische Provinz im Westen aufgrund der Kohle- und Eisenvorkommen schon bald als Motor für die schnelle Industrialisierung Preußens entpuppte.

Verbunden mit seinem im Vergleich gegenüber Österreich stärkeren Bevölkerungszuwachs und seiner gegenüber der Habsburgermonarchie schneller voranschreitenden Industrialisierung begann sich in der ersten Hälfte des 19. Jahrhunderts das innerdeutsche Mächtegleichgewicht langsam zugunsten Preußens zu verschieben. Dazu trug auch der preußisch dominierte Zollverein bei. Der Zollverein übte eine immer größere Anziehungskraft auf die anderen deutschen Staaten aus, da diese von der wirtschaftlichen Dynamik Preußens mehr profitierten als von dem ökonomisch eher rückständigen Österreich.

Die Revolution von 1848 katapultierte das durch den »Deutschen Bund« vermeintlich eingehegte deutsche Problem schlagartig ins politische Rampenlicht. Der durch die Revolution offen ausgebrochene deutsche Nationalismus machte diesen zu einer nur noch schwer beherrschbaren Angelegenheit. Letztlich ging es um die Frage, ob Deutschland unter österreichischer (Großdeutsche Lösung) oder preußischer Führung (Kleindeutsche Lösung) geeint werden sollte. Aus Sorge vor einem französischen Übergewicht in Mitteleuropa tendierte die wachsende deutsche Nationalbewegung, die sich 1859 im deutschen Nationalverein zusammenschloss, eher zu der Kleindeutschen Lösung. Die neue Lage zwang Preußen und Österreich, sich der Deutschen Frage zu stellen.

Geradezu zwangsläufig brach Mitte des 19. Jahrhunderts die jahrzehntelang unterdrückte Rivalität der beiden deutschen Großmächte offen aus. 1850 kam es über die Fra-

»Der Schmied der deutschen Einheit«.– Allegorie auf Bismarcks Anteil an der Gründung des Deutschen Reiches. Bismarck überreicht Germania das Schwert »Unitas«; Holzstich nach einem Gemälde von Guido Schmitt.

ge einer deutschen Union unter Führung Preußens fast zum »Bruderkrieg«. Der preußische König Friedrich Wilhelm IV. musste aber angesichts des vielfachen Widerstands auch der kleineren deutschen Staaten seine Unionspläne aufgeben und in der »Olmützer Punktation« die Wiederherstellung des »Deutschen Bundes« unter Führung Österreichs akzeptieren. Diese außenpolitische Wende wurde maßgeblich von dem wenige Wochen zuvor ernannten preußischen Ministerpräsidenten Otto von Manteuffel getragen. Dessen Innen- und Außenpolitik war darauf ausgerichtet, ein Übergreifen der französischen »Staatskrankheit« auf Preußen zu verhindern. Ganz im Sinne seines Monarchen erklärte er, es müsse »entschieden mit der Revolution gebrochen werden«. Folgerichtig betrieb Manteuffel in den nächsten Jahren eine reaktionäre, gegen den preußischen Liberalismus und gegen die 1850 erlassene preußische Verfassung gerichtete Innenpolitik. Aus dem politischen Debakel der »Olmützer Punktation« zog Berlin Lehren für die Zukunft. Eine aktive preußische Deutschlandpolitik hatte sowohl den Widerstand Österreichs als auch Einzelinteressen der deutschen Staaten einzukalkulieren. Eine führende Rolle Österreichs in einem deutschen Einigungsprozess war zudem nicht zu erwarten. Am wichtigsten war die Erkenntnis, dass die Deutsche Frage immer zugleich eine europäische Frage sein würde, hätte doch Österreich niemals ohne russische Unterstützung seine gegen Preußen gerichtete Deutschlandpolitik betreiben können. Eine Einigung Deutschlands unter preußischer Führung konnte daher nur gelingen, wenn sich Preußen Verbündete sicherte und der Fokus der anderen europäischen Großmächte sich vom Zentrum weg hin zur Peripherie Europas wandte. Diese Lage sollte wenige Jahre später eintreten. Der russische Angriff gegen das Osmanische Reich führte 1854 zum Krimkrieg, als Frankreich und Großbritannien auf osmanischer Seite in den Krieg eintraten.

Krönung Wilhelms I. zu Königsberg; Gemälde aus dem Jahr 1861 von Adolph von Menzel.

Während Preußen, bemüht um gute Beziehungen zu Russland, in diesem Konflikt neutral blieb, trat Österreich nach anfänglicher Neutralität an die Seite Frankreichs und Großbritanniens und zwang so Russland zum Frieden. Da St. Petersburg den österreichischen Anschluss an die antirussische Koalition als offenen Verrat bewertete, hatte die Donaumonarchie auf Jahre jegliche russische Sympathien verspielt. Als sich 1858 die Gesundheit Friedrich Wilhelms IV. rapide verschlechterte, übernahm sein Bruder Wilhelm die Regentschaft. Der »Kartätschen Prinz«, wie er von den Berlinern wegen seines harten Vorgehens während der Revolution genannt wurde, entließ nicht nur das »reaktionäre« Kabinett Manteuffel und leistete seinen Eid auf die Verfassung, sondern trat öffentlich für einen Politikwechsel ein. »In Deutschland«, so Wilhelm, »muss Preußen moralische Eroberungen machen, durch eine weise Gesetzgebung bei sich, durch Hebung aller sittlichen Element und durch Ergreifung von Einigungselementen […] Die Welt muss wissen, dass Preußen überall das Recht zu schützen bereit ist.« In den folgenden Jahren wurde Preußen von einer allgemeinen Aufbruchsstimmung ergriffen, die sowohl mit einer wachsenden »Politisierung« als auch mit zunehmender nationaler Begeisterung einherging. Viele Liberale, die eine »Neue Ära« anbrechen sahen, verkannten jedoch, dass Wilhelm I., seit dem Tod seines Bruders 1861 preußischer König, einer Demokratisierung Preußens ablehnend gegenüberstand.

Die Harmonie zwischen König und Liberalen endete, als Wilhelm I. die Reform des preußischen Heeres in Angriff nahm. Seiner Überzeugung nach konnte nur ein starkes Heer »im Moment der Entscheidung ein schwerwiegendes politisches Gewicht in die Waagschale legen« konnte. Wilhelm I. war fest entschlossen, die seit Jahrzehnten unterfinanzierte Armee von Grund auf zu reorganisieren und zu professionalisieren sowie die Friedenspräsenzstärke dem Anstieg der Bevölkerung anzupassen. Denn anders als die anderen europäischen Großmächte hatte Preußen nicht auf seinen Bevölkerungsanstieg von 11 auf 18 Millionen Menschen reagiert und sein Heer personell vergrößert, sondern seine Heeresstärke von ca. 150 000 Mann seit 1815 konstant gehalten. Dies führte nicht nur zu einer großen Wehrungerechtigkeit, sondern stellte angesichts der Tatsache, dass die französische Armee doppelt und die russische fast siebenmal so groß war wie die preußische, die außenpolitische Handlungsfähigkeit Preußens infrage. Da die Selbstständigkeit der als bürgerlich, unsoldatisch, ineffizient und politisch unzuverlässig angesehenen Landwehr abgeschafft und die Armee durch die verlängerte dreijährige Dienstzeit zum uneingeschränkt zuverlässigen innen- und außenpolitischen Instrument der Krone geformt werden sollte, kam es im Rahmen der Heeresreorganisation zum Konflikt mit dem preußischen Landtag.

Dieser war nicht bereit, die Verdrängung der Landwehr als Bürgerheer zugunsten der Linientruppen des Königsheeres hinzunehmen und so die Macht des Monarchen zu stärken. Die Verweigerung der Haushaltsmittel für die Reform durch das Parlament führte zum preußischen Verfassungskonflikt. Wilhelm I. berief 1859 mit General Albrecht Graf von Roon einen neuen Kriegsminister, der gegen den Widerstand des Landtags die Reform durchsetzen sollte. Als sich der Konflikt zuspitzte und der König eher an Abdankung dachte, als gegenüber dem Parlament nachzugeben, telegrafierte Roon am 18. September 1862 an den preußischen Gesandten in Paris, Otto von Bismarck, »Periculum in mora. Dépêchez-vous!« (»Gefahr im Verzug! Beeilen Sie sich!«). Dieser kehrte sofort nach Berlin zurück und wurde von Wilhelm I. am 23. September zum preußischen Ministerpräsidenten ernannt. »Der schärfste und letzte Bolzen der Reaktion«, wie ihn seine politischen Gegner nannten, stärkte in den folgenden Jahren die Stellung des Monarchen im Innern und setzte gegen den Widerstand des Parlaments, gemeinsam mit Roon, die Heeresreform um, indem er mit teilweise diktatorischen Mitteln ohne Haushalt regierte. Seine außenpolitischen Zielvorstellungen hatte er schon wenige Tage nach seinem Amtsantritt gegenüber der Budgetkommission des preußischen Landtags unverblümt ausgesprochen: Mit »Eisen und Blut« und nicht mit Diplomatie wollte er Deutschland unter preußischer Führung einigen.

Während der innenpolitische Konflikt in Preußen eskalierte, verschoben sich als Folge des Krimkrieges die Gewichte in Europa. Für einen begrenzten Zeitraum von wenigen Jahren öffnete sich das sogenannte »Krimkriegsfenster«, da die europäischen Flügelmächte Großbritannien und Russland an der europäischen Peripherie im Südosten gebunden waren, Frankreich sich auf Italien sowie auf seine militärische Intervention in Mexiko (1862–1866) konzentrierte und Österreich, zunehmend isoliert, an den Rand des Geschehens gedrängt wurde. Zudem nahm Russland als Dank für die indirekte preußische Unterstützung bei der Niederschlagung des polnischen Aufstandes von 1863 eine wohlwollende Haltung gegenüber Berlin ein. Zeitgleich war Großbritannien bereit, einen preußischen Machtzuwachs zu akzeptieren, wenn dieser das europäische Gleichgewicht nicht fundamental verändern würde. Bismarck nutzte diese Entwicklung – unter der Voraussetzung, die europäischen Großmächte aus der Deutschen Frage herauszuhalten – zu einer aktiven Deutschlandpolitik und gleichzeitig zu einer Verbesserung der preußischen Stellung im »Konzert der Mächte«. So gelang es ihm, den österreichischen Versuch einer Bundesreform zur Stabilisierung der österreichischen Führungsstellung im »Deutschen Bund« auf dem Fürstentag in Frankfurt am Main 1863 zu verhindern.

Nur ein Jahr später standen die beiden um die Vorherrschaft in Deutschland ringenden deutschen Großmächte Seite an Seite in einem Krieg gegen Dänemark. Der Versuch Dänemarks, das Herzogtum Schleswig dem dänischen Kernstaat einzugliedern, hatte die latent schwelende deutsche Frage 1863 wieder auf die politische Agenda gebracht und die beiden Rivalen zu Bündnispartnern gemacht. Da das dänische Vorgehen gegen die Bestimmungen des deutsch-dänischen Friedensvertrags von 1851 verstieß, sah Bismarck vor dem Hintergrund der aufgeladenen nationalistischen Stimmung in Deutschland die Chance, die schleswigsche Frage durch Annexion der Herzogtümer Schleswig und Holstein in preußischem Sinn zu lösen und die Donaumonarchie zugleich zu einem Engagement außerhalb ihrer eigentlichen Interessensphäre im Norden zu bewegen.

Am 1. Februar 1864 begann die Offensive der verbündeten österreichischen und preußischen Truppen. Nach ihrem Sieg an den Düppeler Schanzen und dem preußischen Vormarsch bis an die Nordspitze Jütlands willigte Dänemark in einen Waffenstillstand ein. Im Frieden von Wien trat es Schleswig und Holstein an die beiden Sieger ab. Ein monatelanges diplomatisches Ringen um die von beiden Staaten gemeinsam verwalteten Herzogtümer begann, in dessen Verlauf die Habsburgermonarchie von Anfang an aufgrund ihrer geografischen Lage im Nachteil war. Die unüberbrückbaren Differenzen über die Verwaltung der beiden Herzogtümer führten letztlich zum deutschen Krieg von 1866.

Am 15. Juni 1866 kam es zum »Bruderkrieg« zwischen Österreich und den wichtigsten Staaten des Deutschen Bundes wie Hannover, Bayern, Hessen-Darmstadt, Sachsen, Württemberg und Kurhessen auf der einen, Preußen und seinen verbündeten norddeutschen Kleinstaaten auf der anderen Seite. Bismarck war es zudem gelungen, Italien als Bündnispartner zu gewinnen und so Österreich einen Zweifrontenkrieg aufzuzwingen. Bevor sich der innerdeutsche Konflikt, trotz der Neutralitätsbekundungen Großbritanniens, Frankreichs und Russlands, zu einem europäischen Konflikt ausweiten konnte, brachte der preußische Sieg über die verbündete österreichisch-sächsische Armee bei Königgrätz am 3. Juli 1866 die Entscheidung des Krieges. Knapp zwei Monate nach Kriegsbeginn stimmte die Donaumonarchie im Friedensvertrag von Wien der Auflösung des Deutschen Bundes zu und gab ihre Ansprüche auf Mitsprache in Deutschland auf. Damit war der seit über einem Jahrhundert andauernde deutsche Dualismus zugunsten Preußens entschieden. Für alle sichtbar demonstrierte die preußische Annektion von Kurhessen, Hannover, Nassau und der freien Stadt Frankfurt am Main den Machtzuwachs der Hohenzollernmonarchie. Die süddeutschen Staaten schlossen geheime Schutzbündnisse mit Preußen und dem von ihm gegründeten Norddeutschen Bund. Angesichts des unerwarteten Triumphs gewährte der preußische Landtag Bismarck im Nachhinein Straffreiheit für sein verfassungswidriges Vorgehen der letzten Jahre. Im Gegenzug erkannte der preußische Ministerpräsident das Budgetrecht des Parlaments an.

Die Liberalen sahen, auch wenn zentrale Bereiche staatlichen Handelns weiterhin der parlamentarischen Kontrolle entzogen waren, zukünftig keine realistische Alternative zur Zusammenarbeit mit Bismarck. So unterstützte Rudolf von Benningsen, der Gründer des für einen liberalen kleindeutschen Staat unter preußischer Führung eintretenden Deutschen Nationalvereins, die Deutschlandpolitik Bismarcks, obwohl er andere Vorstellungen vom Aufbau des neu zu schaffenden Staates hatte. Die Verfassung des Norddeutschen Bundes bewertete er als »verbesserungsbedürftiges, aber auch verbesserungsfähiges Werk«. Angesichts der vermeintlich offenen politischen Situation schien sogar eine Regierungsbeteiligung möglich. Hoffnung zur demokratischen Teilhabe schöpften die Liberalen unter anderem aus der Tatsache, dass die Verfassung des Norddeutschen Bundes, die entgegen den Vorstellungen Bismarcks zumindest

»Damit kann ich nicht regieren«; Karikatur auf Bismarcks Haltung zur Verfassung aus: Kladderadatsch 14. Dezember 1862.

in Teilen an die Tradition der Revolution von 1848/49 anknüpfte, das allgemeine und gleiche Wahlrecht garantierte.

Bismarck war seinem Ziel der deutschen Einheit unter preußischer Führung einen großen Schritt näher gekommen. Der französische Kaiser, Napoleon III., war jedoch nicht bereit, einen weiteren Machtzuwachs Preußens oder gar eine deutsche Einigung widerstandslos hinzunehmen. Über die spanische Thronkandidatur eines Hohenzollernprinzen kam es zu einem von Bismarck geschickt gesteuerten Konflikt zwischen Berlin und Paris. Als Napoleon III. versuchte, Preußen durch die Unterzeichnung einer dauerhaften Verzichtserklärung auf den spanischen Thron öffentlich zu demütigen, nutzte Bismarck die Chance und veröffentlichte den Vorgang in einem von ihm verkürzten Telegramm, der sogenannten »Emser Depesche«. Diese war für Napoleon III. wiederum ein diplomatischer Affront. Innenpolitisch unter Druck stehend, erklärte Frankreich Preußen am 19. Juli 1870 den Krieg. Getragen von einer Welle nationaler Begeisterung traten die süddeutschen Staaten an dessen Seite in diesen Krieg ein. Eine geschickte Außenpolitik Bismarcks verhinderte,

*Morituri Te Salutant!
(Die Todgeweihten begrüßen dich!) –
Mit Gott für König und Vaterland.
Otto von Bismarck als Kriegstreiber mit
der Emser Depesche in Händen; aus:
Süddeutscher Postillon, 1870.*

wie 1866, die Ausweitung des Konfliktes auf die anderen europäischen Großmächte. So trugen russische Truppenverschiebungen an die österreichische Grenze dazu bei, eventuelle österreichische Revanchegedanken im Keim zu ersticken. Innerhalb weniger Wochen war die französische Armee geschlagen. Infolge des entscheidenden Sieges bei Sedan am 1./2. September 1870 geriet der französische Kaiser in Gefangenschaft. Dem am 10. Mai 1871 abgeschlossenen Friedensvertrag, der die Abtretung von Elsaß-Lothringen beinhaltete, ging ein monatelanger Volkskrieg voraus. Auf den Tag 170 Jahre nach der Königskrönung Friedrichs I. in Königsberg proklamierten die deutschen Fürsten nach Überwindung innerdeutscher Befindlichkeiten im Spiegelsaal zu Versailles den preußischen König Wilhelm I. zum Kaiser.

Damit war Deutschland geeint, die Deutsche Frage jedoch noch nicht gelöst. Denn die in der Mitte Europas entstandene neue Großmacht destabilisierte das Gleichgewicht der Kräfte. Der Führer der Opposition, Benjamin Disraeli, brachte dies in einer Rede vor dem britischen Unterhaus am 9. Februar 1871 mit folgenden Worten auf den Punkt: »Nicht ein einziger Grundsatz unserer Außenpolitik, der noch vor sechs Monaten von allen Staatsmännern als Leitfa-

*Abreise König Wilhelms I. zur Armee am 31. Juli 1870;
Gemälde, 1871, von Adolph von Menzel (1805–1905).*

Otto von Bismarck im preußischen Landtag am 30. September 1862

»Wir sind ferner vielleicht zu gebildet, um eine Verfassung zu tragen; wir sind zu kritisch; die Befähigung Regierungsmaßregeln, Akte der Volksvertretung zu beurteilen, ist zu allgemein; im Lande gibt es eine Menge katilinarischer Existenzen, die ein großes Interesse an Umwälzungen haben. Das mag paradox klingen, beweist aber doch alles, wie schwer in Preußen verfassungsmäßiges Leben ist […] Nicht auf Preußens Liberalismus sieht Deutschland, sondern auf seine Macht: Bayern, Württemberg, Baden mögen den Liberalismus indulgieren (nachsichtig ihm gegenüber sein), darum wird ihnen doch keiner Preußens Rolle anweisen; Preußen muss seine Kraft zusammenfassen und zusammenhalten auf den günstigsten Augenblick, der schon einige Male verpasst ist; Preußens Grenzen nach den Wiener Verträgen sind zu einem gesunden Staatsleben nicht günstig; nicht durch Reden und Majoritätsbeschlüsse werden die großen Fragen der Zeit entschieden – das ist der große Fehler von 1848 gewesen –, sondern durch Eisen und Blut.«

Am 18. Januar 1871 wird im Spiegelsaal von Versailles König Wilhelm I. zum Deutschen Kaiser ausgerufen. Preußen nimmt jetzt zwei Drittel des Deutschen Reiches ein; Gemälde von Anton von Werner.

den anerkannt wurde, ist weiterhin gültig. Es gibt keine einzige diplomatische Tradition, die nicht hinweggefegt worden ist. Wir haben eine neue Welt, neue Einflüsse am Werk, neue und unbekannte Größen und Gefahren, mit denen wir fertig werden müssen und die zurzeit, wie alles Neue, noch undurchschaubar sind. Wir haben früher in diesem Haus über das Gleichgewicht der Macht debattiert. Lord Palmerston, ein in hohem Maße praktischer Mann, hat das Staatsschiff und seine Politik daraufhin ausgerichtet, dass das Gleichgewicht Europas erhalten bleibe [...] Aber was ist jetzt wirklich geschehen? Das Gleichgewicht der Macht ist völlig zerstört worden und das Land, das am meisten darunter leidet und das die Auswirkungen dieses großen Wandels am meisten spürt, ist England.«

KÖNIGGRÄTZ
Preußens Triumph über Österreich

In den frühen Morgenstunden des 3. Juli 1866 bot sich den etwa 135 000 Soldaten der preußischen I. Armee und Elbarmee ein imposantes Bild. Wie in einem Schauspiel waren an einem regnerischen Sommertag 215 000 sächsische und österreichische Soldaten in ihren farbenprächtigen Uniformen unter dem Oberbefehl des österreichischen Feldzeugmeisters Ludwig Ritter von Benedek in den Hügeln vor der Elbfestung Königgrätz zur Schlacht aufmarschiert. Die preußischen Soldaten in ihren dunkelblauen Uniformen wirkten dagegen geradezu farblos. Doch waren sie im Gegensatz zu ihren Gegnern mit einem modernen Hinterlader ausgerüstet, dem Zündnadelgewehr.

Die preußischen Truppen führte der preußische Generalstabschef Helmuth von Moltke d. Ä. Dieser hatte die Geografie des Kriegsschauplatzes in Böhmen ausgenutzt und die Masse der preußischen Armee, die Elbarmee, die I. und die II. Armee, gemäß der Devise »Getrennt marschieren, vereint schlagen« auf getrennten Marschwegen vor Königgrätz zur Entscheidungsschlacht im Deutschen Krieg von 1866 zusammengeführt. Der konzentrische Vormarsch musste jedoch zeitlich genau koordiniert werden, um die geplante Versammlung der preußischen Armee auf dem Schlachtfeld zum gleichzeitigen Angriff gegen die Front und die Flanke der Österreicher zu ermöglichen. Zu Schlachtbeginn war dieses Ziel noch nicht erreicht. Die preußische II. Armee unter dem Oberbefehl des preußischen Kronprinzen war noch nicht auf dem Schlachtfeld eingetroffen. Ihr fiel die Aufgabe zu, durch einen Flankenangriff die Schlacht zu entscheiden.

In den ersten Stunden der Schlacht schien der Plan des österreichischen Befehlshabers aufzugehen, die preußischen Angriffe durch massiven Artillerieeinsatz in einer starken Defensivstellung abzuwehren und dann zum Gegenangriff anzutreten. Den Preußen gelang es nicht, die Überlegenheit des Zündnadelgewehrs zu ihrem Vorteil auszunutzen. Die überlegene österreichische Artillerie forderte von den angreifenden preußischen Truppen einen hohen Blutzoll. Am frühen Nachmittag wurde der preußische König Wilhelm I. angesichts der Lage unruhig. Bismarck ritt daraufhin zu Moltke

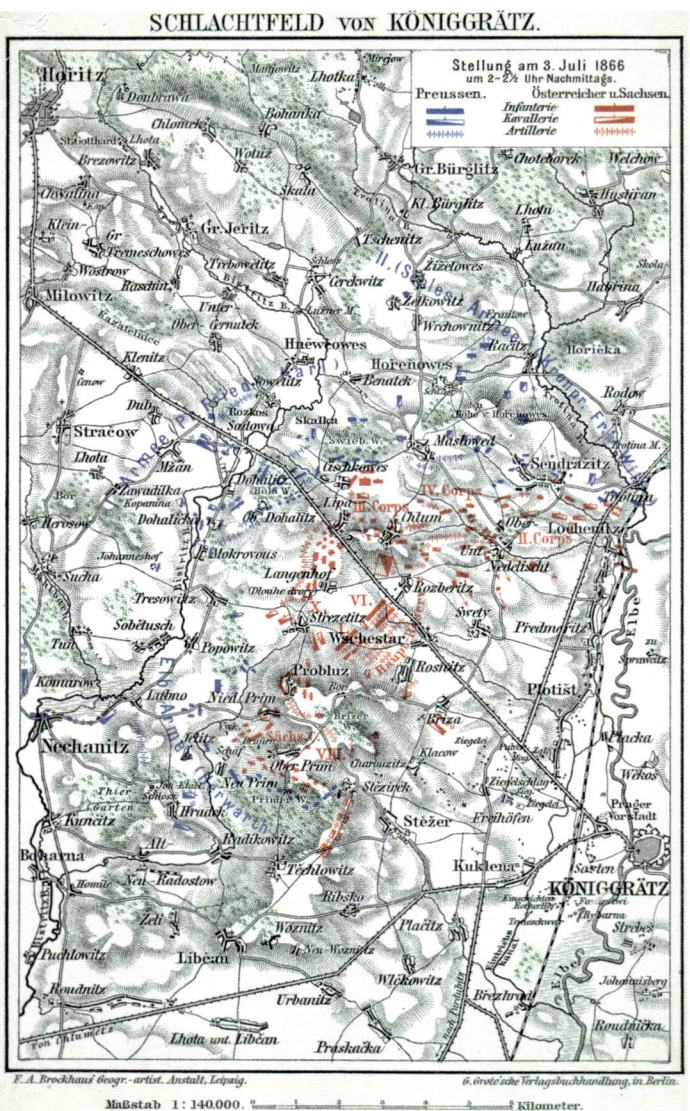

Karte mit Stellungen der Preußen, Sachsen und Österreicher, »Schlachtfeld von Königgrätz/ Stellung am 3. Juli 1866 um 2 ½ Uhr Nachmittags«.

und bot ihm aus seinem Etui eine Zigarre an. Moltke überlegte lange und nahm dann die beste Zigarre. Die Ruhe, die der Generalstabschef dabei ausstrahlte, beruhigte sowohl den König als auch seinen Ministerpräsidenten. Kurze Zeit später meldete Moltke seinem Monarchen, er habe soeben nicht nur die Schlacht, sondern auch den Krieg gewonnen. Was war geschehen?

Bismarck und Moltke. »Ein gutes Omen bei Königgrätz, 3. Juli 1866: Moltke ergreift die bessere von zwei von Bismarck angebotenen Zigarren«; Farbdruck von Carl Röchling.

Wie von Moltke geplant, hatte die preußische II. Armee mit knapp 115 000 Mann, wenn auch erheblich verspätet, mit ihrem Angriff gegen die Nordflanke der Österreicher begonnen und wichtige Erfolge erzielt. Diese waren nicht zuletzt deshalb möglich geworden, weil zwei österreichische Kommandeure ihre befohlenen Flankenstellungen befehlswidrig aufgegeben und zum Gegenangriff angetreten waren. In die entstandene Lücke griffen zufällig die Divisionen des Kronprinzen an und eroberten schnell die Höhe von Chulm. Von dort beherrschten die Preußen aus ihrer Flankenstellung heraus das Schlachtfeld. Als alle österreichischen Gegenangriffe scheiterten und die Einkesselung seiner Truppen drohte, brach Benedek die Schlacht ab. In dieser Phase kam es zur letzten großen Reiterschlacht der Geschichte – die Erde er-

KÖNIGGRÄTZ

Das Schlachtfeld nach der Schlacht von Königgrätz zwischen Österreich und Preußen am 3. Juli 1866; Gemälde von 1866.

bebte unter den Hufen von mehr als 10 000 Pferden. Gedeckt von bravourös kämpfenden österreichischen Kavalleristen und Artilleristen gelang es ihm, die Masse der österreichischen Verbände geordnet zurückzuziehen.

Am Ende des Tages hatte die preußische Armee gesiegt, und Wilhelm I. befahl dem Gouverneur von Berlin, Victoria zu schießen. Der österreichische Kaiser dagegen bat um Frieden. Die Schlacht von Königgrätz war die größte des 19. Jahrhunderts und zugleich die letzte klassische Entscheidungsschlacht der europäischen Militärgeschichte, die einen Krieg beendete. Doch Sadowa, wie Österreicher und Franzosen die Schlacht benannten, entschied nicht nur den Deutschen Krieg von 1866, sondern auch den deutschen Dualismus zugunsten Preußens.

Wilhelm I.

Preußischer König und nationale Integrationsfigur

Dass der preußische Prinz Wilhelm, zweiter Sohn König Friedrich Wilhelms III. und seiner Frau Luise, eines Tages nicht nur den preußischen Königsthron, sondern auch den deutschen Kaiserthron besteigen würde, war bei seiner Geburt am 22. März 1797 kaum absehbar. Prinz Wilhelm schlug daher zunächst die Militärlaufbahn ein – eine Entscheidung, die seinem Naturell in jeder Hinsicht entgegenkam, denn zeit seines Lebens sollte er sich als Offizier fühlen –, jedoch ohne die Allüren, wie sie sein Enkel, Wilhelm II., hatte. Als Zehnjähriger in die preußische Armee eingetreten, kämpfte Prinz Wilhelm in den Befreiungskriegen gegen Napoleon, zog schließlich sogar mit den preußischen Truppen siegreich in Paris ein. Diese Erfahrung der Befreiungskriege sollte ihn zugleich tief prägen: Einerseits bestärkte sie ihn in der Überzeugung, politische Entscheidungen auf dem Schlachtfeld herbeizwingen zu können, andererseits war er seitdem von der Bedeutung des Königtums von Gottes Gnaden fest überzeugt.

In den Friedensjahren nach 1815 setzte Prinz Wilhelm seine Militärkarriere erfolgreich fort; bereits 1825 wurde er zum Kommandierenden General ernannt. In dieser Eigenschaft machte er sich zum Sprecher des Militärs und trat für die Aufrechterhaltung der uneingeschränkten Stärke der Armee, der Grundlage preußischer Macht, ein. Als sein Bruder Friedrich Wilhelm IV., der kinderlos war, 1840 den Thron bestieg, erhielt Wilhelm den offiziellen Titel »Prinz von Preußen« als Zeichen dafür, dass er der zukünftige Thronfolger war. In den Wirren der 1848er-Revolution, der er zutiefst ablehnend gegenüberstand, geriet er jedoch schnell in die Kritik, galt – zu Unrecht – als verantwortlich für die blutigen Barrikadenkämpfe in Berlin. Als »Kartätschenprinz« gebrandmarkt, floh Prinz Wilhelm als Kaufmann getarnt nach London, konnte jedoch bereits im Juni des gleichen Jahres zurückkehren. Als Kommandierender General der Operationsarmee schlug er 1849 die Aufstände in Südwestdeutschland blutig nieder.

Seit 1857 übernahm er zunehmend öfter die Stellvertretung seines kranken Bruders, 1858 schließlich dauerhaft. Umso überraschter reagierte die Öffentlichkeit, als er das bisherige konservative Ministerium entließ, liberale Minister ernannte und sogar »von moralischen Eroberungen« sprach, die Preußen in Deutschland machen müsse. Dies bedeutete nicht, dass er bereit war, auf alte Vorrechte ganz zu verzichten; gemessen an seiner früheren Haltung schien er aber doch einen Lernprozess durchgemacht zu haben. Trotz aller Bereitschaft, den Liberalen teilweise entgegenzukommen, war er nicht gewillt, Eingriffe in eines seiner wichtigsten Rechte, die Kommandogewalt, zu dulden. Der Streit über die Reform der Armee, die er für notwendig hielt – eine Tatsache, die von den Liberalen grundsätzlich auch gar nicht bestritten wurde –, war schließlich Anlass für einen Verfassungskonflikt, der Preußen an den Rand der Staatskrise führte und Wilhelm, seit dem Tod

Kaiser Wilhelm I. (1797–1888); Gemälde von Franz Seraph von Lenbach (1836–1904).

seines Bruders 1861 auch offiziell König von Preußen, veranlasste, mit dem Gedanken an eine Abdankung zugunsten seines Sohnes zu spielen. Die Ernennung Otto von Bismarcks, des preußischen Gesandten in Paris, »rettete« schließlich die Situation. Ob Wilhelm dessen Programm einer »weißen Revolution« wirklich verstanden und innerlich akzeptiert hatte, ist fraglich; dennoch ließ er ihn gewähren. Dies schloss Konflikte mit ein, wie etwa nach dem Sieg über Österreich 1866, als Wilhelm I. gegen den Rat seines Ministerpräsidenten nach Wien weitermarschieren wollte. Auch die Annexion von Hannover, Hessen-Kassel und anderer Gebiete 1866 bereitete Wilhelm, einem konservativen Anhänger des Prinzips der Legitimität, erhebliche Schwierigkeiten. Für nicht akzeptabel hielt er auch den Kaisertitel. Er verglich diesen Titel mit dem eines »Charaktermajors«. Trotz mancher Bedenken folgte er seinem Ministerpräsidenten und Reichskanzler stets und hielt diesen, wenn er bei Differenzen mit seinem Rücktritt drohte, im Amt. Im Innern war Wilhelm I. nicht zuletzt aufgrund seiner Bescheidenheit sehr populär. Er galt als Landesvater und nationale Integrationsfigur, zu der man respektvoll aufschaute. Die beiden Attentate auf ihn im Frühjahr 1878 wurden daher allgemein verurteilt. Bereits zu Lebzeiten wurde eine große Zahl von Denkmälern zu seinen Ehren wie auch zur Erinnerung der unter ihm geschaffenen Einheit errichtet.

Trotz zunehmender körperlicher Schwäche versuchte Wilhelm I., seine Pflichten zu erfüllen. Täglich empfing er Minister, Diplomaten und Militärs, unterschrieb Ernennungsurkunden oder nahm die Parade der Schlosswache ab. Als er am 9. März 1888 starb, wurde er unter großer Anteilnahme der Bevölkerung in Berlin beigesetzt.

Preußen im Kaiserreich – ein Bollwerk gegen die Demokratie?

Die Rolle Preußens im Kaiserreich ist Gegenstand unzähliger Karikaturen im »Simplicissimus« und dem »Wahren Jacob«, dem »Kladderadatsch« oder auch der »Lustigen Blätter« gewesen. Der ostpreußische Junker, der schnöde Berliner Gardeleutnant und die »Pickelhaube« waren aus der Sicht vieler Nichtpreußen Synonyme der drei preußischen Gebote: Steuern zahlen, Soldatsein und Maulhalten.

Daraus resultierten Ängste, die bis zum Untergang der preußischen Monarchie im Ersten Weltkrieg nicht verschwinden sollten. Wie viele Vorurteile enthalten diese Bilder manches Wahre, aber auch viel Unwahres.

Die Vormachtstellung Preußens im Reich war unübersehbar: Es war flächenmäßig der weitaus größte Bundesstaat des Deutschen Reichs; seine Bürokratie hielt den Reichsapparat in Gang, und seine Armee war das Rückgrat der Landesverteidigung. Symbolisch bedeutsam waren die Verschmelzung der preußischen Königs- mit der neuen Kaiserkrone, die Wahl Berlins zur Reichshauptstadt und die De-facto-Verknüpfung des Amts des preußischen Ministerpräsidenten mit dem des Reichskanzlers. Erst gegen Ende des Ersten Weltkriegs sollte sich dies ändern: 1917 übernahmen mit dem Freiherrn von Hertling ein Bayer, 1918 mit Prinz Max ein Badener das Amt des Reichskanzlers. Auch wenn Bismarck sich bemühte, die preußische Dominanz nicht allzu offensichtlich werden zu lassen, indem er Preußen im wichtigen Bundesrat keine Stimmenmehrheit einräumte – in der Realität war sie nicht zu leugnen.

Gleichwohl sollte man sich hüten, den Einfluss der anderen Bundesstaaten zu unterschätzen. Die drei anderen Königreiche – Bayern, Württemberg und Sachsen – sowie die anderen Großherzog-, Herzog- und Fürstentümer legten Wert auf die Wahrung der ihnen verbliebenen Rechte im Bereich der inneren Politik in ihren Staaten, aber auch im Militärwesen. Diese »Pflege« der eigenen Rechte war in Einzelfällen schwer verständlich, hatten manche Bundesstaaten – Schaumburg-Lippe, Lippe-Detmold oder die zahlreichen thüringischen Fürstentümer – doch weniger

Polizeiliche Auflösung einer Arbeiter-Wahlversammlung in Berlin im Jahre 1890.

Einwohner als viele preußische Mittelstädte. Aber auch sie wollten und sollten berücksichtigt werden, um die komplizierte Architektur des Reichsaufbaus nicht ins Wanken zu bringen.

Darüber hinaus gilt es festzuhalten, dass viele Einwohner nichtpreußischer Staaten angesichts der langen Geschichte ihrer Staaten sich nicht nur – häufig nicht einmal in erster Linie – ihrer Heimat und ihrem Fürsten verpflichtet fühlten. Mit dem »Waldeck-Lied« oder dem bei öffentlichen Anlässen voller Inbrunst geschmetterten »Heil Dir, o Oldenburg!« machten sie deutlich, wie wichtig ihnen auch nach der Reichsgründung alte Traditionen und Loyalitäten waren. Kunst und Kultur, überregionale Zeitungen, der Militärdienst in preußischen Regimentern und der Kaiserlichen Marine – der einzigen Reichsinstitution – und eine immer größere Mobilität dank eines vorzüglichen Eisenbahnnetzes verbanden Preußen und Nichtpreußen.

Hinzu kamen die vielen Wertvorstellungen und Tugenden, die sich von Preußen ausgehend nun im ganzen Reich verbreiteten. Für viele waren sie ein Schreckgespenst, da

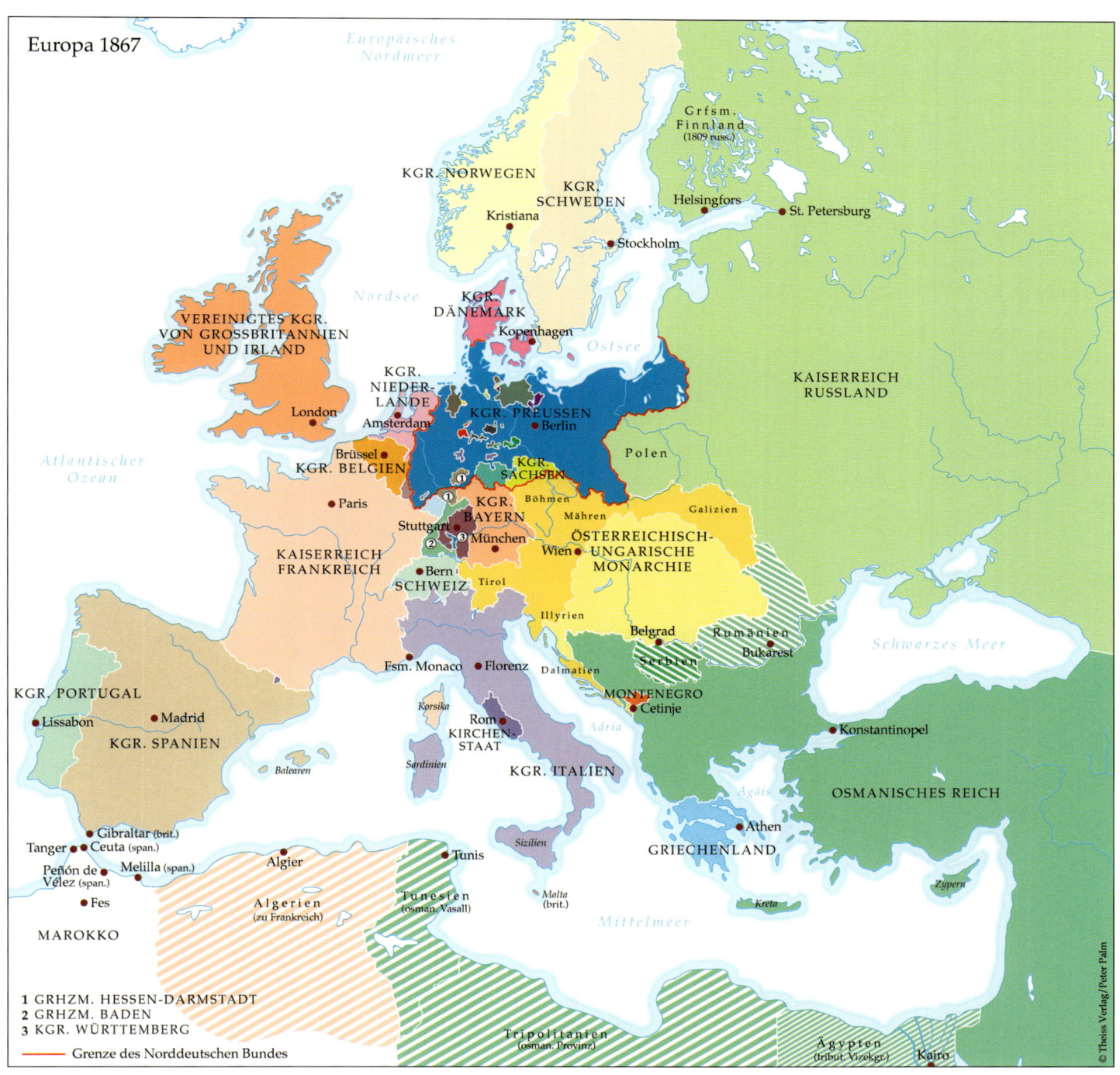

PREUSSEN IM KAISERREICH – EIN BOLLWERK GEGEN DIE DEMOKRATIE?

sie alte, liebgewonnene Gewohnheiten infrage stellten, sich aber dennoch zumindest in Teilen durchsetzten. Trotz alledem: Preußen blieben Preußen, Bayern von ihrem Selbstverständnis her Bayern und Oldenburger Oldenburger – und sei es nur aus Protest gegenüber den »Saupreißn«, wie es in Bayern hieß.

Symptomatisch für diese Haltung ist vielleicht eine weit verbreitete bayerische Ansichtskarte aus dem Jahr 1905, die noch einmal die Bedeutung der bayerischen Sonderrechte betonte: »Wozu haben wir das Reservat / Seit 1870 für den Bayerstaat? / Das Heer die Post, die Eisenbahn / will all' der Preuss für sich noch hab'n. / Zuletzt käm dann, als höchster Streich, / Das Überpreuss'sche Einheitsreich!«

Betrachtet man das Auftreten der ostelbischen Junker im Abgeordneten- und Herrenhaus sowie in der Öffentlichkeit, das Verhalten des Militärs oder auch die Kulturkampf-Gesetzgebung, dann waren die überlieferten Vorurteile gegenüber Preußen zweifellos berechtigt. Die Skrupellosigkeit, mit der Ostelbien für die eigenen ökonomischen Interessen kämpfte und gegen selbst moderate Reformen – Dreiklassenwahlrecht, Erbschaftssteuer – Front machte, war sprichwörtlich. So verstieg sich einer ihrer Wortführer, Elard von Oldenburg-Januschau, im Januar 1910 sogar dazu, im Reichstag während der Debatte über den Militäretat unter dem Jubel vieler seiner Standesgenossen zu erklären: »Der König von Preußen und der Deutsche Kaiser muss jeden Moment imstande sein, zu einem Leutnant zu sagen: Nehmen Sie zehn Mann und schließen Sie den Reichstag!«

Dass diese Haltung, bei der Verteidigung alter Rechte auf die Armee zurückzugreifen, mehr als nur eine Redensart war, machte die Reichsleitung mehrfach deutlich: Bismarck hatte keine Scheu, im Zweifel mit dem Staatsstreich zu drohen. 1891 machte Wilhelm II. jungen Rekruten klar, dass er von ihnen erwartete, auf Befehl die »eignen Verwandten und Brüder nieder[zu]schießen oder -stechen«. 1913 verhängte die preußische Armee im Reichsland Elsass-Lothringen das Kriegsrecht. Nach der Beleidigung elsässischer Rekruten durch einen preußischen Leutnant glaubte sie, nur so der berechtigten Empörung der dortigen Bevölkerung Herr werden zu können.

Auch die Härte, mit der in Preußen all jene drangsaliert wurden, die einem anderen Glauben anhingen, sich einer anderen Nation oder einer verfemten Partei zugehörig fühlten, gehört in diesen Zusammenhang. Katholiken, Polen, Dänen und Elsass-Lothringer sowie die Mitglieder der jungen SPD, die die Rechte der Arbeiter durchsetzen wollte, haben den Obrigkeitsstaat zu Tausenden am eigenen Leib bitter erfahren müssen. Justiz und Polizei scheuten sich nicht, Bischöfe und Pfarrer, »kleine« und »große« Leute mit Haftbefehl suchen zu lassen, anzuklagen und einzusperren oder ins Exil zu drängen. Besonders fatal war freilich die Tatsache, dass die große religiöse Toleranz in der angeheizten Atmosphäre der Wirtschaftskrise der 1870er- und 1880er-Jahre bei der Suche nach Sündenböcken verloren ging. Skrupellos schürten Demagogen in Parteien und Verbänden antisemitische Vorurteile. Konservative Großagrarier standen dabei an der Spitze der Bewegung. Aber auch einer der bedeutendsten Historiker Preußens, Heinrich von Treitschke, scheute sich nicht, in unseliger Weise davon zu sprechen: »Die Juden sind unser Unglück.«

Das Bild Preußens ist jedoch auch im Kaiserreich januskfpfig: Neben diesen Relikten des Obrigkeits- und Militärstaats finden wir das moderne Preußen. So war es die preußische Bürokratie, die ganz in der Tradition der »Reformer« in den 1870er-Jahren die Grundlagen für den Aufbau eines modernen, in Europa damals einzigartigen Sozialversicherungssystems legte: Unfall-, Kranken- sowie Alters- und In-

Einfahrt des Stadtbahnzuges in den Bahnhof Friedrichstraße; Farbdruck von 1893, nach einer Zeichnung von Ludwig Dettmann.

Uraufführung der Operette »Frau Luna« des Komponisten Paul Lincke nach einem Libretto von Heinrich Bolten-Baeckers 1899 im Apollo Theater Berlin.

validenversicherung gaben Arbeitern erstmals einen rechtlichen Anspruch auf verbindliche Leistungen – so gering diese anfänglich auch waren.

Vorbildlich ist der Abschluss der Verwaltungsreformen in Preußen: Nach Jahrzehnten und teilweise gegen den erbitterten Widerstand des Landadels setzte die preußische Bürokratie eine neue Kreisordnung durch. Diese hob die Polizeigewalt der Gutsherren auf. Zugleich erhielten die Landkreise vielfältige Selbstverwaltungsaufgaben. Zugleich wurden die Provinzialverwaltungen reformiert und zu Trägern kommunaler Leistungsverwaltung in wirtschaftlicher und kultureller Hinsicht sowie bei der Krankenpflege. Endpunkt war die preußische Landgemeindeordnung von 1891.

So repressiv der Obrigkeitsstaat agieren konnte, so liberal konnte er auch sein. Die beißende Kritik oder Ironie eines Theodor Fontane an den Junkern, wie beispielsweise im »Stechlin« oder in den »Wanderungen durch die Mark Brandenburg«, steht dafür ebenso wie das Wirken berühmter preußischer Liberaler: Rudolf Virchow und Karl Twesten, Eduard Lasker oder Ludwig Bamberger. Sie alle haben zwar mit dem Obrigkeitsstaat nicht ihren Frieden gemacht, gleichwohl maßgeblich zu dessen Weiterentwicklung beigetragen – stets in der Annahme, der »Hegelsche Weltgeist« arbeite für sie. Ihre Hoffnungen in dieser Hinsicht verbanden sie mit dem preußischen Kronprinzen der Reichsgründungs-Ära, Friedrich Wilhelm. Dass dieser als Kaiser Friedrich III. nur 99 Tage regieren konnte, empfanden sie mehrheitlich als große Tragik. Ob er jedoch ihre Erwartungen erfüllt hätte, bleibt bis heute umstritten.

Es gibt kaum etwas, das diese Janusköpfigkeit stärker als die Entwicklung von Wissenschaft und Kunst unterstreicht: Das preußische Schul- und Universitätswesen war vorbildlich, gleichermaßen die Förderung der Wissenschaften in der Kaiser-Wilhelm-Gesellschaft. Viele Preußen gehören zu den ersten Nobelpreisträgern: Robert Koch, Emil Fischer und Theodor Mommsen sind nur einige von ihnen. Neben Malern wie Anton von Werner, die mit ihren staatstragenden Gemälden das neue Reich aus preußischer Sicht legitimierten, gab es jene, die wie Oskar Kokoschka, Max Liebermann oder Lovis Corinth neuen Richtungen in der Kunst den Weg ebneten. Ähnliches gilt für die Literatur, in der – zum großen Missfallen des Kaisers – Gerhard Hauptmann mit seinem Sozialdrama »Die Weber« neue Bahnen beschritt – dabei zugleich auch der preußischen Politik und Gesellschaft einen Spiegel vorhielt. Subjektiv mochte dieses Preußen aus der Sicht derjenigen, die sich entgegen der Tradition der »Revolution von oben« den notwendigen Veränderungen verweigerten und schließlich 1913/14 im »Preußenbund« wiederfanden, in einer Krise stecken. Objektiv war es lebendig, vielfältig und entwicklungsfähig.

Theodor Fontane

Poetischer Realist und Chronist einer vergangenen Epoche

»Schöpfungen und Erinnerungen einer großen Zeit«, gespiegelt im Bild des Rheinsberger Schlosses, stehen am Anfang einer Reiseliteratur von Weltgeltung, die im deutschen Sprachraum ihresgleichen sucht. Die wunderbare Poesie der »Wanderungen durch die Mark Brandenburg« zieht noch 150 Jahre später den Leser in den Bann dieser kargen und dadurch so faszinierenden Landschaft mit ihrer wechselvollen Geschichte. Eine tief empfundene Liebe für die Menschen, für ihre Lebensläufe und für Preußen durchziehen das Werk. Dabei war der grandiose Erfolg der »Wanderungen durch die Mark Brandenburg« dem Autor Theodor Fontane nicht in die Wiege gelegt. Am 30. Dezember 1819 im märkischen Neuruppin in eine Familie hugenottischer Herkunft hineingeboren, trat er nach wechselvollen Schuljahren zunächst in die Fußstapfen seines Vaters, um Apotheker zu werden. Eine einjährig-freiwillige Dienstzeit bis 1845 bei den Gardegrenadieren führte zu der für seine späteren Werke so wichtigen persönlichen Berührung mit dem Militär. Einen ersten Wendepunkt in seinem Leben markieren die Jahre 1848–1850.

Am 18. März selbst auf den Barrikaden stehend, erlebte er das Scheitern der deutschen Revolution. Dem folgten unmittelbar private Weichenstellungen: Im Alter von 30 Jahren gab er ohne Reue seinen ungeliebten Beruf auf, wechselte in das »literarische Büro« des reaktionären Ministeriums Manteuffel und heiratete standesgemäß die seit Längerem wartende Emilie Rouanet-Kummer, seine spätere Nachlassverwalterin. Fontanes Lebensfreude und Spontaneität stießen auf eine Frau, der Sicherheit und Konventionen über alles gingen. Er selbst meinte, »sie wäre eine vorzügliche Prediger- oder Beamtenfrau« geworden. Doch Sicherheit und hohe gesellschaftliche Anerkennung ließen auf sich warten und entsprachen nicht seinem Lebensentwurf. Von den sieben Kindern starben vier noch zu Lebzeiten der Eltern. Vielleicht schmiedete auch diese existenzielle Erfahrung eine Ehe, die trotz Krisen bis zu Fontanes Tod halten sollte.

Die folgenden gut 25 Jahre vermitteln das Bild leidlich geordneter Kleinbürgerlichkeit in zunehmend geregelten finanziellen Verhältnissen. 1851 nahm Fontane eine Stelle in der Redaktion der konservativ-reaktionären »Neuen Preußischen Zeitung« (so genannte Kreuz-Zeitung) an. Seine Journalistentätigkeit führte ihn für einige Jahre nach London und als Kriegsberichterstatter auf die Schlachtfelder von 1864, 1866 und 1870. Otto von Bismarck selbst musste sich für die Freilassung des als vermeintlicher Spion von den Franzosen Gefangengenommenen einsetzen. Zwischendurch war er weiter als nebenberuflicher Schriftsteller und Theaterkritiker tätig.

1876 schien die wenig bedeutende Karriere mit einer ehrenvollen Altersstelle gekrönt zu werden. Als Sekretär der Preußischen Akademie hatte die Familie endlich auch finanziell ausgesorgt. Doch nach nur drei Monaten vollzog sich der zweite große Umbruch,

Theodor Fontane in seinem Arbeitszimmer; kolorierter Holzstich.

Fontane kündigte überraschend und wurde mit 56 Lebensjahren freier Schriftsteller, nicht ohne die nächste ernsthafte Ehekrise. Fremd war ihm das Schreiben nicht, hatte er doch schon als Zwanzigjähriger seine erste Novelle »Geschwisterliebe« veröffentlicht, der eine Hamlet-Übersetzung 1842 und unzählige weitere literarische Arbeiten folgten.

Seine großen erzählerischen Werke sind allesamt »Alterswerke«. Im Mittelpunkt seiner großartigen Gesellschaftsromane stehen der preußische Adel und später in den Vordergrund rückend die »Irrungen und Wirrungen« des zu Geld gekommenen Bürgertums. Während das Bürgertum seine Leistungen durch viele Ehrungen anerkannte, versagte ihm der Adel letztlich die Gegenliebe.

Denn trotz aller erkennbaren tiefen Sympathie für den preußischen Adel, bleibt Fontane doch immer kritischer Erzähler, der im Dialog seiner Figuren subtil auf die Verfallserscheinungen des endenden 19. Jahrhunderts hinweist. Wenn er in dem 1806 spielenden Roman »Schach von Wuthenow« über die Armee resümieren lässt, sie habe »statt der Ehre nur noch den Dünkel und statt der Seele nur noch ein Uhrwerk – ein Uhrwerk, das bald genug abgelaufen sein wird«, steht dies gleichnishaft für das drohende Ende seines Preußens. Dieses Ende erlebte Fontane nicht mehr. Er starb am 20. September 1898 in Berlin. Als großartiger Chronist und Erzähler einer vergangenen Epoche überlebte er aber alle Zeitläufe.

Der Große Generalstab – Halbgötter mit karmesinroten Streifen

Sie hatten einen legendären Ruf. Von den einen gefürchtet, von den anderen bewundert, standen sie seit Mitte des 19. Jahrhunderts an der Spitze des preußisch-deutschen Heeres.

Sie durchliefen eine strenge Auswahlprüfung, gegen Ende des Kaiserreichs bestanden lediglich zehn Offiziere eines Geburtsjahrgangs die Prüfung. Damit hatten sie das Recht die karmesinroten Streifen zu tragen, die sie als die militärische Elite Preußens und später des Kaiserreichs auswiesen. Mit Schlagworten wie »Mehr sein als scheinen« und »Viel leisten und wenig hervortreten« umschrieben sie ihr Arbeits- und Pflichtethos. Die Rede ist von den preußisch-deutschen Generalstabsoffizieren, den Halbgöttern, wie sie Bismarck abschätzig titulierte, da »nur wenige von ihnen die Anlage zum vollen Gott« besäßen.

Die Schöpfer des Großen Generalstabs, darunter an erster Stelle General Gerhard von Scharnhorst, suchten für die Führungsaufgaben innerhalb der Armee Generalisten und Persönlichkeiten mit unabhängigem Geist und Charakter. Dies schien ihnen angesichts der militärischen Entwicklung der napoleonischen Kriege dringend geboten. Die Zeit, dass ein Feldherr angesichts der fortschreitenden Technisierung sowie des Anwachsens der Truppenstärken eine Schlacht in Einheit von Zeit und Raum allein lenken konnte, war vorbei. Die Führung großer, räumlich weit verteilter Heeresmassen benötigte einen Lenkungsstab.

Der spätere Generalfeldmarschall Helmuth von Moltke verbesserte die Führungsfähigkeit und die Planungskompetenz des Chefs des Generalstabs und baute den Generalstab gegen manchen innerpreußischen Widerstand dank seiner Erfolge bei Königgrätz 1866 und bei Sedan 1870 zur zentralen Planungs- und Kriegführungsinstanz aus. Waren diese Siege doch erstmals nicht von einem Feldherrn, sondern vom Chef der höchsten militärischen Planungsstelle erfochten worden.

Nach dem Sieg über Frankreich 1871 wurde der Generalstab im Kaiserreich im Zuge einer volkstümlich-nationalistischen Heroisierung des Krieges zum Mythos. Für Volk und Politik galt er als der Garant zukünftiger militärischer Erfolge. Andere Großmächte wie Japan orientierten sich am preußisch-deutschen Vorbild und bauten ebenfalls einen Generalstab auf. Die Nachfolger Moltkes des Älteren klammerten die politischen Folgen der Kriegsführung immer weiter aus den militärischen Planungen aus und reduzierten den Generalstab auf seine Kriegsführungskompetenz. Der ursprünglich als Generalist verstandene Generalstäbler war nur noch hoch qualifizierter Fachmann eines Apparats und der Krieg eine »Domäne der Fachleute«.

Zu Kriegsbeginn 1914 umfasste der Generalstab ca. 600 Offiziere, die sowohl die Mobilmachung des Millionenheeres als auch dessen Aufmarsch und Operationsführung planten. Im Ersten Weltkrieg wurde der Generalstabschef, der als Oberste Heeresleitung (OHL) im Namen des Kaisers selbstständig Befehle für die Landkriegsführung erteilte, zum zentralen Führungsorgan des Heeres. Zugleich brach die 3. OHL seit 1916 unter Hindenburg und Ludendorff mit dem Dogma des unpolitischen Generalstabs und errichtete in Deutschland quasi eine Militärdiktatur. Der Höhepunkt der Machtfülle des Generalstabs trug zugleich den Keim des Untergangs in sich. Nach dem verlorenen Krieg entzog sich die OHL mit der Erklärung, die Heimatfront sei dem unbesiegten Heer in den Rücken gefallen, ihrer Verantwortung für die Niederlage. In den Augen der Siegermächte trug der Generalstab als Hort des preußisch-deutschen Militarismus eine entscheidende Schuld am Ausbruch des Krieges. Folgerichtig wurde er im Artikel 160 des Versailler Friedensvertrags verboten. »Die Unterhaltung oder Bildung anderswie zusammengefasster Formationen oder anderer Kommandobehörden für Kriegsvorbereitung ist verboten. Der deutsche Generalstab und alle ähnlichen Formationen werden aufgelöst und dürfen unter keiner Gestalt neugebildet werden.« Damit endet die Geschichte des preußischen Großen Generalstabs.

Der Große Generalstab der preußischen Armee 1870/71. In der Mitte stehend – mit verschränkten Armen – Generalfeldmarschall Helmuth von Moltke.

TANNENBERG
Der Kampf um Ostpreußen

»Die Kosaken kommen!« Dieser Schrei gellte nur wenige Tage nach Kriegsbeginn 1914 durch viele Dörfer Ostpreußens. Früher als von der deutschen Obersten Heeresleitung (OHL) erwartet, war die russische Armee Mitte August zum Angriff auf die östlichste Provinz des Kaiserreichs angetreten. Dieser stand lediglich die 8. Armee unter Führung von Generaloberst Maximilian Graf von Prittwitz und Gaffron gegenüber, da die OHL im Westen sieben Armeen zum Angriff gegen Frankreich bereitgestellt hatte. Der deutsche Generalstab hatte seit Jahren verschiedene Pläne zur Abwehr einer russischen Offensive durchdacht. Ihm kam dabei die Geografie zu Hilfe, denn die weitläufige Masurische Seenplatte zwang die Russen, ihre Truppen zu teilen und getrennt vorzugehen. Daher beabsichtigte die deutsche Führung, die aus östlicher und südlicher Richtung vorstoßenden gegnerischen Armeen rasch und getrennt voneinander angriffsweise zu schlagen.

Am 15. August rückte die russische Njemen-Armee unter General Paul von Rennenkampf nördlich der Masurischen Seen vor. Durch die Seenkette von ihr getrennt, marschierte die Narew-Armee unter General Alexander Samsonow mit einer zeitlichen Verzögerung von wenigen Tagen aus Süden kommend auf die ostpreußische Grenze zu. Angesichts dieser Lage griff die 8. Armee am 20. August zuerst die Njemen-Armee bei Gumbinnen an. Während die Schlacht einen günstigen Verlauf zu nehmen schien, erreichte Generaloberst Graf von Prittwitz die Meldung, die Narew-Armee sei im Süden zum Angriff angetreten. Die Gefahr, eingekesselt zu werden, veranlasste Prittwitz die laufende Schlacht abzubrechen und mit seinen Verbänden auf die Weichsellinie zurückzugehen. In dieser verzweifelten Lage ersetzte die OHL Prittwitz durch den aus dem Ruhestand zurückgeholten General Paul von Beneckendorff und von Hindenburg und Generalmajor Erich Ludendorff.

Damit begann der Aufstieg zweier unterschiedlicher Männer, die außerhalb des militärischen Establishments kaum bekannt waren. Das sollte sich jedoch schnell ändern. Denn am 31. August meldete der neue Oberbefehlshaber der 8. Armee dem Kaiser die Vernichtung der Narew-Armee. Wie konnte angesichts der geschilderten Lageentwicklung mit unterlegenen Verbänden – 191 000 russischen standen 153 000 deutsche Soldaten gegenüber – und einer zweiten Armee mit ungefähr 200 000 Soldaten im Rücken ein solcher Sieg errungen werden und welche militärischen und politischen Auswirkungen hatte der Sieg? Aufbauend auf den noch unter Führung Prittwitz' eingeleiteten Aufmarsch und aufgrund der eigenen Luft- und Funkaufklärung über jeden Schritt ihrer Gegner bestens unterrichtet, hatten Ludendorff und Hindenburg die Front mit hohem Risiko vor der langsam auf Königsberg vorgehenden Njemen-Armee bis auf wenige eigene Truppen entblößt und unter Konzentration aller Reserven die Narew-Armee vom 26. bis 30. August an den Flanken angegriffen, eingekesselt und vernichtend geschlagen.

Die Helden von Tannenberg und der Mythos der Tannenbergschlacht waren geboren. Die Schlacht galt fortan als die größte Einkreisungsschlacht der Geschichte. Zudem konnten den Deutschen angesichts des Scheiterns der deutschen Westoffensive Siegertypen präsentiert werden. Militärisch war den Russen eine schwere Niederlage beigebracht und die russische Dampfwalze gestoppt worden. Die Schlacht wurde, obwohl der Ort für den Verlauf der Schlacht keine Bedeutung besaß, als deutsche Antwort auf die Niederlage des deutschen Ordensheeres gegen eine polnische-litauische Streitmacht 1410 bewusst nach der ersten Schlacht Tannenberg benannt. Der Mythos Tannenberg verblasste auch nicht nach dem verlorenen Ersten Weltkrieg. In den 1920er-Jahren entwickelte sich das Schlachtfeld zu einem patriotischen

Schlacht bei Tannenberg im August 1914. General Paul von Hindenburg (Mitte vorn) mit seinem engeren Stab: General Erich Ludendorff (links) und Oberstleutnant Max Hoffmann (rechts).

Sammlungsort. In Erinnerung an den Sieg auf dem Schlachtfeld wurde 1927 das Tannenbergdenkmal errichtet. In dem von den Nationalsozialisten zum Reichsehrenmal erhobenen und propagandistisch ausgenutzten Denkmal fanden die sterblichen Überreste des späteren Reichspräsidenten Hindenburg und seiner Gattin bis 1945 ihre letzte Ruhestätte.

Wilhelm II.

Letzter preußischer König

Bereits Zeitgenossen betrachteten den letzten deutschen Kaiser und preußischen König, Wilhelm II. (1859–1941), als ein »Fabeltier unserer Zeit«. Warum? Anders als seine Vorgänger auf dem Thron, Wilhelm I. und Friedrich III., gab Wilhelm II. durch sein Auftreten in der Öffentlichkeit immer wieder Anlass zu Diskussionen und Empörung.

Kindheit und Jugend Wilhelms II., der am 27. Januar 1859 als Sohn des späteren Kaisers Friedrich III. und von Prinzessin Victoria, der Tochter der englischen Königin, geboren wurde, waren geprägt von den physischen und psychischen Belastungen eines Geburtsfehlers, einem verkrüppelten linken Arm. Hinzu kam ein sich stetig verschlechterndes Verhältnis zwischen dem Sohn und seinen Eltern. Ohne Rücksicht auf dessen körperliche Handicaps und individuelle Fähigkeiten erwarteten diese nicht nur, dass Wilhelm seine körperliche Behinderung meisterte – was tatsächlich der Fall war –, sondern auch, dass er sich ganz entsprechend ihren Vorstellungen entwickeln würde: Er sollte ein zweiter, wenn auch liberaler »Friedrich der Große« werden. Wilhelm hat sich dem Druck, der auf ihn ausgeübt wurde, soweit wie möglich zu entziehen versucht. Bereits in den 1870er-Jahren wandte er sich den konservativen Kreisen um seinen Großvater, Wilhelm I., und den Reichskanzler Otto von Bismarck zu, die ihrerseits den jungen Prinzen als Gegengewicht gegen den liberal denkenden Kronprinzen und dessen Frau bewusst förderten. Aus dieser Zeit stammt auch die besondere Vorliebe Wilhelms für das Militär.

Bereits in seiner Jugend verbrachte Wilhelm viel Zeit in der Heimat seiner Mutter, Großbritannien, der er zeit seines Lebens in einer merkwürdigen Hassliebe verbunden bleiben sollte. Er bewunderte die Größe und Macht des Inselreichs, wollte dieses schließlich mithilfe einer Flotte, die es mit der Royal Navy aufnehmen konnte, überholen. Aus der Rückschau betrachtet, sollte es sich daher als fatal erweisen, dass sein Vater, Friedrich III., bereits nach 99 Tagen Regierungszeit starb und Wilhelm im Alter von 29 Jahren im Juni 1888 den Thron bestieg. In der Öffentlichkeit wurde dieser Wechsel zunächst durchaus positiv aufgenommen. Was viele nach Jahren der Stagnation im Innern wie auch nach außen als einen Aufbruch empfanden, war aus Sicht des jungen Kaisers jedoch eher der Beginn der Errichtung eines »Persönlichen Regiments«. Wilhelm II. wollte selbst regieren. »Voluntas Rex, suprema lex« (»Der Wille des Königs ist oberstes Gesetz«), schrieb er in das goldene Buch der Stadt München. Derartige Äußerungen, seine direkten und indirekten Eingriffe in die Innen- und Außenpolitik sowie seine immer häufiger kritisierten Auftritte in der Öffentlichkeit, bei denen er ein rückwärtsgewandtes Verständnis von seiner eigenen Rolle als Monarch erkennen ließ und innenpolitische Gegner äußerst scharf angriff, erregten jedoch zunehmend Kritik an seiner Person und seiner Politik. Diese verstummte erst mit dem Übergang zur »Weltpolitik« 1897. Der Übergang zur Flotten- und Weltpolitik lief jedoch auf eine Konfrontation mit Großbritannien hinaus, die unheilvolle Folgen haben sollte. Das Wettrüsten, auf das Wilhelm II., hierin maßgeblich von Tirpitz bestärkt, sich einließ, war nicht zu

Kaiser Wilhelm II. in Admiralsuniform.

gewinnen. Dass dieses Wettrüsten zugleich das Deutsche Reich isolierte, erkannte der Kaiser zwar, nahm es aber in Kauf. Die markigen Reden Wilhelms II. täuschen darüber hinweg, dass sein Einfluss auf die tatsächliche Innen- und Außenpolitik unterschiedlich stark war. Es spricht viel dafür, dass er die Politik der Epoche, die seinen Namen trägt, eher repräsentierte als mit wirklichem Inhalt füllte. Trotz seiner kriegerischen Reden und seines martialischen Auftretens in Uniform war er kein Kriegstreiber im eigentlichen Sinn. In der »Julikrise« 1914 wurde er vielmehr bewusst auf Reisen geschickt, um das ohnehin komplizierte Kalkül des Reichskanzlers nicht zum Scheitern zu bringen. Der Entscheidung, auch einen Weltkrieg zu riskieren, hat er nach seiner Rückkehr Ende Juli dann jedoch zugestimmt.

So sehr Wilhelm II. ein Monarch war, der, wie ein Zeitgenosse meinte, »stets ein Stück Mittelalter hinter sich herschleppte«, so aufgeschlossen war er zugleich: Die industrielle und die technische Entwicklung des Reichs interessierten und faszinierten ihn; auf seinen zahllosen Reisen durchs Reich zeigte er, dass er zu repräsentieren verstand und dass er begriffen hatte, dass ein Monarch die Nähe zur Bevölkerung suchen müsse. Der Sozialdemokratie stand er jedoch bis zuletzt unversöhnlich gegenüber. Seinem Aufsehen erregenden Ausspruch zu Kriegsbeginn: »Ich kenne keine Parteien mehr, ich kenne nur noch Deutsche«, folgten keine Taten. Während des Krieges wurde schnell deutlich, dass Wilhelm II. nicht in der Lage war, die von ihm beanspruchte Rolle eines »Obersten Kriegsherrn« wirklich auszufüllen; führende Militärs überspielten ihn daher bei wichtigen Entscheidungen, auf die Kriegsführung hatte er so gut wie keinen Einfluss. Der Gang ins holländische Exil war nach der militärischen Niederlage und dem Zusammenbruch im Innern unvermeidlich.

Wilhelm II. hat sich mit diesem Schicksal nie abfinden können und immer auf eine Restauration der Monarchie unter seiner Führung gehofft. 1941 starb er im holländischen Doorn – und bis zuletzt hatte er aus seinen Fehlern und Schwächen nichts gelernt.

Vom »Junkerstaat« zum »Roten Preußen« – Preußen 1914 bis 1933

Drastischer konnte die Szene kaum sein: Am Mittag des 9. November 1918 wehte auf dem Brandenburger Tor die rote Fahne, wenig später rief der Sozialdemokrat Philipp Scheidemann von einem Fenster des nahen Reichstagsgebäudes die Republik aus – nichts machte den Zusammenbruch des alten Preußen deutlicher. Was war geschehen?

Das Kaiserreich, das nach drei siegreichen Kriegen preußischer Armeen in Versailles proklamiert worden war, hatte eine schwere militärische Niederlage erlitten. In der Bismarck-Ära hatte das »neue« Preußen-Deutschland verstanden, dass – bei Strafe des eigenen Untergangs – der Preis dafür eine Politik des Augenmaßes und der Mäßigung war. Immer wieder hatte Bismarck daher erklärt, das Deutsche Reich sei »saturiert«. Diese Politik der Selbstbescheidung entsprach durchaus dem »Zeitgeist« der 1870er-, nicht aber dem der 1880er-Jahre. Dessen Kennzeichen waren bald das Streben nach einem »Platz an der Sonne«, nach »Weltpolitik«. Kristallisationspunkt und Motor dieser Politik zugleich war seit seiner Thronbesteigung der neue preußische König und neue Kaiser – Wilhelm II. Das Mittel zur Realisierung dieser Pläne, die letztlich darauf hinausliefen, die führende See- und Weltmacht England zu Konzessionen zu zwingen, diese vielleicht sogar zu »beerben«, war eine mächtige Flotte.

Mit »Weltpolitik« konnten die meisten preußischen Junker nichts anfangen; sie sprachen daher auch stets offen von der »grässlichen Flotte« (Diederich Hahn). Gleichwohl trugen sie diese Politik am Ende mit. Der neue Zolltarif von 1902 für Getreide »entschädigte« sie materiell, und alle Belastungen durch neue Steuern zu ihren Ungunsten wussten sie durch ihr politisches Gewicht vor und hinter den Kulissen geschickt zu verhindern. So wenig sie mit »Weltpolitik« anfangen konnten, so groß war dennoch für sie die Bedeutung von »Macht« und »Prestige«. Beides schien mit dem Scheitern der »Weltpolitik« im Zuge des deutsch-englischen Flottenwettrüstens seit 1906 in Gefahr. Nun drängten sie auf eine Verstärkung der Armee, schlugen die Kriegstrommeln. »Je eher, desto besser«, erklärte der Neffe des legendären Siegers von Königgrätz und Sedan, Generaloberst Helmuth von Moltke der Jüngere, seit 1911/12 fast gebetsmühlenartig in allen Beratungen über einen Ausweg aus der als »Einkreisung« empfundenen »Selbstausкreisung« im europäischen Staatensystem. Die Ermordung des österreichisch-

Ansprache Wilhelms II. vom Balkon des Berliner Schlosses am 31. Juli 1914.

ungarischen Thronfolgers Franz Ferdinand und seiner Frau in Sarajevo war aus Sicht von Reichskanzler Bethmann Hollweg schließlich die Gelegenheit, die Entente zu testen. Der damit verbundenen Risiken durchaus bewusst, unterstützten Reichsleitung und militärische Führung den Krieg der Donaumonarchie gegen Serbien, wohl wissend, dass dieser ein russisches Eingreifen wahrscheinlich machen würde. Dieses wiederum würde einen fatalen Automatismus in Gang setzen, an dessen Ende aufgrund der Bündnisverpflichtungen aller Mächte der große europäische Krieg stehen würde.

Diesen Krieg, den das Deutsche Reich am 1. August Russland, am 3. August Frankreich erklärte, glaubte der preußisch-deutsche Generalstab gewinnen zu können. Die Hoffnung, gestützt auf den zwischenzeitlich modifizierten »Schlieffen-Plan« aus dem Jahr 1905, Frankreich schnell besiegen und Russland anschließend zu einem Frieden zwingen zu können, erwies sich als Illusion. Die Umfassung der französischen Armee scheiterte an der Marne, und auch die russische Armee konnte nur mühsam aus Ostpreußen zurückgedrängt werden. Innerhalb weniger Monate erstarrte der Krieg in den Gräben, Trichtern und Drahtverhauen an der Westfront; im Osten waren die Erfolge größer, bevor auch dort 1915/16 der Vormarsch zum Stehen kam. Der Sturz des Zaren 1917 ermöglichte dort zwar einen »Diktatfrieden« – im Westen gelang der Durchbruch trotz neuer Offensiven 1918 jedoch nicht.

»Ein Friede ohne Annexionen und Kontributionen« – so das Schlagwort der russischen Revolutionäre – kam jedoch nur für die wenigsten infrage; die vom Reichstag im Juli 1917 verabschiedete »Friedensresolution« blieb weit dahinter zurück. Bis zuletzt träumten viele von weitreichenden Annexionen im Westen und in Übersee, vor allem aber auch im Osten. Speerspitze der Annexionisten war die vom preußischen Generallandschaftsdirektor Wolfgang Kapp angeführte Bewegung. In Königsberg, der Krönungsstadt der preußischen Könige, hob er im September 1917 symbolträchtig – unter Berufung auf alte preußische Tugenden – mit Unterstützung vieler Junker, der Obersten Heeresleitung und den Angehörigen einer »neuen Rechten« die »Deutsche Vaterlandspartei« aus der Taufe.

Den Annexionisten ging es jedoch nicht nur um neue Eroberungen; sie wollten auch das alte System in seinem Kern bewahren. Der »Burgfriede« von 1914 und das darin implizit enthaltene Versprechen an die Arbeiterschaft zu inneren Reformen, war ihnen ein Dorn im Auge. Dass die Weigerung, dieses Versprechen einzulösen, angesichts der ungeheuren Belastungen des Krieges – Hunger, Krankheit und Tod kennzeichneten zunehmend den Alltag an der »Heimatfront« – zu Unzufriedenheit, Streiks, Demonstrationen führen musste, übersahen sie geflissentlich. Militärische Niederlage im Westen und die große Kluft zwischen der Masse der Bevölkerung und den reformunwilligen alten Eliten bildeten schließlich ein Gemisch, das sich in revolutionären Unruhen entlud. Äußerer Anlass war der Versuch der Marineführung, trotz laufender Verhandlungen über einen Waffenstillstand mithilfe einer »Todesfahrt« die Ehre der Seeoffiziere zu retten. In Windeseile wurde aus einer lokalen Meuterei in Wilhelmshaven und Kiel eine Revolution, die das alte kaiserliche Regime hinwegfegte.

»Rote Matrosen« und meuternde Soldaten zogen am 9. November 1918 auch in Berlin zusammen, hier eine Matrosen-Division Unter den Linden am Pariser Platz.

Am 9. November 1918, einem Samstag, formierten sich schließlich früh am Morgen die ersten Demonstrationszüge auch im Zentrum Berlins. Die Nachrichten von den Unruhen in anderen Teilen Preußens und des Reiches, vom Sturz altehrwürdiger Monarchien wie der Welfen in Braunschweig und der Wittelsbacher in München, hatten auch die Hauptstadt erreicht. »Rote Matrosen« und meuternde Soldaten zogen zusammen mit streikenden Arbeitern, aber auch vielen, vom Regime enttäuschten Bürgern durch die Stadt. Hektisch verhandelte Prinz Max von Baden, Reichskanzler und preußischer Ministerpräsident, mit Friedrich Ebert und Philipp Scheidemann, den Führern der lange verfemten Sozialdemokratie, über einen halbwegs geordneten Übergang. Eine andere Wahl hatte er allerdings auch nicht mehr. Selbst als zuverlässig geltende altpreußische Garderegimenter hatten sich geweigert, gegen die Revolutionäre vorzugehen.

Gleichzeitig versuchte Prinz Max, Kaiser Wilhelm II., der im Hauptquartier der Obersten Heeresleitung im belgischen Spa weilte, zur Abdankung zu überreden: ohne Erfolg. Wilhelm II. schwankte, hoffte, die preußische Krone retten, vielleicht sogar mithilfe loyaler Regimenter ins Reich zurückkehren und dem revolutionären Spuk ein Ende machen zu können. Alle diese Überlegungen erwiesen sich schnell als Illusion, zumal auch die eigenen Generäle ihm nunmehr dringend zum Gang ins Exil rieten. Ohne eine Antwort des unentschlossenen Kaisers abzuwarten, hatte zwischenzeitlich auch Prinz Max gehandelt und eigenmächtig die Abdankung des Kaisers bekannt gegeben. Zugleich übergab er die Macht dem neuen »Volksreichskanzler« Friedrich Ebert. Das Kaiserreich und die alte preußische Monarchie der Hohenzollern gingen damit unter, auch wenn Wilhelm II. erst Wochen später formal abdanken sollte – und Preußen?

Philipp Scheidemann (1865–1939)

Prinz Max von Baden (1867–1929)

Die Revolution bereitete auch den Boden für alle diejenigen, die die Existenz Preußens aus vielerlei Gründen infrage stellten. Einer der Volksbeauftragten, Otto Landsberg, brachte diese Strömungen im Januar 1919 auf den Punkt: »Preußen hat seine Stellung mit dem Schwert erobert, und dieses Schwert ist zerbrochen. Wenn Deutschland leben soll, muss Preußen in der bisherigen Gestalt sterben!« So wie Landsberg dachten nicht nur viele, sondern sie handelten auch dementsprechend: Im Osten Preußens, vor allem in den mehrheitlich polnischen Gebieten, war es im Dezember zu Aufständen gekommen; aber auch in Schlesien und im Rheinland gab es separatistische Bewegungen. Hugo Preuß, ein angesehener liberaler Verfassungsjurist, trug diesen Strömungen in seinem Entwurf der Reichsverfassung Rechnung, indem er das Übergewicht Preußens – immerhin drei Fünftel der Reichsfläche – beenden wollte und einem Einheitsstaat das Wort redete. In diesem hätte es nur noch die preußischen Provinzen als kleinere Einheiten, nicht aber einen »Bundesstaat« Preußen gegeben. Am Ende konnten sich diese Strömungen aus Sorge, damit separatistischen Tendenzen, aber auch Bestrebungen Polens und Frankreichs nach Erweiterung der eigenen Macht- und Einflusssphäre Vorschub zu leisten, nicht durchsetzen.

Aber auch die revolutionäre Sozialdemokratie war sich keineswegs einig. Während Friedrich Ebert – ein Süddeutscher – für eine Zerschlagung Preußens plädierte, sahen andere Chancen für einen Neubeginn. Symptomatisch dafür ist die Rede von Paul Hirsch, dem Ministerpräsidenten und Innenminister des preußischen Revolutionskabinetts. Am 13. März 1919 erklärte er anlässlich der Eröffnung der preußischen verfassunggebenden Landesversammlung: »Preußens Aufgaben sind noch nicht erfüllt. Auf den Geist der Freiheit, der Ordnung und der Arbeit gestützt, soll es noch einmal der deutschen Nation und ihrer künftigen friedlichen Größe dienen. Preußens beste Eigenschaften, Arbeitsamkeit und Pflichttreue, braucht auch das Deutsche Reich zum Wiederaufbau. [...] Das alte Preußen ist tot, es lebe das neue Preußen!«

Am Ende sollte Hirsch Recht behalten. Preußen ging nicht unter. Im Frieden von Versailles musste Preußen zwar erhebliche Teile seines bisherigen Gebiets abtreten – Westpreußen, Danzig, Teile Oberschlesiens, Eupen und Malmédy, das Hultschiner Ländchen sowie Nord-Schleswig. Hinzu kam 1923 das Memelland, das Litauen einfach annektierte. Trotz dieser Verluste sowie der zeitweiligen Besetzung des Rheinlands und des Ruhrgebiets war Preußen lebensfähig. Als »Retter Preußens« sollten sich – dies entbehrt nicht einer gewissen Ironie – ausgerechnet die Sozialdemokraten erweisen. Nicht ohne Stolz erklärte der langjährige preußische Ministerpräsident Otto Braun später: »Preußen ist nie preußischer regiert worden als in meiner Amtszeit.« Dazu hatte die fehlende Bereitschaft der alten Junker geführt, sich den neuen Gegebenheiten anzupassen. In der Revolution hatten sie zwar ihren König verloren, waren ansonsten aber heil davongekommen: Ihr Besitz blieb unangetastet, und auch in Politik, Gesellschaft und Militär wurden sie von den Revolutionären eher zögerlich, keineswegs zielstrebig aus bisherigen Positionen verdrängt. Viele fühlten sich daher nach dem Abflauen der bürgerkriegsähnlichen Kämpfe zwischen neuer Regierung und weiter links stehenden Kräften, die die junge Republik Ende 1918/Anfang 1919 erschüttert hatten, ihrerseits zur »Gegenrevolution« berufen. Eine demokratische Republik – sei es im Reich oder in Preußen – widersprach allen ihren überlieferten Grundsätzen, Traditionen und Interessen.

An die Spitze der »Gegenrevolution« stellte sich im März 1920 schließlich der ehemalige Landschaftsdirektor und Begründer der inzwischen aufgelösten Vaterlandspartei, Wolfgang Kapp. Zusammen mit enttäuschten Militärs um General Walther von Lüttwitz, deren Einheiten entsprechend den Bestimmungen des Versailler Vertrags aufgelöst werden sollten, marschierte er unter der kaiserlichen Reichskriegsflagge nach Berlin. Dieser Putsch endete innerhalb weniger Tage im Fiasko: So war die Reichsregierung rechtzeitig geflüchtet und entgegen allen Erwartungen griff die Reichswehr nicht zugunsten der Revolutionäre ein – allerdings auch nicht zugunsten der gewählten Regierung.

Erst als linksstehende Kräfte im Ruhrgebiet sich erhoben, um angesichts der Bedrohung von rechts die Vollendung der Revolution zu fordern, griffen Reichswehr und Freikorps ein. In blutigen Kämpfen schlugen sie diese wie auch spätere Aufstände von links nieder. Entscheidend für den Sieg der Republik über die Putschisten jedoch war der Aufruf der Gewerkschaften zum Generalstreik. Dieser entzog den Putschisten die Grundlage für ihr Vorhaben. Gleichwohl, die abgelegenen ostpreußischen Güter blieben noch lange ein Hort von Putschisten, die mit zum Teil skurrilen Plänen glaubten, ihre Ziele doch noch erreichen zu können.

Kapp-Lüttwitz-Putsch im März 1920 in Berlin, Umsturzversuch rechtsradikaler Politiker um Wolfgang Kapp und Teilen der Armee um General Walther Freiherr von Lüttwitz.

Für Preußen bedeutete der Kapp-Lüttwitz-Putsch dennoch eine Zäsur. Mit den Sozialdemokraten Otto Braun und Carl Severing übernahmen im März 1920 zwei Männer das Amt des Ministerpräsidenten bzw. des Innenministers, die Preußen tief prägen sollten. Gestützt auf eine Koalition aus SPD, katholischem Zentrum und linksliberaler Deutscher Demokratischer Partei und mit nur kurzen Unterbrechungen 1921 und 1925 nahmen sie den »Umbau« Preußens von einem Obrigkeitsstaat zu einem »Bollwerk der Demokratie« in Angriff. Schritt für Schritt ersetzten sie im öffentlichen Dienst unzuverlässige Anhänger des alten Regimes durch überzeugte Demokraten und Republikaner. Zugleich baute Severing mit der Schutzpolizei eine Truppe auf, die die neue Demokratie verteidigen sollte. Parallel leiteten die Koalitionäre von SPD, Zentrum und DDP Reformen in der Landwirtschaft und in der Bildungspolitik ein. So wurden die über 12 000 Gutsbezirke, in denen die Gutsherren immer noch die Polizeigewalt ausübten, 1927 abgeschafft. Im Bildungsbereich leitete die Regierung den Abbau des Stadt-Land-Gefälles ein, legte die Grundlagen für den »zweiten Bildungsweg« und stellte erhebliche Mittel zur Unterstützung weniger bemittelter Bildungswilliger bereit. Auch das 1929 abgeschlossene Konkordat zwischen Preußen und dem Vatikan lag auf dieser Linie, die inneren Gegensätze zu überbrücken. Die Beseitigung aller Kulturkampfgesetze ermöglichte schließlich die Versöhnung des großen katholischen Bevölkerungsteils mit Preußen; die Zentrumspartei war bis zur Krise der 1930er-Jahre daher auch eine der stabilen Stützen des »Freistaats«, wie er offiziell seit 1920 hieß.

Hinter all diesen Maßnahmen stand letztlich der Leitgedanke, Gegensätze politisch auszugleichen, mehr soziale Gerechtigkeit zu schaffen sowie – auf einer stabilen Grundlage – Republik und Demokratie zu verteidigen. Dies war angesichts der vielfältigen Bedrohungen – Ruhrkampf, Putschplänen von rechts und dem Wiederaufflammen des Separatismus sowie den Folgen der Hyperinflation im Jahr 1923 – nicht einfach. Dennoch: An Entschlossenheit ließ es die preußische Regierung nicht fehlen. In den Krisenjahren zu Beginn wie auch am Ende – den blutigen Unruhen im Mai 1929, den Straßenschlachten der 1930er-Jahre und dem Altonaer »Blutsonntag« 1932 – erwies Preußen sich als »Bollwerk der Demokratie«, das die Grundlagen der Republik von Weimar gleichermaßen gegen Rechts- und Linksextremisten mutig verteidigte.

»Rette Dein Preußen! Wähle die deutschnationale Liste: Hergt, Kaufmann, Rüffer, Koch«; Wahlplakat von Fritz Ahlers.

Die Stabilität Preußens dokumentierte auch die Fortdauer der Weimarer Koalition bis in die Krise der Republik hinein. Anders als im Reich kam es trotz aller Unterschiede in Preußen zu keinen lähmenden Regierungskrisen und mehrfachen Regierungswechseln. Im Zeichen dieser Stabilität entwickelte sich zugleich ein blühendes kulturelles Leben. Das Berlin »der Goldenen 20er-Jahre« war die Heimat vieler Künstler und Literaten – Max Pechstein und Käthe Kollwitz, Bert Brecht und Alfred Döblin – um nur einige zu nennen. Sie alle experimentierten mit neuen Formen in Kunst und Literatur, bald auch im Film und in der Architektur. »Preußen« gehörte dabei zu den Standardthemen. »Fredericus Rex« oder »Bismarck« glorifizierten mit den Mitteln des Films die Vergangenheit, Oswald Spengler tat dies in seinem »Preußentum und Sozialismus« (1920). Käthe Kollwitz wiederum klagte aus Trauer über ihren verlorenen Sohn den preußischen Militarismus in ihren Zeichnungen »Nie wieder Krieg!« (1924) oder Skulpturen still aber wirkungsmächtig an. Zugleich verbreiteten diese Künstler ein Lebensgefühl, das den Kontrast zur Tristesse der Kriegs- und Nachkriegszeit bewusst hervorhob. Auch wenn am Ende nur wenige daran aktiv teilnehmen konnten, ein Symptom für Fortschritt und die Lebendigkeit Preußens waren sie dennoch allemal. Diese Stabilität, dieser Fortschritt und diese Lebendigkeit dürfen aber nicht darüber hinwegtäuschen, dass mit der Wahl eines »Urpreußen« der Keim zum Untergang Preußens gelegt wurde. Mit der Wahl des ehemaligen kaiserlichen Generalfeldmarschalls Paul von Hindenburg zum Reichspräsidenten nach dem Tod Friedrich Eberts im Frühjahr 1925 erhielten jene Kräfte im Reich wie in Preußen Zuwachs, die die Republik über kurz oder lang zerstören wollten. Vorerst war die Lage trotz aller Einflüsterungen der ostpreußischen »Kamarilla« um den greisen Reichspräsidenten – den »Ersatzkaiser«, für den ihn viele hielten – stabil; gleichwohl, diese Kräfte warteten nur auf eine günstige Gelegenheit, um die ungeliebte Republik in ihren Grundfesten zu erschüttern und einem neuen, autoritären Regime den Weg zu ebnen. Die Weltwirtschaftskrise und deren politische Folgen waren schließlich der Hebel dazu: Von Hindenburg ernannte Präsidialregierungen höhlten die Demokratie schleichend aus; das »Kabinett der Barone« vom Sommer 1932 dokumentierte offen, dass das Rad zurückgedreht werden sollte. Der »Osthilfe«-Skandal, d. h. der Missbrauch öffentlicher Gelder zur Entschuldung von Gütern im Osten des Reiches, machte zudem einmal mehr deutlich, wie wenig die ehemaligen Junker dazugelernt hatten. Wie eh und je verteidigten sie ihre Privilegien und Pfründe – auch um den Preis, mit den ansonsten eher abgelehnten Nationalsozialisten ein Bündnis einzugehen. Die preußische Regierung Braun-Severing war zu diesem Zeitpunkt freilich nicht mehr im Amt: Mit dem »Preußenschlag« vom 20. Juli 1932 war diese abgesetzt, das bisherige »Bollwerk der Demokratie« von den Protagonisten eines Rucks nach rechts geschleift worden.

Paul von Beneckendorff und von Hindenburg

Feldherr, Ersatzkaiser und Totengräber der Weimarer Republik

Als der junge Leutnant Paul von Beneckendorff und von Hindenburg am 18. Januar 1871 im Spiegelsaal von Versailles an der Kaiserproklamation Kaiser Wilhelms I. teilnahm, ahnte er nicht, dass er 54 Jahre später, am 26. April 1925, zum Reichspräsident gewählt werden würde.

Geboren am 2. Oktober 1847, trat aus einem alten ostpreußischen Adelsgeschlecht stammende Hindenburg in die Armee ein. Nach der Teilnahme an den »Reichseinigungskriegen« 1866 und 1870/71 wurde er in den Generalstab berufen. Nach mehreren Generalstabsverwendungen ging er 1911 als kommandierender General des IV. Armee-Korps in Magdeburg in den Ruhestand. In seiner Dienstzeit zeichnete er sich weniger durch militärische, als durch repräsentative Fähigkeiten aus. Als Ostpreußen in die Hände der Russen zu fallen drohte, übergab ihm die Oberste Heeresleitung am 23. August 1914 den Oberbefehl über die in Ostpreußen stationierte 8. Armee.

In dieser Funktion sollte er seinem ebenfalls neu bestallten Generalstabschef Generalmajor Erich Ludendorff die operative Führung überlassen. Man erwartete von seinem Phlegma absolute Untätigkeit, um dem Hitzkopf Ludendorff völlig freie Hand zu lassen. In höchster Not als Galionsfigur reaktiviert, avancierte Hindenburg, obwohl er zum Sieg bei Tannenberg wenig beigetragen hatte, für alle Beteiligten unerwartet nur wenige Tage später zum Volkshelden. Der rundum Vertrauen einflössende Hindenburg wurde mit seinem tiefen Bass und seiner würdigen Gestalt zum Mythenträger. Er verkörperte die deutsche Hoffnung auf den Sieg. 1916 übernahm er gemeinsam mit Ludendorff die Oberste Heeresleitung. Die Rollenverteilung blieb dieselbe. Ludendorff agierte, Hindenburg repräsentierte. Die Führungsschwäche Kaiser Wilhelms II. und eine geschickte Propaganda ließen den mittlerweile zum Generalfeldmarschall Ernannten zum »Ersatzkaiser« aufsteigen.

Obwohl er als oberster Soldat den Sturz des Hauses Hohenzollern nicht verhindert und dem Kaiser zur Flucht geraten hatte, überlebte sein Mythos das Kriegsende 1918. Mit der Behauptung, das deutsche Heer sei nicht im Feld besiegt, sondern von der Heimat von hinten erdolcht worden, avancierte er zur Symbolfigur der nationalistischen Opposition gegen die Weimarer Republik. 1925 kandidierte der erneut im Ruhestand lebende überzeugte Monarchist auf Drängen der Rechtsparteien als Reichspräsident. Als einziges deutsches Staatsoberhaupt wurde er in direkter Wahl als Nachfolger Friedrich Eberts gewählt.

Der greise Feldmarschall, der gern in seiner alten kaiserlichen Uniform offizielle Anlässe wahrnahm, sollte als Totengräber der Weimarer Republik in die Geschichte eingehen. Dem mittlerweile über Achtzigjährigen fehlte in seinem neuen Amt »ein Ludendorff«, der ihm die Entscheidungen abnahm.

»Preußisches Roulette«, Karikatur von Rainer Ehrt: Am Spieltisch mit der Landkarte Europas von links Wilhelm I., Bismarck, Friedrich II., Leopold von Anhalt-Dessau, Schlieffen, Clausewitz, Wilhelm II. und Hindenburg.

Während er sich in seinen ersten Amtsjahren strikt an die Weimarer Verfassung hielt, geriet er in seiner zweiten Amtszeit, als die Weimarer Republik von schweren wirtschaftlichen und politischen Krisen erschüttert wurde, immer stärker in die Abhängigkeit nationalkonservativer Berater. 1930 löste er die große Koalition ab und setzte vor dem Hintergrund der stetig wachsenden Zustimmung der Bevölkerung für Adolf Hitler mehrere Präsidialkabinette ein und regierte mit Notverordnungen. Dabei ging er anfangs von parlamentarisch tolerierten, ab 1932 zu autoritären Präsidialkabinetten über. Als die Nationalsozialisten aus den Reichstagswahlen von 1932 als stärkste Partei hervorgingen und mit den Kommunisten über die Mehrheit im Reichstag verfügten, stand Deutschland vor einem Bürgerkrieg. Hindenburg, der eine Regierung des »böhmischen Gefreiten« immer abgelehnt hatte, gab nun dem Druck seiner konservativen Berater nach und berief am 30. Januar 1933 Adolf Hitler zum Reichskanzler und machte sich so mitschuldig an der folgenden weltgeschichtlichen Katastrophe. Dem unbändigen Machtwillen des Diktators war er nicht gewachsen. Am Tag von Potsdam ließ er sich vor den Karren der nationalsozialistischen Propaganda spannen und nahm Hitler symbolisch in die Ahnenreihe mit preußischen Größen wie Friedrich dem Großen und Bismarck auf. Am 2. August 1934 verstarb der »letzte Preuße«, der zeitlebens mehr Objekt als Subjekt seines Mythos gewesen war.

»Preußenschlag« und »Tag von Potsdam« 1932/33

Demokratisches Preußen, »rotes Preußen«? War nicht 1947 mit Preußen der antidemokratische deutsche Militarismus offiziell für beendet erklärt worden? Bis heute hält sich hartnäckig das zwar historisch grundfalsche, aber vom nationalsozialistischen Deutschland mit Erfolg verbreitete Bild einer direkten Kontinuitätslinie vom preußischen König Friedrich II. über den deutschen Kaiser und den Reichskanzler Hindenburg zu Adolf Hitler. Dabei hatte sich doch nach dem Ersten Weltkrieg gerade Preußen zum demokratischen Musterstaat in der Weimarer Republik entwickelt. Nicht nur dass in dem flächen- und einwohnermäßig größten Land des Deutschen Reichs lange Zeit ein Hort der stabilen Demokratie anzutreffen war. Vielmehr regierte sogar über den gesamten Zeitraum bis 1933 eine sozialdemokratisch geführte Koalition, der die Zentrumspartei, die Deutsche Demokratische Partei und zeitweise die Deutsche Volkspartei angehörten.

Mit Otto Braun war 1920 ein gestandener Sozialdemokrat zum Ministerpräsidenten gewählt worden, der allen inneren Anfeindungen und Krisen zum Trotz über ein Jahrzehnt für eine demokratische Kontinuität gesorgt hatte. Selbst zum monarchistisch gesinnten Reichspräsidenten Hindenburg pflegte der Preuße Otto Braun für einige Jahre ein gutes Arbeitsklima.

Der preußische Ministerpräsident Otto Braun

ENTWICKLUNGEN UND EREIGNISSE

Mit der Wirtschaftskrise 1929 hatte sich jedoch die innere Lage nicht nur im Deutschen Reich verschärft. Gewalt prägte das öffentliche Bild. Nationalsozialisten und Kommunisten lieferten sich unerbittliche Straßenkämpfe und destabilisierten gezielt die Republik.

Das Ergebnis der Landtagswahl in Preußen vom 24. April 1932 spiegelte den Abwärtstrend wider: Die linke und die rechte Extreme verfügten nun über eine »negative Mehrheit«. Gegen sie konnte nicht mehr regiert werden. Mit ihren nun 36,3 Prozent (1928 noch 2,9 Prozent) gelang es der NSDAP aber auch nicht, eine tragfähige Koalition zu schmieden. Selbst der Posten des Ministerpräsidenten war ihr verwehrt, hatte doch die alte Regierung noch kurz vor der Wahl aus Sorge vor dieser Entwicklung die Geschäftsordnung des Landtags geändert: Künftig konnte der Ministerpräsident nur noch mit absoluter Mehrheit gewählt werden. Folglich blieb die alte Regierung geschäftsführend im Amt, auch wenn der Ministerpräsident amtsmüde und von einem Zusammenbruch kurz vor der Wahl gezeichnet war. In erzkonservativen preußischen Kreisen war schon länger nach einer Möglichkeit gesucht worden, das Land in die eigene Hand zu bekommen. Die Idee eines Reichskommissars, dem die exekutive Gewalt übertragen werden sollte, geisterte im Frühjahr 1932 durch den politischen Raum. Offen blieb, ob tatsächlich, wann und wie die Reichsregierung die Macht in Preußen an sich reißen würde.

Aber nicht nur in Preußen standen die Zeichen auf Wechsel. Hatte Reichskanzler Heinrich Brüning doch bereits Ende Mai 1932 dem »Kabinett der Barone« unter Reichskanzler Franz von Papen weichen müssen. Von Anfang an richtete sich Papens Trachten auch auf das Ende der verhassten Sozialdemokratie und die Übernahme der Macht in Preußen durch das Reich. Den gesuchten und willkommenen Anlass bot der »Altonaer Blutsonntag«. Am 17. Juli waren in dem zu Preußen gehörenden Städtchen bei Kämpfen zwischen NSDAP und KPD 17 Menschen zu Tode gekommen und viele weitere verletzt worden. Angeblich sei die Preußische Regierung nicht mehr in der Lage, für Sicherheit und Ordnung zu sorgen. Dabei waren ähnliche Auseinandersetzungen in anderen Ländern des Reichs nicht Anlass für ein Eingreifen gewesen. Und hatte nicht Papen als Gegenleistung für das Stillhalten Hitlers im Reichstag und bei den Notverordnungen am 14. Juni 1932 das Verbot von SA und SS aufgehoben? Im Kern ging es ebendarum, dem »roten Preußen« die demokratische Handhabe zu entreißen, um die angestrebte monarchistische Reaktion verhindern zu können.

Am 20. Juli 1932 kam es zum Staatsstreich. Die Ereignisse lesen sich wie ein Krimi, dessen Hauptopfer Preußen ist und dessen Mörder zunächst nicht bestraft wurden. Die Leidtragenden wirkten gleichsam gelähmt von der Dynamik dieses »Preußenschlags« und der Unsicherheit, wie damit umzugehen sei. Im Geheimen vorbereitet, begann alles um 7 Uhr mit der Sperrung des Flughafens, um so eine Flucht der Regierung verhindern zu können. Um 10 Uhr eröffnete Papen drei amtierenden Ministern, dass die Reichsregierung durch ihn als Reichskommissar ersetzt worden sei. Die gesetzliche Legitimation boten zwei Notverordnungen Hindenburgs mit dem Ziel der »Wiederherstellung der öffentlichen Sicherheit und Ordnung im Gebiet des Landes Preußen«. Beinahe zeitgleich erhielt Ministerpräsident Braun die Nachricht von einem Boten überbracht. Der Ausnahmezustand über Berlin und das Land Brandenburg legte die vollziehende Gewalt in die Hände der Reichswehr, die den Berliner Polizeipräsidenten Grzesinski, seinen Stellvertreter Dr. Weiß und den Kommandeur der Schutzpolizei, Heimannsberg, inhaftierte. Sie wurden abends zwar wieder freigelassen, aber erst nachdem Papen und die von ihm eingesetzten Beamten die Regierung übernommen hatten.

Reichswehr in Berlin, Wilhelmstraße. »Preußenschlag« am 20. Juli 1932: Das preußische Kabinett wird durch eine Notverordnung abgesetzt, Reichskanzler von Papen wird Reichskommissar für Preußen.

War an dem Tag des Staatsstreichs mehr Resignation als öffentlicher Widerstand zu erkennen gewesen, so kam die Angelegenheit immerhin noch vor den Staatsgerichtshof des Deutschen Reichs. Am 25. Oktober 1932 attestierten die Richter der Staatsregierung zwar, ihre Pflichten nicht verletzt zu haben. Gleichzeitig sprachen sie dem Reichspräsidenten jedoch das Recht zu, »die politischen Machtmittel Preußens in die Hand des Reiches« zu legen. Die Reichsregierung blieb nominell im Amt, die exekutive Macht jedoch beim Reichskommissar. Offensichtlich waren nun sowohl Reichstag als auch der preußische Landtag vom Reichspräsidenten abhängig, der damit den Weg zu einer autoritären »Präsidialdiktatur« weiter ebnen konnte. Der nächste Wegbereiter sollte der am 30. Januar 1933 zum Reichskanzler ernannte Adolf Hitler sein, angeblich ein Kanzler von Hindenburgs und von Papens Gnaden. Immerhin regierte der Letztgenannte nun als Vizekanzler und Reichskommissar für Preußen. Doch damit war der Todesstoß für das demokratische Preußen angesetzt.

Die Kontrolle Hitlers entpuppte sich schnell als Illusion. Papen veranlasste in der ersten Sitzung des Kabinetts Hitlers, die noch amtierende preußische Regierung aufzulösen. Damit sollten die von der NSDAP gewünschten Neuwahlen legitimiert werden. Doch noch ein letztes Mal wurden dem NS-System verfassungsmäßige Steine in den Weg gelegt. Über die Auflösung des preußischen Landtags hatten drei Personen zu befinden: der Ministerpräsident des Landes, Otto Braun, der Präsident des Staatsrats, Konrad Adenauer, und der Landtagspräsident Kerrl (NSDAP). Braun und Adenauer fanden sich nicht bereit, die Machtübernahme der Nationalsozialisten zu befördern und verweigerten mit ihrer Mehrheit die Auflösung. So musste ein zweiter Staatsstreich her, um die preußische Demokratie endgültig zu begraben. Papen gelang es, den Reichspräsidenten zu überzeugen, im Rahmen einer weiteren Notverordnung am 6. Februar 1933 die Rechte des preußischen Staatsministeriums auf den Reichskommissar, also Papen selber, zu übertragen. Damit war Braun aus dem Spiel, und Adenauer sah sich plötzlich in einem Gremium wieder, das nun die Auflösung des Landtags durchbringen wollte und konnte. Mit den Worten, er könne das Gremium nicht als legitim anerkennen, verließ er die entscheidende Sitzung und überließ damit die Auflösung den verbleibenden Vertretern einer neuen Ära, der NS-Zeit. Nach der Machtergreifung im Reich, war nun auch Preußen in der Hand der Nationalsozialisten, die nach dem Ende Preußens schließlich das Deutsche Reich in den Abgrund führen sollten.

Als eigenständiger Machtfaktor existierte Preußen nicht mehr, nur noch als Idee. Diese Idee für sich zu nutzen, sollte sich als stabilisierender Machtfaktor für Hitler und als letzter Todesstoß für Preußen erweisen. Die Ereignisse im März 1933 erklären, wieso Preußen nach 1945 für den Krieg und die Verbrechen der NS-Zeit in Haftung genommen werden konnte. Hatte nicht der Tag von Potsdam die enge Verbindung von Preußen und dem neuen Deutschen Reich bewiesen? Gekonnt von Propagandaminister Goebbels im Potsdam Friedrichs des Großen in Szene gesetzt, verbündeten sich per Handschlag der preußische Generalfeldmarschall und Reichspräsident Hindenburg mit dem Gefreiten Adolf Hitler. Am symbolträchtigen 21. März, dem Tag, an dem im Jahr 1871 der Reichstag erstmals zusammengetreten war, wurde nun eine geschichtliche Kontinuität konstruiert, die die Zeitläufe überdauern sollte. Das Propagandaziel wurde mehr als erreicht. Hitler schien sich Hindenburg unterzuordnen, und er galt fortan als Wahrer der historischen Kontinuität. Damit konnten Teile der kritischen Öffentlichkeit ebenso beruhigt werden wie der Reichstag, der nur zwei Tage später das vorher so umstrittene Ermächtigungsgesetz mit deutlicher Mehrheit verabschiedete. Die emotionale Wirkung des Tags von Potsdam wirkte lange nach. Nicht nur für die Alliierten stand daher nach 1945 gemeinsam mit dem NS-System auch das schon lange verblichene Preußen auf der Anklagebank. Preußenschlag und Tag von Potsdam verweisen auf ein demokratisches Preußen wie auf sein Ende.

»Tag von Potsdam«, Eröffnung des Reichstags durch einen Staatsakt in der Potsdamer Garnisonskirche am 21. März 1933. Reichskanzler Adolf Hitler verabschiedet sich von Reichspräsident Paul von Hindenburg.

Otto Braun an Arnold Brecht vom 29. August 1932

»Mein lieber Herr Brecht!

[…] Ich komme nicht nach Berlin zum Landtag und Reichstag, in dem ja zweifellos die antiparlamentarischen Mehrheiten ein Nazi-Kommi-Theater aufführen werden, bei dem ich nicht Zuschauer, geschweige Mitwirkender sein möchte. […] Jedenfalls scheint es mir nicht würdig, vor diesem Parlament, wo eine große Maschine gegen uns steht, als machtlose Klageweiber gegen die Reichsregierung aufzutreten.

Ich komme nur langsam über die Bitterkeit hinweg, die mich ob der Art der Amtsenthebung und ihrer Begründung erfüllt. Über zehn Jahre lang habe ich, grade um die Beeinträchtigung des Reiches durch den Dualismus Reich-Preußen zu mildern, die Reichspolitik ohne Rücksicht auf die Zusammensetzung der Reichsregierung gestützt; oft auch unter Schädigung der Werbekraft meiner Partei, die im Reichstag Reichsmaßnahmen heftig bekämpfte, die ich im Reichsrat im Interesse der gedeihlichen Zusammenarbeit Reich-Preußen unterstützte. Oft haben wir der Reichsregierung auf ihr Ansuchen im Reichsrat Hilfsstellung gegen Bayern und andere Länder geleistet, wo es für Preußen im engeren Landesinteresse günstiger gewesen wäre, sich in die Oppositionsfront der Länder gegen die Reichsregierung einzugliedern. Im höheren Reichsinteresse haben wir das getan. Und nun wegen Nichterfüllung der Pflichten gegen das Reich wie ein Dienstbote, der gestohlen hat und den man das Haus nicht mehr betreten läßt, aus dem Amt gesetzt zu werden, das ist reichlich bitter. Das um so mehr, als es auf Anordnung eines Mannes geschah, für dessen Lauterkeit und Verfassungstreue ich mich mit meiner ganzen Person öffentlich eingesetzt und der mir nicht zuletzt seine Wiederwahl zum Reichspräsidenten verdankt. Aus meiner über 40jährigen politischen Praxis weiß ich, daß es in der Politik keine Dankbarkeit gibt. Aber ein gewisses Maß von Achtung und Anstand, ist doch die unerläßliche Voraussetzung für eine politische Zusammenarbeit. Damit liegt es jetzt in Deutschland offenbar auch im Argen, wo man in höchsten Reichsstellen mit Männern verkehrt, die Bestien, die andere Menschen feige und unmenschlich hinmorden, öffentlich als Kameraden bezeichnen und ihre scheußlichen Taten verherrlichen, was naturgemäß zu neuen Mordtagen anreizen muss.«

Henning von Tresckow

Ein Preuße gegen Hitler

»Das Attentat muss erfolgen, coûte que coûte. Sollte es nicht gelingen, so muss trotzdem in Berlin gehandelt werden. Denn es kommt nicht mehr auf den praktischen Zweck an, sondern darauf, dass die deutsche Widerstandsbewegung vor der Welt und vor der Geschichte unter Einsatz des Lebens den entscheidenden Wurf gewagt hat. Alles andere ist daneben gleichgültig.« In diesem eindringlichen Appell an seinen Mitverschwörer Oberst Claus Schenk Graf von Stauffenberg aus dem Sommer 1944 brachte Generalmajor Henning von Tresckow die Beweggründe des militärischen Widerstands zum Attentat auf Adolf Hitler auf den Punkt. Für ihn ging es im Juli 1944 nicht mehr nur um den praktischen Erfolg eines Attentats auf den Diktator, sondern um ein moralisches Zeichen für die Gegenwart und Zukunft. Das Attentat war für ihn ein Ausdruck von Notwehr und sittlicher Verpflichtung.

Henning von Tresckow, geboren am 10. Januar 1901, entstammte einem alten preußischen Adelsgeschlecht, das auf eine lange Tradition von Offizieren im Dienst der preußischen Könige zurückblicken konnte. Auch der junge Tresckow meldete sich, ganz in der Familientradition stehend, als 16-jähriger Kriegsfreiwilliger 1917 zum Potsdamer 1. Garderegiment zu Fuß und nahm als Fahnenjunker im letzten Kriegsjahr am Ersten Weltkrieg teil. 1920 verließ er die Reichswehr und begann ein Jurastudium, bevor er nach seiner Tätigkeit als Bankkaufmann für einige Jahre das väterliche Gut übernahm.

Am 1. Februar 1926 trat Tresckow erneut in die Reichswehr ein und heiratete im selben Jahr Erika von Falkenhayn, die Tochter des zweiten Chefs der Obersten Heeresleitung im Ersten Weltkrieg General Erich von Falkenhayn. Seine militärische Heimat war das 9. (Preußische) Infanterieregiment in Potsdam. Wie viele seiner Kameraden stand Tresckow der Weimarer Republik kritisch gegenüber und begrüßte die nationalsozialistische Machtübernahme. Mit seiner militärischen Karriere ging es in den folgenden Jahren steil bergauf. Die Ausbildung zum Generalstabsoffizier absolvierte der mittlerweile zum Hauptmann beförderte als Jahrgangsbester. Aufgrund seiner hervorragenden Leistungen wurde er direkt in die Operationsabteilung des Generalstabs versetzt, wo er dem Chef des Generalstabs, General Beck, zuarbeitete. Innerlich entfernte er sich in diesen Jahren immer stärker von der Politik Hitlers. Die Ermordung von Ernst Röhm 1934 und die Blomberg-Fritsch-Krise 1938 waren für ihn eindeutige Rechtsbrüche.

Nach der Reichspogromnacht vom 9. November 1938 stellte er sich entschlossen auf die Seite der regimekritischen Kriegsgegner und hielt in den nächsten Jahren den Kontakt zwischen den zivilen und militärischen Widerstandskreisen. Tresckow wurde einer der führenden Köpfe des Widerstands. Obwohl er den großen Krieg ablehnte, erfüllte er, auch wenn es ihm widerstrebte, seine Pflicht. In führenden Generalstabsverwendungen nahm er in den folgenden Jahren an den Feldzügen gegen Polen und Frankreich sowie am Überfall auf die Sowjetunion teil. Die Gräueltaten im Vernichtungskrieg im Osten bewogen ihn schließlich, an der Spitze einer Verschwörergruppe im Stab der Heeresgruppe Mitte stehend, zu mehre-

Henning von Tresckow (1901–1944), Offizier und Widerstandskämpfer; Porträt als Generalmajor 1944, wenige Monate vor seinem Freitod.

ren Attentatsversuchen auf Hitler. Er war davon überzeugt, Hitler sei »wie ein tollwütiger Hund abzuschießen«. Aus unterschiedlichen Gründen scheiterten jedoch alle Anschläge. Auch seine Versuche, einige der höheren Befehlshaber, wie Generalfeldmarschall Erich von Manstein, für einen Umsturz zu gewinnen, schlugen fehl. Im Sommer 1943 für kurze Zeit nach Berlin versetzt, erarbeitete er mit Stauffenberg die Pläne für einen Staatsstreich – »Unternehmen Walküre« war geboren. Als Chef des Stabes der 2. Armee wieder an die Ostfront versetzt, blieb sein Kontakt zu den Verschwörern in Berlin eng. In die direkten Umsturzvorbereitungen konnte er zwar nicht mehr persönlich eingreifen, aber noch unmittelbar vor dem Anschlag bestärkte er Stauffenberg in seinem Entschluss, den Diktator zu töten. Einen Tag nach dem Scheitern des Attentats vom 20. Juli 1944 fuhr Henning von Tresckow an die Front und nahm sich das Leben.

Das Ende – Die Konferenz von Potsdam 1945

Nach über fünf Jahren Krieg schwiegen am 8. Mai 1945 in Europa endlich die Waffen. Die bedingungslose Kapitulation der Wehrmacht markiert nicht nur einen grundlegenden Einschnitt in der deutschen, sondern auch in der preußischen Geschichte. Das Deutsche Reich lag in Trümmern. Neben dem wirtschaftlichen und politischen Zusammenbruch war Deutschland durch den Massenmord an sechs Millionen Juden und seinem zumindest im Osten geführten Vernichtungskrieg in einem bis dato nicht dagewesenen Ausmaß moralisch diskreditiert. Die Besatzungsmächte übernahmen daher am 5. Juni 1945 die Regierungsgewalt in Deutschland und bildeten einen alliierten Kontrollrat. Wie aber sollte die Nachkriegsordnung in Europa aussehen, wie sollte es mit Deutschland und damit auch mit Preußen weitergehen?

Zur Klärung dieser Fragen versammelten sich in dem von Kaiser Wilhelm II. für seinen ältesten Sohn, Kronprinz Wilhelm, gebauten Schloss Cecilienhof in Potsdam mit Josef Stalin, Winston Churchill und Harry Truman die mächtigsten Männer der Welt. So rückte im Sommer 1945 die preußische Residenzstadt noch einmal in das Rampenlicht der internationalen Politik. Nur wenige Wochen nach Kriegsende waren die Beratungen jedoch schon von gegenseitigem Misstrauen und wachsenden Spannungen zwischen den Westmächten und der Sowjetunion geprägt – der Kalte Krieg warf seinen Schatten voraus. In einem entscheidenden Punkt waren sich die Siegermächte aber einig: Von deutschem Boden sollte kein Krieg mehr ausgehen. In Potsdam ging es daher um eine Nachkriegsordnung, die die deutsche Gefahr ein für alle Mal beseitigen sollte. Auch wenn es während der Beratungen offiziell kein Thema war und im Schlussdokument auch nicht erwähnt wurde, saß Preußen daher während der Konferenz doch unsichtbar mit am Tisch und beeinflusste die Entscheidungen der Siegermächte – verkörperte es doch für die Alliierten nach zwei von Deutschland begonnenen Weltkriegen die Ursache allen Übels in Europa und den eigentlichen Hort des deutschen Militarismus. Unausgesprochen teilten alle Teilnehmer Churchills Überzeugung: »Das Herz Deutschlands schlägt in Preußen. Hier liegt der Ursprung der Krankheit, die stets neu ausbricht.« Dieses Herz galt es nach Ansicht der Siegermächte »auszureißen«.

Potsdam, Schloss Cecilienhof; 1945 Tagungsort der Potsdamer Konferenz, heute Gedenkstätte.

Nach mehrwöchigen Verhandlungen legten die »Großen Drei« die Ergebnisse der Konferenz in einer Mitteilung des alliierten Kontrollrats vor. Die wichtigsten Ergebnisse waren die Westverschiebung Polens zugunsten der Sowjetunion bis an die Oder-Neiße-Linie und die Konkretisierung der schon in Teheran beschlossenen Aufteilung Deutschlands in Besatzungszonen. Diese umfassten das deutsche Staatsgebiet in den Grenzen von 1937, abzüglich der an Polen gefallenen oder unter polnisch-russischer Verwaltung stehenden preußischen Gebiete Schlesien, Hinterpommern und Ostpreußen östlich von Oder und Neiße. Auch wenn die oft als Potsdamer Abkommen bezeichnete Mitteilung kein völkerrechtlich gültiger Vertrag war und deshalb unter einem Friedensvertragsvorbehalt stand, war der Wille der Siegermächte zur politischen und geografischen Neuordnung Deutschlands unmissverständlich. Mit dieser Entscheidung existierte Preußen de facto nicht mehr. Juristisch bestand Preußen noch knapp zwei Jahre länger. Erst am 25. Februar 1947 erließ der alliierte Kontrollrat das Gesetz Nr. 46 zur Auflösung des preußischen Staates. »Der Staat Preußen, der seit jeher Träger des Militarismus und der Reaktion in Deutschland gewesen ist, hat in Wirklichkeit zu bestehen aufgehört. Geleitet von dem Interesse an der Aufrechterhaltung des Friedens und der Sicherheit der Völker und erfüllt von dem Wunsche, die weitere Wiederherstellung des politischen Lebens in Deutschland auf demokratischer Grundlage zu sichern, erlässt der Kontrollrat das folgende Gesetz: *Artikel 1* Der Staat Preußen, seine Zentralregierung und alle nachgeordneten Behörden werden hiermit aufgelöst.« Seit diesem Tag gehörte Preußen der Geschichte an. Die Angst vor Preußen und einem Wiederausbrechen des preußischen Militarismus blieb jedoch weiterhin virulent. Noch 1951 erklärte Churchill Konrad Adenauer: »Die Preußen sind Bösewichter. Ich habe Angst vor ihnen.«

Potsdamer Konferenz 1945. Die »Großen Drei«: Sir Winston S. Churchill, Harry S. Truman und Jossif W. Stalin.

Der Untergang

Schier endlos zogen sie im Winter 1944/1945 dahin, Alte und Junge, Mütter und ihre Kinder, Kranke und Gesunde, Arme und Reiche. Auf klapprigen Pferdewagen oder zu Fuß verließen sie über die zugefrorene Ostsee den Landstrich, der der zum Königtum gewordenen Mark Brandenburg den Namen verliehen hatte, Preußen. Auf ihrer Flucht holte sie der Krieg, der von den östlichen Provinzen Preußens aus 1939 seinen Anfang genommen hatte, immer wieder ein. Tausende starben auf hoher See oder auf dem langen Marsch nach Westen. Zurück ließen sie nicht nur ihre Heimat, sondern wichtige Symbole der preußischen Identität, wie die Marienburg oder die Krönungskirche in Königsberg.

Die Flüchtlinge aus Preußen waren nicht allein. Auch aus den preußischen Provinzen Posen, Westpreußen, Schlesien und Pommern flohen die Menschen zu Tausenden vor der anrückenden Roten Armee. Sie alle sollten nie mehr zurückkommen, sondern nach monatelanger Flucht in den verschiedensten Regionen Deutschlands eine neue Heimat finden. Der Exodus aus dem Osten war für viele Zeitgenossen ein Sinnbild für den Untergang Preußens. War dies das Ende Preußens?

Wann hörte Preußen auf zu existieren? Die Beantwortung dieser auf den ersten Blick so einfachen Frage gestaltet sich genauso schwierig, wie die nach dem Beginn Preußens.

Juristisch erscheint die Antwort einfach. Nachdem die Siegermächte zum Abschluss der Konferenz von Potsdam die östlich der Oder liegenden preußischen Provinzen sowjetischer oder polnischer Verwaltung unterstellt hatten, besiegelte der Kontrollratsbeschluss der Alliierten vom 25. Februar 1947 völkerrechtlich das Ende Preußens. Mit einem Federstrich formell aufgelöst, verschwand der preußische Staat mit diesem Tag – von den Alliierten in die Verantwortung genommen für die Verirrungen der deutschen Geschichte des 19. und 20. Jahrhunderts und als Verkörperung des Militarismus ausgemacht – als Rechtssubjekt aus der Weltgemeinschaft. Die Frage ist, ob »die Wurzel allen Übels«, wie Churchill Preußen 1943 bezeichnete, wirklich erst durch den Beschluss der Alliierten »in Wirklichkeit zu

Nach dem »Anschluss« Österreichs: Schaulustige vor dem Denkmal eines preußischen Offiziers auf dem Wilhelmplatz warten auf Hitlers Konvoi.

bestehen« aufhörte oder eher als Folge eines langwierigen Sterbens aus dem Leben schied.

Vieles spricht dafür, dass Preußen nicht abrupt endete, sondern einem schleichenden Prozess über Jahrzehnte zum Opfer fiel. Folgt man Kaiser Wilhelm I., der als Erster

Flucht und Vertreibung: Flüchtlingstreck aus Ostpreußen (bei Pillau) im Winter 1944/1945.

König von Preußen und Deutscher Kaiser in einer Person war, begann das Ende auf den Tag genau 170 Jahre nach der Königskrönung Friedrichs I. zum preußischen König mit der Gründung des deutschen Kaiserreichs und der Kaiserproklamation am 18. Januar 1871. Er fuhr am Vorabend des Staatsakts mit Tränen in den Augen den preußischen Ministerpräsidenten Bismarck verärgert an: »Morgen ist der unglücklichste Tag meines Lebens. Dann tragen wir das preußische Königtum zu Grabe.«

Der größte Triumph der preußischen Geschichte barg nach Überzeugung des preußischen Monarchen also zugleich den Keim des Untergangs. Das Unbehagen Wilhelms I. entsprang aber eher einem persönlichen Gefühl oder der Sentimentalität eines alten Mannes, wie Bismarck vermutete, weniger der politischen Realität. Zwar war Preußen nach der Reichsgründung kein autonomer Staat mehr, doch von einem konturenlosen Aufgehen Preußens im Kaiserreich kann auch keine Rede sein. Denn trotz der Übertragung wichtiger Befugnisse auf das Reich, blieb der preußische Staat bestehen. Gegen Preußen konnte, dank seiner Sperrminorität im Bundesrat, im Kaiserreich keine Politik gemacht werden, zumal der preußische Ministerpräsident über Jahre zugleich auch Reichskanzler war. Überhaupt dominierte Preußen nicht nur in den Augen des Auslands das Kaiserreich. Das Kaiserreich entwickelte sich jedoch nie zu einem Großpreußen.

Vielmehr geriet Preußen selbst im Lauf der Jahrzehnte in eine für seine Identität gefährliche Schieflage. Während die preußische Rheinprovinz sich zum Industriekern des Reichs entwickelte, verlor »Altpreußen« angesichts der rasanten Entwicklung Deutschlands vom Agrar- zum Industriestaat den Anschluss und blieb Junker- und Bauernland. »Ostelbien«, wie schon Zeitgenossen die Kernregion Preußens abschätzig nannten, stand gegen Ende des Kaiserreichs für das Gestern, für überkommene, antiquierte gesellschaftliche Vorstellungen. Die Zukunft lag nicht mehr in den preußischen Werten und Tugenden, sondern in den modernen Ideen der neuen Zeit.

Verstärkt durch die fortlaufend engere wirtschaftliche Integration, aber auch durch die Kriegserfahrungen des Ersten Weltkriegs begannen sich viele Preußen immer mehr als Deutsche zu fühlen. Preußen begann, sich in Deutschland zu verlieren. »Für Kaiser und Reich« lautete im Wilhelminismus die Parole, und das »Deutschland, Deutschland über alles, über alles in der Welt« begann Preußen zu überlagern. Im Bewusstsein vieler Deutschen und Preußen hatte Preußen mit der Reichsgründung seine historische Aufgabe, die »deutsche Mission«, erfüllt. Diese Entwicklung machte auch nicht vor den Nachfahren Wilhelms I. halt. Sein Enkel, Kaiser Wilhelm II., sah sich als »der Kaiser« und nur noch am Rand als preußischer König. Gegen Ende des Kaiserreichs war Preußen in Deutschland weitgehend aufgegangen.

Die Klammer, die Preußen über die Jahrhunderte zusammengehalten hatte, war die Hohenzollerndynastie. War daher der Moment, als Wilhelm II. von seinem Generalstabschef Hindenburg in den Zug ins holländische Exil gesetzt wurde, das Ende der preußischen Geschichte – das finis borussiae? Symbolisch war es für viele preußische Monarchisten sicherlich so. Verließ doch ihr König, gedrängt und im Stich gelassen von der Armee, seit Friedrich Wilhelm I. die Stütze der preußischen Könige, fluchtartig das Land. Zudem fielen einhergehend mit dem Ende der Hohenzollern-Monarchie viele preußische Institutionen weg, wie z. B. die preußische Armee. Ferner hatte das Land mit Oberschlesien, Posen, Westpreußen und Danzig die territoriale Zeche für die Niederlage im Weltkrieg zu zahlen.

Ließe man Preußen mit dem Sturz Kaiser Wilhelms I. enden, würde es jedoch unzulässig auf seine konservativ, monarchistische Geschichte reduziert werden. Preußen war aber mehr als die Hohenzollern-Dynastie. Es hatte auch eine republikanische, man kann sagen, linke Tradition, die während der Weimarer Republik offen zutage trat und seine Existenz jenseits konservativ-monarchistischer Werte legitimierte.

Zu Beginn der Weimarer Republik war noch ungeklärt, ob Preußen als Land innerhalb des Reichsverbands weiter existieren würde, da sich der Prozess der Vereinheitlichung des Reichs kontinuierlich fortsetzte. Heftigen Widerstand gegen diese Entwicklung leisteten die preußischen Volksvertreter nicht. Im Gegenteil, die verfassungsgebende preußische Landesversammlung tat sich schwer mit der Erarbeitung einer eigenen preußischen Verfassung. Die Delegierten forderten im Dezember 1919 sogar die Bildung eines deutschen Einheitsstaats. »Als das größte der deutschen Länder erblickt Preußen seine Pflicht darin, zunächst den Versuch zu machen, ob sich nicht bereits jetzt die Schaffung eines deutschen Einheitsstaats erreichen lässt.« Der Vorschlag wurde von der Nationalversammlung indessen nicht aufgegriffen. Sie hielt am Föderalismus und damit an Preußen als selbstständigem Land fest.

Totgesagte leben länger. Dieses Sprichwort traf auch auf Preußen in den 1920er-Jahren zu. Zum Erstaunen nicht weniger Zeitgenossen erlebte das immer noch größte Land des Deutschen Reiches einen ungeahnten Aufschwung. Es gewann dank einer stabilen, sozialdemokratischen Regierung unter Führung des Ostpreußen Otto Braun ein eigenständiges politisches Gewicht und avancierte zum deutschen Musterland, ja zum Bollwerk der jungen Republik gegen Angriffe von rechts und links.

Während das monarchistische Preußen als Folge der Niederlage des Ersten Weltkrigs sein Ende fand, endete das sozialdemokratische Preußen am 20. Juli 1932. An diesem Tag setzte Reichskanzler Papen unter dem Vorwand, in Preußen sei angesichts der Kämpfe zwischen Nationalsozialisten und Kommunisten die innere Sicherheit nicht gewährleistet, per Notverordnung des Reichspräsidenten Hindenburg mithilfe des militärischen Ausnahmezustands und der Reichswehr, die sozialdemokratisch geführte preußische Staatsregierung ab und ernannte sich selbst zum »Reichskommissar für Preußen«. Der als »Preußenschlag« in die Geschichtsbücher eingegangene Staatsstreich machte den Weg zur Gleichschaltung des Landes unter den Nationalsozialisten im Januar 1934 frei. Obwohl Preußen so zu einer Verwaltungseinheit degradiert worden war, existierte es in den Köpfen der Menschen und in der Politik weiter. So haben die Nationalsozialisten in den folgenden Jahren die Instrumente des preußisch geprägten Machtsstaates für ihre Zwecke ebenso skrupellos ausgenutzt, wie die mentale »Preußendisposition« vieler Deutschen. War doch Preußen in der Weimarer Republik von konservativen Kreisen zu einer deutschnationalen Einrichtung umgedeutet worden. Nichts demonstriert dies besser, als der »Tag von Potsdam«. Als der österreichische Gefreite Adolf Hitler in der preußischen Residenzstadt Potsdam, unter den Augen führender Vertreter des alten Preußen, darunter mehreren Söhnen des ehemaligen Kaisers, sich vor dem ehemaligen Feldmarschall und Reichspräsidenten Hindenburg verbeugte und so den Deutschen und aller Welt suggerierte, er betreibe Politik im Sinne Friedrichs des Großen und Bismarcks. Auch die spätere, tragende Rolle altpreußischer Eliten im militärischen Widerstand kann nicht darüber hinwegtäuschen, dass sich viele führende Vertreter des monarchistischen Preußen mit den Nationalsozialisten gemein machten und diesen so ermöglichten, preußische Tugenden und Werte in ihrem Sinn zu pervertieren. Als Beispiele seien hier nur die mit dem »Mirakel des Hauses Brandenburg« begründeten Durchhalteparolen für den Endkampf genannt.

Im Ausland sah man sich durch diese Entwicklung in seinem Preußenbild als Hort des deutschen Militarismus bestätigt. Diesen »Nukleus des Bösen« ein für alle Mal auszuschalten, der unter anderem zu den Flüchtlingstrecks und zur Auflösung Preußens, »das seit jeher Träger des Mi-

*Trümmer auf der Siegesallee in Berlin um 1945:
Auf Befehl der Alliierten wurden die Denkmäler abgebaut.*

DER UNTERGANG

litarismus und der Reaktion in Deutschland gewesen sei«, im Kontrollratsbeschluss vom 25. Februar 1947 führte, war der wesentliche Anlass des alliierten Handelns.

Auch wenn dieser Beschluss Preußen juristisch endgültig von der Landkarte tilgte, in den Köpfen blieb es weiterhin präsent. In beiden deutschen Staaten begann man sich Jahre später, intensiv mit der preußischen Vergangenheit zu beschäftigen. So gipfelte die kritische Aufarbeitung der preußischen Geschichte in der Bundesrepublik Deutschland in der Preußen-Ausstellung von 1981.

Die Deutsche Demokratische Republik, die in ihren Anfangsjahren den Kampf gegen die preußischen Junker führte, wendete sich in den 1970er-Jahren ihrem preußischen Erbe zu und bewertete dieses teilweise neu. Sinnbild für diese Entwicklung war die Wiederaufstellung des Reiterstandbilds Friedrichs des Großen an seinem historischen Standort Unter den Linden. Das wiedervereinigte Deutschland erlebte sogar die Überführung der sterblichen Überreste Friedrichs des Großen in die von ihm gewünschte Grabstätte in unmittelbarer Nähe des Schlosses Sanssouci neben seinen geliebten Hunden.

Wie tief Preußen bis heute die Menschen bewegt, zeigen nicht nur die Vielzahl der Publikationen zu Preußen, sondern die immer wieder neu auf der Grabstätte Friedrichs des Großen abgelegten Blumen und Kartoffeln.

Käthe Liere, geb. Urbschat, in: Heimatrundbrief »Land an der Memel«, Nr. 77/2005

»Anfang Februar 1945 mussten wir auch diesen Ort verlassen. Jetzt ging es erst richtig auf die Flucht. Die Rote Armee war jetzt hinter uns, ein Zurück gab es nicht mehr. Der Ausweg war nun nur noch das Überqueren des Frischen Haffes bis auf die Frische Nehrung. (…) Das Haff war zugefroren, und unsere Mutter hat die Pferde am Halfter mit dem Wagen über das Eis geführt. Unsere Großmutter, Tante Minna und die kleinen Kinder mussten auf dem Wagen bleiben. Cousine Reintraud und ich sind hinter dem Wagen her gelaufen.

Auf dem Haff wurde der Treck von der nachrückenden Roten Armee beschossen. Ich habe gesehen, wie Pferdewagen mit Mann und Maus eingebrochen und untergegangen sind. Wir haben Leichen liegen gesehen, niemand hatte dafür Zeit, der Treck ging Tag und Nacht weiter. Auch wir waren einmal mit unserem Gespann auf einer solchen Eisscholle, überall waren schon Risse im Eis. Meine Cousine und ich haben wohl um unser Leben geschrien. Wie durch ein Wunder hatte unsere Mutter die Pferde wohl angetrieben, und wir haben wieder heiles Eis erreicht. Wir mussten auch verwundete Soldaten mitnehmen und irgendwo wieder absetzen. Was aus diesen Menschen geworden ist, weiß ich nicht. Auf der Nehrung haben wir die Pferde mit Farnen und geklautem Hafer gefüttert. Um Tee oder Kaffee für uns zu brühen, haben wir Schnee aufgetaut. Nach vielen Tagen oder vielleicht auch Wochen der Weiterfahrt erreichten wir Danzig. Hier sollten wir auf Schiffe verladen werden, was jedoch nicht geklappt hat. Es war auch nicht die Absicht unserer Mutter. Sie sagte damals: »Wasser hat keine Balken«, und so fuhren wir weiter Richtung Westen - immer in gewisser Entfernung entlang der Küste.«

Lebenswelten – Gesellschaft, Wirtschaft und Kultur

Es wäre zu einseitig, den Beitrag Preußens zur deutschen und europäischen Geschichte ausschließlich auf politisch-militärischem Gebiet darzustellen. Die Herrscher Preußens förderten in besonderer Weise die Kunst und die klassizistische Baukunst. Diese Kunst eigener Prägung ist noch heute in Potsdam mit Schloss Sanssouci präsent, ebenso die imperiale Würde und Architektur des Berliner Stadtschlosses als Beispiel auf diesem Bild. Große Reformer wie Stein und Hardenberg ebneten den Weg vom Agrarland ins Industriezeitalter und den Aufstieg Preußens zu einer führenden europäischen Wirtschaftsnation. Philosophen wie Kant und Hegel prägten die intellektuelle Verfassung ihres Landes und machten den Reformstaat zu einem Hort der Dichter und Denker.

Einheit und Vielfalt – Preußen und seine Provinzen

Die Staaten Preußens sind weder reich noch wohlhabend, der Boden ist im Allgemeinen ziemlich dürr und die einzigen Handelszweige, die den Ausgleich zwischen Einfuhren und Ausfuhren günstig halten, bestehen im Verkauf von Leinenwaren, Wollstoffen und dem Durchgangshandel, den uns Polen, Sachsen und die am Rhein gelegenen Staaten verschaffen.« In seinen »Überlegungen zur Finanzverwaltung der preußischen Regierung« vom 20. Oktober 1784 verweist Friedrich der Große auf Grundprobleme, denen sich die preußischen Könige beim Blick auf ihr weit verstreutes Reich gegenübersahen: karge Böden mit oftmals armen Landeskindern und weitverstreute Territorien, die nicht nur den Handel, sondern das Regieren erheblich erschwerten. Hinzu trat eine religiöse Vielfalt aus Lutheranern, Reformierten, Katholiken und wenigen Juden, wie sie sonst in keiner Herrschaft des Heiligen Römischen Reiches Deutscher Nation anzutreffen war.

Für die These, dass die territoriale Gestalt ein Herrschaftsgebiet und seine Politik auf vielerlei Weise beeinflusst, bietet die preußische Geschichte einen überzeugenden Beleg. Gut 450 Jahre angestrengter Machtpolitik mit Kriegen und Erbschaften waren nötig, bis der preußische König Wilhelm 1866 als Sieger des deutsch-deutschen Krieges endlich auf ein weitgehend geschlossenes, zusammenhängendes Staatsgebiet gewaltigen Ausmaßes blicken konnte. Ohne preußisches Gebiet verlassen zu müssen, konnten Reisende nun von der französischen Grenze nach Russland fahren, aber auch von Dänemark nach Bayern oder Österreich. Umso schicksalhafter mutet es in der Rückschau an, dass gleichsam mit der Erfüllung Hohenzollernschen Strebens nach einem geschlossenen Staatskörper bereits 1871 die letzte, entscheidende Neuausrichtung folgte. Zwar geschah es freiwillig, und die Kaiserkrone verlieh dem preußischen König neue Macht, doch als Preis dafür ging Preußen 1871 im Deutschen Reich auf.

Dabei war es lange Zeit ungewiss geblieben, ob Preußen ein sich in Richtung Osten ausdehnender oder ein sich in das Reich Richtung Westen entwickelnder Staat werden sollte. Lehnsherren, Nachbarn oder Gegner – immerhin waren die preußische und die polnische Geschichte über Jahrhunderte wechselseitig so eng verwoben, dass es an der Wende vom 18. zum 19. Jahrhundert auch nicht für Verwunderung in Europa gesorgt hätte, wenn Preußen nach den polnischen Teilungen eine eher osteuropäisch ausgerichtete Großmacht geblieben wäre. Schon die im 12. Jahrhundert unter den Askaniern erworbenen märkischen Kernlande Brandenburgs lagen zunächst an der östlichen Grenze des Reichs, ließen die späteren territorialen Problemlagen aber noch nicht erkennen.

Erst mit der Reformation entwickelten sich für die nun regierenden Hohenzollern Perspektiven, den Territorialbesitz entscheidend zu vergrößern. Durch Belehnungen, weitsichtige Heiratspolitik und erfolgreiche Erbschaften erweiterte sich Anfang des 17. Jahrhunderts das Herrschaftsgebiet, doch belastet mit einer alles bestimmenden Hypothek für die Zukunft. Die neuen Territorien, an erster Stelle das Herzogtum Preußen, aber auch das jülich-klevische Erbe lagen weit auseinander und grenzten nicht an Brandenburg. Sie zu sichern und zu verbinden musste die künftige Aufgabe sein. Der Flickenteppich Brandenburg-Preußen umfasste nun Landeskinder unterschiedlicher Konfession, unterschiedlichster wirtschaftlicher Grundlagen mit unterschiedlich verfassten Ständen, die sich zudem nicht zusammengehörig fühlten. Auch das sollte bis zum Ende Preußens kennzeichnend bleiben: Wer auch immer Preuße wurde, tat sich zunächst schwer damit. Der militärisch ausgerichtete, straffe Verwaltungsstaat mochte noch so erfolgreich sein, tiefe Sympathien weckte er nicht bei den Westfalen und Rheinländern, die von 1815 bis zum Ende Preußens mit ihrer neuen Herrschaft fremdelten.

Mit den verheerenden Folgen des Dreißigjährigen Krieges war den Hohenzollern jedenfalls die Dringlichkeit einer territorialen Arrondierung nochmals drastisch vor Augen geführt worden. Zu den schwierigen wirtschaftlichen Rahmenbedingungen traten die enormen Bevölkerungsverluste in einem schon von Natur aus nicht reich gesegneten Land. Angesichts dessen fand der Vernunftgedanke der Aufklärung in Preußen einen besonders günstigen Nähr-

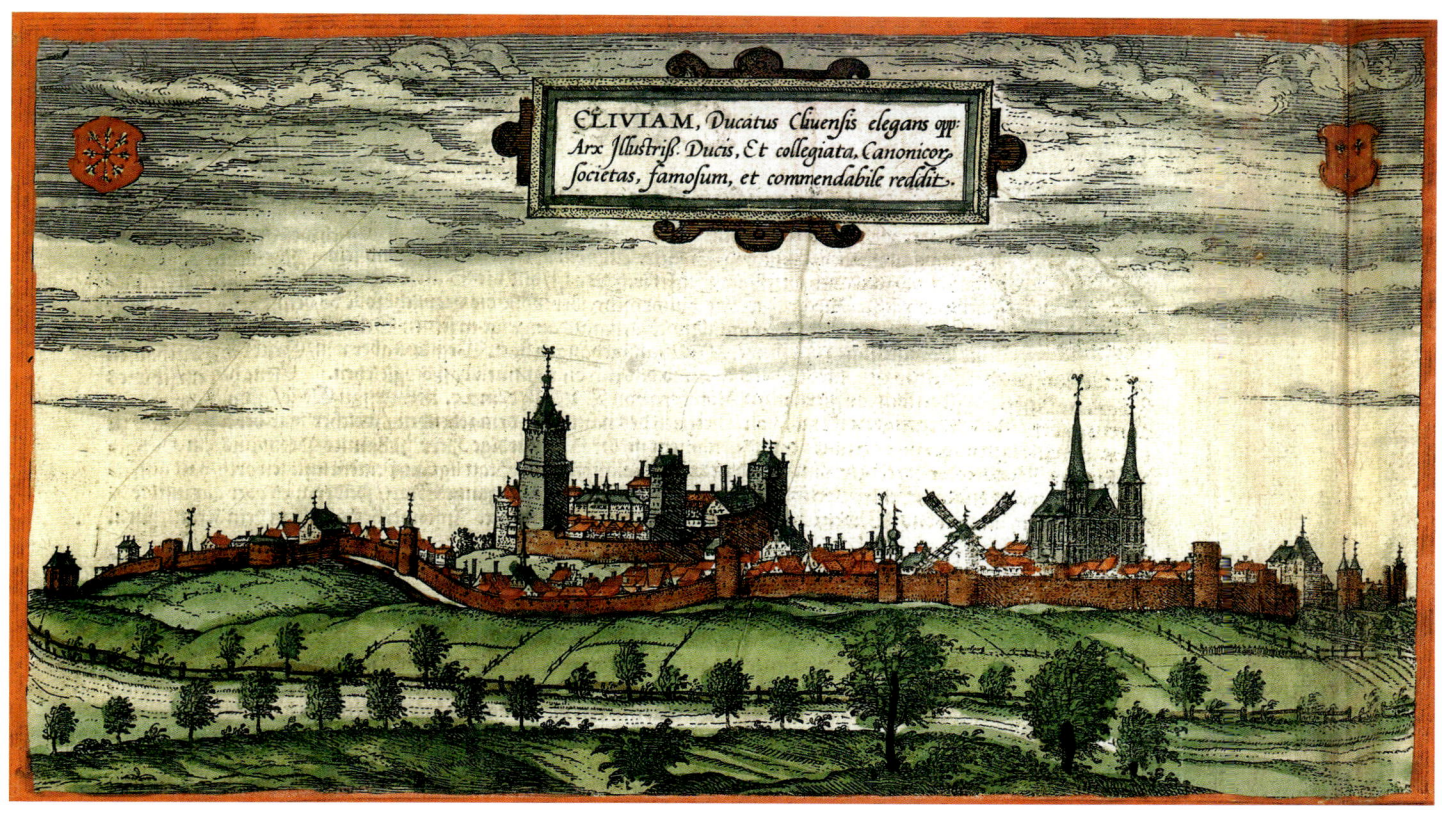

Der Kupferstich von 1575 zeigt Kleve am Niederrhein, das damals zum preußischen Gebiet gehört; kolorierter Kupferstich aus Georg Braun und Franz Hogenberg: Civitates Orbis Terrarum, 1575.

Ansicht der Stadt Breslau. Getönte Kreidelithographie von Julius Tempeltei nach A. Nay, 1848.

»Preußische Provinzwappen« mit mittlerem preußischen Staatswappen; Farblithographie.

boden. Um den Staat zu stärken und überlebensfähig zu gestalten, bedurfte es besonderer Sparsamkeit und pflichterfüllter Mitarbeit aller Bewohner, wenn möglich aus Einsicht, zur Not mit Zwang. Eine starke Armee, eine straffe Finanzverwaltung, staatliche Landesentwicklung, aktive Ansiedlungspolitik, religiöse Toleranz, für all dies stand Preußen, der territorialen Not gehorchend und am Ende erfolgreich. Als Friedrich der Große 1740 an die Macht kam, war Preußen zwar schon um Hinterpommern und Pommern gewachsen, doch erst unter seiner Regentschaft wuchs das Gebiet mit dem eroberten Schlesien in das Reich hinein und erhielt mit Westpreußen die ersehnte Verbindung zum Herzogtum Preußen. Damit war Preußen eine territoriale Großmacht, wenn auch auf Kosten Österreichs und besonders zulasten Polens, dass 1793 und 1795 weiter zwischen den Großmächten aufgeteilt wurde.

Lässt man das erniedrigende, aber kurze Intermezzo nach 1806 beiseite, stand Preußen 1815 als Siegermacht mit neuen Gebieten wie Posen und Preußisch-Sachsen plötzlich nicht nur territorial gestärkt da. Vielmehr übernahm es, ganz im Einvernehmen mit Großbritannien, mit den wirtschaftlich starken Provinzen Rheinland und Westfalen die »Wacht am Rhein« gegen Frankreich. Zu diesem außenpolitischen Konfliktpotenzial trat die deutsche Frage, die sich

»Das königliche Schloß in Potsdam«; Farblithographie um 1840 von Xaver Sandmann.

nun auch territorial stellte und erst 1866 im Krieg entschieden wurde. König Wilhelm, Bismarck und Moltke schufen mit ihrem Sieg bei Königgrätz die Grundlage für ein geschlossenes preußisches Gebiet mit nur wenigen Einsprengseln, das rund drei Fünftel des künftigen Reichsgebiets ausmachen sollte. Selbst die Weltmeere standen jetzt über die Nordseehäfen offen. Mit Schleswig-Holstein, Hannover, Hessen-Nassau, um die größeren Annexionen zu nennen, gelang die Verbindung von Ost und West. Nun gehörte zusammen, was historisch nie absehbar gewesen war. Preußen spiegelte all das wieder, was für das Deutsche Reich insgesamt kennzeichnend blieb, ein deutliches wirtschaftliches West-Ost- und Nord-Süd-Gefälle, konfessionelle Unterschiede und mühsame Identifikation der landsmannschaftlich tief verwurzelten Landeskinder mit ihrer neuen staatlichen Ordnung. Es bedurfte des Ersten Weltkriegs, um im Schmelztiegel des gemeinsam Erlittenen ein tieferes Zusammengehörigkeitsgefühl jenseits landsmannschaftlicher Identitäten entstehen zu lassen. Das lange, wechselvolle territoriale Werden Preußens endete mit dem Deutschen Reich. Preußen ist Geschichte, es gibt nicht einmal mehr ein deutsches Bundesland, wenn auch Brandenburg, nicht nur im Landeswappen, auf die Ursprünge verweist. Preußische Spuren finden sich jedoch noch heute in vielen deutschen Regionen.

Die Ausdehnung des preußischen Staates ist bereits im 16. Jahrhundert gewaltig: hier Königsberg in einer Farblithographie von 1840.

Politisches Testament Friedrich des Großen vom 7. November 1768

»Den Preußen fehlt es nicht an Verstand; sie haben das, was gute Untertanen ausmacht. Man muß die aus der Umgebung von Königsberg ausnehmen, deren Erziehung weich und zu weibisch ist, so daß bisher nur Faulenzer entstanden sind. Ich hatte Grund, mit dem Adel dieses Königreichs während des letzten Krieges unzufrieden zu sein; sie waren mehr Russen als Preußen, außerdem zu allen Niederträchtigkeiten fähig, deren man die Polen anklagt. […] Das Volk ist nicht schlecht. […]

Die Pommern haben einen kindlichen Charakter; sie hätten Talente, wenn sie mehr Bildung besäßen. Sie werden jedoch niemals fein und gewandt sein. Die kleinen Leute sind in ihren Meinungen mißtrauisch und dickköpfig; sie sind eigennützig, aber weder grausam noch heftig, und ihre Sitten sind ziemlich sanft, so daß es keiner Strenge bedarf, um sie zu regieren. Sie geben gute Offiziere und ausgezeichnete Soldaten ab; […]

Die Märker haben weniger Verstand. Sie sind verschwenderisch und leichtfertig, es gibt darunter wenige, aus denen man Vorteil ziehen kann. Das Volk ist in seinen Meinungen eigensinnig und ein geschworener Feind von Neuheiten. Es lehnt sogar die Fremden ab, aber es ist nicht schlecht.

Die von Magdeburg und Halberstadt taugen zum Teil mehr; selbst der kleine Mann hat ein feines Gefühl. Sie sind gut und haben mehr Lebensart als die anderen. Während des letzten Krieges haben die von Magdeburg eine Sammlung veranstaltet und schickten 40.000 Taler an die Pommern, die von den Russen ausgeplündert und verheert worden waren. Dieser Zug ist so schön, daß man ihn sorgfältig im Gedächtnis bewahren muß.

Die vom Fürstentum Minden haben Verstand. Das ist das beste Volk der Welt, fleißig, arbeitsam und treu. Während des letzten Krieges haben sich die Bauern von selbst gestellt, um Soldaten zu werden und sich fürs Vaterland zu schlagen. Was haben die alten Römer Schöneres getan?

Die Klever sind von ihnen sehr verschieden. Der Adel, zu sehr dem Wein ergeben, hat dadurch beinahe die Vernunft verloren. Sie sind von allen Provinzen dieses Landes diejenigen, von denen man am wenigsten Nutzen ziehen kann.

Was die Schlesier angeht, haben sie feines Benehmen, sogar die Bauern; der Adel hat Geist, und vorausgesetzt, man begrenzt seinen Leichtsinn, kann man von ihm hervorragende Dienste erhalten, sei es fürs Militär, sei es für den Zivildienst, […] Man muß einen großen Unterschied machen zwischen denen aus Ober- und denen aus Niederschlesien, die letzteren haben den Vorzug vor allen anderen. Die Grafen von Oberschlesien sind meist mit den Österreichern verschwägert; einige haben Besitz in Mähren, anderen in Böhmen. Man kann auf sie keineswegs bauen. Das niedere Volk, ganz katholisch, zittert bei dem Wort Ketzer; ihre Priester, die sie regieren, und die Vorurteile der Religion binden sie an das Haus Österreich. […] Sobald ein naher Krieg in Aussicht steht, muß man die Verdächtigsten festnehmen und sie bis zum Frieden nach Magdeburg oder besser noch nach Stettin schicken, […]

Wie aber auch der Verstand dieser Völker sei, ein geschickter Mann wird Vorteil daraus ziehen, wenn er seine Untertanen gut auswählt und jeden nach seinen Talenten verwendet.«

Der Große Kurfürst
Friedrich Wilhelm I. von Brandenburg

Friedrich Wilhelm I., geboren 1620, gehört zu jenen Fürsten des Reiches, die die Erfahrungen des Dreißigjährigen Krieges tief geprägt hatten. Da die Mark Brandenburg vielfach von kaiserlichen und schwedischen Truppen heimgesucht wurde, verbrachte er lange Jahre seiner Kindheit und Jugend zunächst hinter den sicheren Mauern der Festung Küstrin, später in den Niederlanden, einem der wohlhabendsten und fortgeschrittensten Staaten der damaligen Zeit. Viele der Erfahrungen, die er am Hof des Prinzen von Oranien und an der Universität Leiden machte, sollten sich später bei der Umwandlung der Mark Brandenburg in einen modernen Staat als nützlich erweisen.

Als Friedrich Wilhelm 1640 die Regierung übernahm, galt es jedoch zunächst, den ererbten Besitz gegen Ansprüche ausländischer Mächte, allen voran Schweden und Polen, zu verteidigen, was ihm nur teilweise gelang. Im Westfälischen Frieden 1648 musste er auf Druck des Kaisers und anderer europäischer Mächte zugunsten Schwedens auf Vorpommern, Rügen und Stettin sowie Teile im östlichen Pommern verzichten. Die Tatsache, dass er dafür die Stifte Halberstadt und Minden sowie die Anwartschaft auf das Erzbistum Magdeburg zugesprochen bekam, kann nicht darüber hinwegtäuschen, dass der Kurfürst von Brandenburg unter den Königen Europas nur eine unbedeutende Rolle spielte.

Nach dem Ende des Dreißigjährigen Krieges betrachtete es Friedrich Wilhelm als seine wichtigste Aufgabe sein verwüstetes, teilweise völlig entvölkertes Land wiederaufzubauen und nach außen zu sichern. Geschickt versuchte er dabei zwischen Schweden und Polen zu lavieren, erkannte deren Ansprüche auf Vorpommern zeitweilig an, um dann aber doch im Gegenzug für einen Bündniswechsel vom König von Polen im Frieden von Oliva (1660) die Souveränität über das Herzogtum Preußen zu erhalten. Diese Bereitschaft, Bündnisse im Interesse Preußens zu schließen bzw. sie aufzukündigen, kennzeichnet auch seine Außenpolitik in den Kriegen gegen das Frankreich Ludwigs XIV. Mehrfach wechselte er hier die Seiten, schloss Separatfrieden, verpflichtete sich 1679 sogar, Ludwig XIV. bei der nächsten Kaiserwahl seine Stimme zu geben.

Kurfürst Friedrich Wilhelm von Brandenburg mit seiner Gattin Luise Henriette und den Söhnen Karl Emil, Friedrich III. und Ludwig. Gemälde von Jan Mytens (um 1614–1670).

Mit dem Schlitten nimmt der Große Kurfürst Friedrich Wilhelm am 10. Januar 1679 die Verfolgung der Schweden bis vor Riga auf; Gemälde von Wilhelm Simmler um 1898.

Dieses Verhalten wurde ihm gelegentlich als »Verrat« angelastet, ein Urteil, das allerdings außer Acht lässt, dass im Zeitalter der Interessenpolitik »Allianzen eben flüchtig« (Heinz Schilling) sind. Im Zweifel überwogen die brandenburgisch-preußischen Interessen die des Reiches; andererseits bedeutete dies aber auch, dass der Kurfürst bereit war, die Seiten zu wechseln, falls »die politischen Konjekturen umschlugen und Reichspatriotismus wieder in reale Machtgewinne auch für den eigenen Staat umgemünzt werden konnte« (Heinz Schilling). Grund dieser Haltung war nicht zuletzt die Tatsache, dass Friedrich Wilhelm I. sich 1679 um seine Siege »betrogen« fühlte.

Obwohl er die Schweden 1675 in der Schlacht bei Fehrbellin – damals verliehen ihm Zeitgenossen bereits den Titel »Großer Kurfürst« – besiegt und sie bis 1678 aus ganz Schwedisch-Pommern vertrieben hatte, hatte er im Frieden von St. Germain 1679 große Teile wieder abtreten müssen, da ihn seine Verbündeten, darunter auch der kaiserliche Hof in Wien, im Stich gelassen hatten.

Empfang der aus Frankreich geflohenen Hugenotten nach dem Edikt von Potsdam vom 8. November 1685 durch den Großen Kurfürsten im Potsdamer Schloss; Holzstich nach einem Gemälde von 1885 von Hugo Vogel, spätere Kolorierung.

Der »Große Kurfürst« versuchte, Brandenburg-Preußen zu einem Machtzentrum im Norden zu machen, und bemühte sich zugleich, den Staat im Innern zu modernisieren. Gezielt und teilweise mit roher Gewalt ging er gegen die Stände vor und baute ein stehendes Heer auf. Dessen Finanzierung wurde u. a. durch die Erhebung von neuen Steuern ermöglicht. Gleichzeitig förderte er die Wirtschaft, indem er den Ackerbau und die Einwanderung, den Binnen- und Seehandel unterstützte sowie Gewerbe und Handel von Beschränkungen befreite. Es überrascht daher auch nicht, dass er nach der Aufhebung des Edikts von Nantes durch Ludwig XIV. den vertriebenen Hugenotten 1685 im Edikt von Potsdam die Ansiedlung in seinen Staaten ermöglichte, versprach er sich davon doch einen Aufschwung der Industrie. Ganz in diesem Sinn und beeinflusst durch seine Erziehung in den Niederlanden während des Dreißigjährigen Krieges baute er seit 1684 eine Kurbrandenburgische Marine auf und gründete sogar eine Kolonie an der afrikanischen Küste. Als Friedrich Wilhelm I. 1688 starb, spielte Brandenburg-Preußen eine ganz andere Rolle innerhalb des Reichs, aber auch im »Theatrum Europaeum« als bei seiner Regierungsübernahme.

Religiöse Toleranz und praktische Politik
Ansiedlung der Salzburger Protestanten in Ostpreußen 1732

Brandenburg wurde in der Tat ein ganz neues Land. Es bildete sich aus dem Zusammenschluss der Kolonisten der verschiedenen Völker mit den alten Bewohnern, die die Verheerung überstanden hatten.« So charakterisierte Friedrich der Große den Wandel des Landes, dessen Regierung er übernommen hatte, durch den Einfluss von Zuwanderern. Als er dies schrieb, war Preußen bereits seit vielen Jahrzehnten ein Einwanderungsland. 1685 hatte der Große Kurfürst den von Ludwig XIV. vertriebenen Hugenotten großzügig Asyl angeboten. Die reichsten waren zwar nach England und Holland ausgewandert; 20 000 Hugenotten waren aber seinem Ruf gefolgt. »Sie halfen«, wie der Nachfahre des Großen Kurfürsten erfreut feststellte, »unsere verödeten Städte neu bevölkern und brachten uns alle die Manufakturen, die uns fehlten.«

Die Hugenotten, an die das französische Viertel in Berlin noch erinnert, sind bis heute die bekannteste Gruppe, die im Lauf des 17. und 18. Jahrhunderts nach Preußen einwanderte. Andere – darunter die 1681 vertriebenen Wiener Juden – sollten folgen oder wurden – wie niederländische Handwerker – gezielt angeworben.

Für diese einwanderungsfreundliche Politik der preußischen Kurfürsten und Könige gab es mehrere Gründe: Zum einen wollte man damit bedrängten Glaubensgenossen helfen, die von katholischen Monarchen drangsaliert und häufig vertrieben wurden. Zum anderen hoffte man, damit aus dem Land eine echte Großmacht zu schaffen.

Kriege, Hungersnöte und Seuchen hatten das Land teilweise entvölkert: Zu Beginn des 18. Jahrhunderts waren allein im Herzogtum Preußen mehr als 200 000 Menschen, d. h. ein Drittel der Bevölkerung, innerhalb von zwei Jahren dem Hunger und der Pest zum Opfer gefallen. Landwirtschaft, Handel und Gewerbe lagen weitgehend danieder. Einwanderer konnten helfen, das Land zu bevölkern, vor allem aber aufgrund ihrer handwerklichen oder künstlerischen Ausbildung neue wirtschaftliche Initiativen zu entfalten. Finanzielle Anreize und Sonderrechte wurden ihnen daher oft großzügig gewährt. Zu den bekanntesten Gruppen, die im 18. Jahrhundert ähnlich wie die Hugenotten im 17. Jahrhundert gezielt angeworben wurden und nach Preußen einwanderten, gehören die Salzburger Protestanten. Vom katholischen Erzbischof Leopold Anton Freiherr von Firmian drangsaliert und schließlich im November 1731 ausgewiesen, wanderten sie seit 1732 in Preußen ein.

Die Aufnahme der Salzburger Protestanten war Bestandteil jener Politik des »Soldatenkönigs«, Friedrich Wilhelms I., die als »Retablissement« bezeichnet wird. 1721, nach dem Ende des Nordischen Krieges, hatte dieser dazu den Startschuss gegeben. Damit setzte er eine Politik fort, die seine Vorgänger eingeleitet und geschickt zu nutzen verstanden hatten. Die immer noch von der Pest entvölkerten Gebiete im Osten des Königreichs sollten rekultiviert, neue Dörfer und Vorwerke ausgebaut und die königlichen Domänen besser bewirtschaftet werden. Angesichts der schlechten Bodenverhältnisse in Ostpreußen war dies kein leichtes Unterfangen. Die Zahl der angeworbenen Siedler aus der Magdeburger Gegend, von denen manche regelrecht entführt wurden, oder aus der Schweiz war daher gering; viele liefen bald wieder davon, andere gaben nach der Dürre von 1727 auf oder starben durch Hunger und Seuchen. »Sehr gut. Gott Lob! Was tut Gott dem Brandenburgischen Hause für Gnade!«, notierte der preußische König daher, als er erfuhr, dass ein großer Teil der Salzburger Protestanten auf dem Weg nach Preußen war.

Im November 1731 vertrieb der katholische Erzbischof Leopold Anton Freiherr von Firmian etwa 20 000 Salzburger Protestanten aus seinem Erzbistum. Sie fanden im Frühjahr 1732 Aufnahme in Preußen. Der Kupferstich von Elias Bock aus dem Jahr 1732 zeigt Auswanderungsszenen der Salzburger Protestanten.

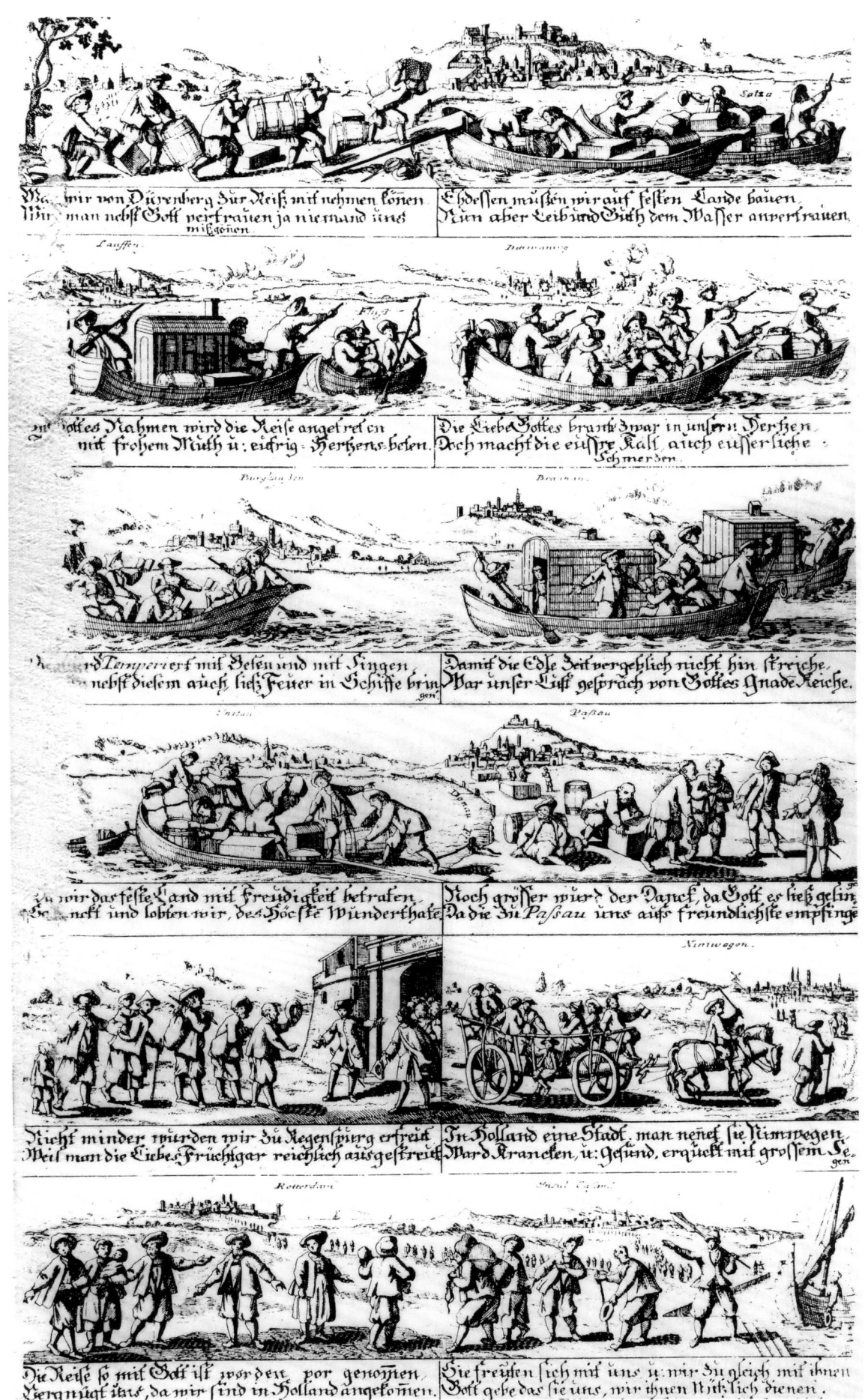

In einem feierlich verkündeten Einladungspatent vom 2. Februar 1732 verwies Friedrich Wilhelm I. – politisch geschickt – zunächst auf sein »christkönigliche[s] Erbarmen und hertzliche[s] Mitleyden«, das ihn veranlasse, »Ihnen die hülfreiche und mildreiche hand zu bieten«. Zugleich bot er ihnen tägliche Zehrgelder für die Dauer der zudem kostenlosen Reise an und sicherte ihnen auch »alle diejenigen freyheiten, Privilegia, Rechte und Gerechtigkeiten« zu, »welche anderen Colonisten daselbst comptiren und zustehen«. Mehr Menschen als erhofft folgten seiner Einladung, und der Soldatenkönig verstand es auch, diesen Erfolg propagandistisch geschickt für sich zu nutzen.

» … Und führt mich wohl vergnügt in Friedrich Wilhelms Land.« – Allegorie auf die Aufnahme der Salzburger Protestanten in Preußen unter dem Großen Kurfürsten Friedrich Wilhelm I. von Brandenburg; kolorierter Kupferstich aus dem Jahr 1732.

Doch einfach war der Zug aus den süddeutschen Reichsstädten, in denen sie zwischenzeitlich Zuflucht gefunden hatten, keineswegs. In 26 Züge aufgeteilt, zogen mehr als 16 000 – Männer, Frauen und Kinder, zu Fuß oder mit Wagen, die meisten von ihnen Bergbauern, die ihre Höfe zurücklassen mussten, mit ihren wenigen Habseligkeiten – auf mehreren Routen in langen Kolonnen nach Preußen. 14 728 Personen wurden schließlich in Berlin registriert.

Die Fußgänger wurden in Stettin eingeschifft und nach Königsberg gebracht. Die anderen folgten mit 800 Wagen und 1200 Pferden auf dem Landweg. Im Raum Gumbinnen wurden sie schließlich angesiedelt: 237 Familien erhielten einen eigenen Hof, 862 ließen sich als Bauern und Kossäten auf Domänenland nieder. Obgleich sie in geschlossenen Ansiedlungen lebten, wählten sie ihre eigenen Schulzen, verfügten über eigene Kirchen und in Gumbinnen sogar über ein eigenes Krankenhaus. 1736 wurden sie darüber hinaus gegen Zahlung einer Geldrente von allen Frondiensten befreit. Trotz aller Unterstützung und Privilegien hatten sie jedoch zunächst keineswegs das Gefühl, nunmehr im Gelobten Land angekommen zu sein. Preußisch-Litauen war unwirtlich, die Winter waren hart. Hinzu kam, dass die einheimische Bevölkerung sie wegen ihres Dialekts, ihrer fremdartigen Kleidung und ihrer Essgewohnheiten zunächst mit Argwohn betrachtete. Viele wollten daher das Land bald wieder verlassen.

Am Ende blieben sie aber doch, wurden schneller integriert als ihre »berühmten« hugenottischen Glaubensbrüder, die lange auf ihren besonderen Privilegien beharrten, oder die Juden, die teilweise trotz freundlicher Aufnahme einen Sonderstatus innehatten. Gründe für diese schnelle, erfolgreiche Integration war zunächst, dass die Salzburger ihr eigenes, bisher ungenutztes Land bebauten und die einheimische Bevölkerung sie daher nicht als Konkurrenten verstand; anfängliche Verständigungsschwierigkeiten waren zudem bald überwunden. Hinzu kamen verwandte religiöse Bräuche.

Historisch bildeten die Salzburger den letzten großen Einwanderungsstrom in Preußen. Danach kamen nur noch vereinzelte Emigranten. Deren Leistung für das »Retablissement« kann nicht hoch genug eingeschätzt werden. Wüstes Land wurde mit dieser »modernen Einwanderungspolitik und staatlichen Wirtschaftsförderung« wieder bevölkert und bebaut, die Wirtschaft angekurbelt.

Ankunft und Versorgung Salzburger Protestanten am 20. April 1732 am Halleschen Tor; kolorierter Stahlstich um 1840 nach einer Zeichnung von Carl Geißler.

Das aufgeklärte Preußen

»Was ist Aufklärung?« Diese unter Intellektuellen in Berlin heiß diskutierte Frage beantwortete der Königsberger Philosoph Immanuel Kant in seinem berühmten Beitrag vom 30. September 1784 im Dezemberheft der Berlinischen Monatsschrift so: »AUFKLÄRUNG ist der Ausgang des Menschen aus seiner selbstverschuldeten Unmündigkeit. Unmündigkeit ist das Unvermögen, sich seines Verstandes ohne Leitung eines anderen zu bedienen.« Die Antwort, so treffend und faszinierend sie bis heute bleibt, steht doch gleichsam als Resümee am Ende eines Jahrhunderts, das als Zeitalter der Aufklärung in die Geschichtsbücher eingegangen ist.

Am Anfang standen Reformation, Glaubensspaltung und die daraus resultierenden Konflikte und Glaubenskriege im 16. und 17. Jahrhundert. Die tiefe Verunsicherung der Menschen in dieser Zeit stellte altvertraute Sicherheit in Zweifel. Wenn es nicht den einen wahren Glauben gab, war dann nicht auch denkbar, dass Gott gar nicht existierte? Fragen nach der wahren Religion oder nach einem Beweis für Gottes Existenz wurden daher im 17. Jahrhundert ebenso formuliert wie nach der richtigen Staatsform. Kaum ein Philosoph beeinflusste nachfolgende Generationen mit seinen Fragen und Antworten dazu so nachhaltig wie der französische Philosoph, Mathematiker und Naturwissenschaftler René Descartes (1596–1650). Er begann seine berühmten Meditationen mit dem grundsätzlichen Zweifel an bislang vertraut Geglaubtem und an der Wahrheit von Sinneserkenntnissen überhaupt. Die Rettung aus diesen Zweifeln bot die erste Gewissheit, dass der Zweifel ja zugleich ein Beweis für das Denken des Menschen sei. Vom Zweifel ausgehend, führte er dann in seinem System die menschliche Vernunft, Wahrheit von Erkenntnis und die Existenz Gottes wieder zusammen.

Die Forderung nach dem Gebrauch der Vernunft war jedenfalls gestellt. Angesichts des dreißigjährigen Krieges richtete sie sich im 17. Jahrhundert zunächst auf eine vernünftige Religion. Damit eng verbunden war nicht nur die Forderung nach Religionsfreiheit, sondern letztlich nach grundsätzlicher Freiheit des Denkens. Dabei sollte und musste sich die wahre Religion in der Ausbildung von Moral beweisen. Die Verbesserung der Welt hieß das Ziel. Zu welchen menschlichen Abgründen die religiösen Konflikte geführt hatten, war ja für jedermann sichtbar. Für die Aufklärer ergab sich daraus der Anspruch an den Staat, »Vernunft, Freiheit und Tugend« gewährleisten zu müssen. Mit diesem philosophischen und politischen Ansatz sahen sich nun die absolutistischen (uneingeschränkten) Regenten von Gottes Gnaden in Europa konfrontiert. Ihre Legitimität als Herrscher wurde zwar kaum infrage gestellt. Doch Freiheitsrechte standen nun ebenso in dem Forderungskatalog an diese wie der moralische Anspruch, dass sie und ihr Staat für die Ausformung tugendhaften Handelns verantwortlich seien.

Die meisten Intellektuellen setzten ihre Hoffnungen dabei zunächst auf die Verbindung von Aufklärung und Absolutismus im Typus des aufgeklärten Regenten. Dafür steht wie kein anderer ein Preuße: König Friedrich (II.) der Große. Auf ihm ruhten die Hoffnungen des aufgeklärten Bürgertums. Als er 1740 seine Regierungszeit antrat, konnte Preußen aber bereits auf eine jahrzehntelange Aufklärung zurückblicken.

In der zweiten Hälfte des 17. Jahrhunderts hatte sich im deutschen Sprachraum der Begriff »Weltweisheit« entwickelt, und zwar ganz bewusst als Gegenentwurf zur »Gottesgelehrtheit«, der Theologie. Die erlebte Welt stand nun im Mittelpunkt philosophischen Fragens. Der vernunftbegründete Zugang zur Welt sollte nicht nur helfen, die Welt zu ergründen, sondern, an erster Stelle, auch die Welt aktiv zu verbessern. Gottfried Wilhelm Leibniz (1646–1716) steht am Anfang der deutschen Aufklärung, wobei er die cartesianische Philosophie weiterentwickelte. Auch ihm ging es um Denken, Erkenntnis und in seiner zentralen Schrift »Monadologie« um die Erklärung der Welt. Beinahe zeitgleich zu Leibniz wirkte ein Philosoph, der die Aufklärung in Deutschland und Preußen zu einem ersten Höhepunkt führte. Noch lief der gesamte Wissenschaftsbetrieb an den Universitäten in lateinischer Sprache. Nur vor diesem Hintergrund ist verständlich, wieso eine deutschsprachige Vor-

Der Königsberger Philosoph Immanuel Kant im Alter von 44 Jahren; Gemälde von Johannes Wilhelm Becker.

lesung Christian Thomasius' (1655–1728) zur Naturrechtslehre dazu führen konnte, dass er Leipzig 1690 verlassen musste und fortan im toleranteren Preußen, an der Universität Halle, lehrte. Halle entwickelte sich in den folgenden Jahrzehnten zu der Universität der deutschen Aufklärung. Mit der »Ausbesserung des Verstandes« und der »Ausbesserung des Willens« sollten nach Thomasius alle Stände verbessert werden. Dabei war Gemeinschaft notwendige Voraussetzung für das Recht und der aufgeklärte Herrscher hatte für die Durchsetzung des Rechts zu sorgen. Aber dem Recht ging immer die Sittlichkeit vor, an deren Einhaltung auch der Herrscher zu messen war. Das Absolute war damit durch das Aufgeklärte eingegrenzt.

An den pietistischen Theologen seiner Zeit scheiterte zunächst ein Schüler Thomasius', der Philosoph Christian Wolff (1679–1745). 1723 musste Wolff Halle verlassen, da er, ganz Aufklärer, »Heiden« die Befähigung zu tugendhaftem Handeln zugestand. Dabei hatte er sich doch auf ganz anderem Gebiet Verdienste erworben.

Seine Überlegungen legten den Grundstein für eine philosophische Begriffsbestimmung in deutscher Sprache. Diese beruhte auf dem tiefen Vertrauen in die Möglichkeiten der menschlichen Erkenntnis. Auf dieser Basis hielt er eine vernunftbegründete, wahre Politik für möglich. Niemand anders als Friedrich der Große holte Wolff 1740 nach Halle zurück.

Eigenhändiges Schreiben Friedrichs II. vom 6. Juni 1740 an Konsistorialrat Reinbeck zum Zweck der Rückberufung des Philosophen Christian Wolff in preußische Dienste, den Friedrich Wilhelm I. entlassen hatte.

Damit schien der junge König am Beginn seiner Regentschaft zu beweisen, dass sich die Hoffnungen in ihn als einen modernen, vorbildlichen, aufgeklärten Monarchen, bewahrheiteten. Immerhin stand er in enger Verbindung zu den französischen Aufklärern wie Voltaire, mit dem er lange Jahre schriftlich und persönlich im Gespräch war. Darüber hinaus musizierte und diskutierte der junge Monarch auf hohem Niveau. Das Medium der Aufklärer waren Kommunikation oder im Sprachgebrauch der Zeit »Konversation« und das geschriebene Wort. Kommunikation lief über Briefe, Bücher, Zeitschriften, Lese- und Diskussionszirkel, in Gesellschaften und Vereinen. Auch Friedrich reihte sich in dieses Bild ein. Als Mitglied einer Freimaurerloge praktizierte er den gelehrten Diskurs, als Autor des »Antimachiavelli« stellte er seine Überlegungen zu einem idealtypischen aufgeklärten Herrscher öffentlich zur Diskussion. Wobei Öffentlichkeit im 18. Jahrhundert immer die relativ kleine Gruppe der Gebildeten und Entscheidungsträger bedeutete. Der Großteil der Bevölkerung nahm an diesen Debatten keinen Anteil.

Wenn Friedrich angesichts der drei von ihm begonnenen Schlesischen Kriege später entgegengehalten wurde, er habe selbst nicht nach seinen Idealen gehandelt, erweist er sich doch ganz als Kind seiner Zeit. Ein aufgeklärter Monarch zu sein, bedeutete eben nicht, sich aus der Machtpolitik des Absolutismus zu verabschieden. Diskutieren und den Verstand zu gebrauchen war das eine, machtpolitisches Handeln das andere.

Und doch gewährleistete er im letzten Viertel des 18. Jahrhunderts in seinem Königreich eine öffentliche Diskussionskultur, die Berlin zum kulturellen Zentrum der Aufklärung im deutschsprachigen Raum schlechthin werden ließ. Nirgends sonst gab es so viele Diskussionszirkel, Zeitschriften und gelehrte Salons an einem Ort wie in der preußischen Hauptstadt. Im Gegensatz beispielsweise zu den französischen Aufklärern fällt dabei sofort auf, dass die Preußen zu einem wesentlichen Teil »bürokratische Aufklärer« waren. Sie kamen aus der Staatsbürokratie und beeinflussten aktiv das Staatswesen. Nicht umsonst fanden die bedeutenden Männer der Reformzeit ihre Prägung und oft auch ihre berufliche Zukunft im aufgeklärten preußischen Beamtenapparat – ja, es drängte sie geradezu aus den anderen deutschen Territorien nach Preußen. Männer wie Stein, Hardenberg oder auch Scharnhorst sahen in diesem Land die Zukunft. Hier fanden sie Rahmenbedingungen für einen vernünftigen, geordneten Staatsapparat, der eingrenzte, aber auch notwendige Freiheiten bot, dabei Bildung ermöglichte und letztlich den Anspruch erhob, allen Bewohnern des Landes eine lebenswerte, tugendhafte Perspektive zu bieten.

Die letzen zwei Jahrzehnte des 18. Jahrhunderts zeigen die große Bandbreite und gelebte Toleranz dieser Epoche in Berlin. Die berühmte, exklusive »Berliner Mittwochsgesellschaft«, eine »Gesellschaft von Freunden der Aufklärung«, vereinte zu ihren Konversationsrunden höchste Staatsdiener, wie den Staatsminister Graf von Struensee, den Verleger Friedrich Nicolai oder auch den Philosophen Moses Mendelssohn. Dieser berühmte jüdische Gelehrte war nicht nur Ehrenmitglied der Gesellschaft, sondern firmierte auch als Vorbild für »Nathan der Weise« seines Freundes Ephraim Lessing.

Doch nirgends zeigt sich das aufgeklärte Preußen in seiner ganzen kulturellen Vielfalt so, wie in den Salons der Berliner Gesellschaft. Während Gesellschaften wie die der »Berliner Mittwochsgesellschaft« Männern vorbehalten

Friedrich der Große und Voltaire in der Bildergalerie von Sanssouci; Lichtdruck nach Gouache um 1900 von Georg Schoebel.

blieben, entwickelten sich in der preußischen Hauptstadt die Salons wohlhabender, gebildeter Damen zum Treffpunkt für Kulturinteressierte beiderlei Geschlechts. In den angesagten Salons trafen sich Adel, Bürgertum, Künstler, Schriftsteller, Schauspieler, Beamte und Soldaten zum intellektuellen und gesellschaftlichen Miteinander.

Neben dem gepflegten intellektuellen Diskurs boten sich hier natürlich auch gesellschaftlich legitimierte Gelegenheiten zum Kennenlernen und für Liebesbeziehungen. Hier begegnete Prinz Louis Ferdinand seiner Geliebten, der Schauspielerin Pauline Wiesel. Zwei der führenden Salons erlauben zudem einen Blick auf den Zeitgeist religiöser Toleranz.

DAS AUFGEKLÄRTE PREUSSEN

Gesuchte Gastgeberinnen waren neben großbürgerlichen und adeligen eben auch jüdische Frauen, wohlhabend, gebildet, mehrsprachig und offen für Neues, sei es in Kunst, Literatur, Philosophie oder Naturwissenschaften. An erster Stelle zu nennen ist Henriette Herz (1764–1847). Diese von Mendelssohn geistig beeinflusste Dame, verheiratet mit einem jüdischen Arzt, der sich zu den Kantianern zählte, versammelte ab den 80er-Jahren die führenden Köpfe der Aufklärung um sich.

Persönlichkeiten wie der Schriftsteller Heinrich von Kleist, der Architekt Johann Gottfried Schadow, der Theologe Friedrich Schleiermacher oder auch Alexander und Wilhelm von Humboldt gingen in ihrem Haus ein und aus. Einige Damen, die in Henriettes Salon verkehrten, gründeten ihre eigenen Zirkel. Hierzu zählt Rahel Levin (1771–1833), spätere Varnhagen von Ense, die mit noch größerer Wirkung ihren Salon um die Wende zum 19. Jahrhundert an die Spitze dieses gesellschaftlichen Miteinanders führte.

Hier trafen Literaten wie Ludwig und Friedrich Tieck, Friedrich Schlegel oder Johan Gottlieb Fichte zeitgleich auf den Hochadel wie auf bekannte Schauspielerinnen der Zeit. Der 1806 im Gefecht gefallene Prinz Louis Ferdinand von Preußen war ein allseits betrauerter Stammgast in diesem Salon.

Das preußische Berlin stellt sich gegen Ende des 18. Jahrhunderts als ein Ort dar, an dem trotz staatlicher Zensur alle Standesschranken überschreitend diskutiert, gelehrt gestritten und Kultur betrieben wurde. Es war der Hort der deutschen Aufklärung, dessen bekanntester Vertreter, der Königsberger Philosoph Immanuel Kant, in seinem Beitrag zur Aufklärung resümierend feststellte, dass »die Hindernisse der allgemeinen Aufklärung oder des Ausganges aus ihrer selbstverschuldeten Unmündigkeit allmählich weniger werden, davon haben wir doch deutliche Anzeigen. In diesem Betracht ist dieses Zeitalter das Zeitalter der Aufklärung oder das Jahrhundert Friedrichs.«

»Schule der Aufklärung«. Von links nach rechts unten: Immanuel Kant, Gotthold Ephraim Lessing, Johann Gottfried Herder, Gottfried Wilhelm Leibnitz, Johann Joachim Winckelmann, Johann Wolfgang Goethe, Friedrich Schiller, Jean-Jacques Rousseau, Voltaire, Denis Didérot, John Locke und Georg Christoph Lichtenberg

Beantwortung der Frage: Was ist Aufklärung? Immanuel Kant, Königsberg, 30. September 1784

»Aufklärung *ist der Ausgang des Menschen aus seiner selbstverschuldeten Unmündigkeit. Unmündigkeit ist das Unvermögen, sich seines Verstandes ohne Leitung eines anderen zu bedienen. Selbstverschuldet ist diese Unmündigkeit, wenn die Ursache derselben nicht am Mangel des Verstandes, sondern der Entschließung und des Mutes liegt, sich seiner ohne Leitung eines andern zu bedienen. Sapere aude! Habe Mut, dich deines eigenen Verstandes zu bedienen! ist also der Wahlspruch der Aufklärung. […]*

Zu dieser Aufklärung aber wird nichts erfordert als Freiheit; und zwar die unschädlichste unter allem, was nur Freiheit heißen mag, nämlich die: von seiner Vernunft in allen Stücken öffentlichen Gebrauch zu machen. Nun höre ich aber von allen Seiten rufen: Räsonniert nicht! Der Offizier sagt: Räsonniert nicht, sondern exerziert! Der Finanzrat: Räsonniert nicht, sondern bezahlt! Der Geistliche: Räsonniert nicht, sondern glaubt! (Nur ein einziger Herr in der Welt sagt: Räsonniert, soviel ihr wollt und worüber ihr wollt, aber gehorcht!) Hier ist überall Einschränkung der Freiheit. Welche Einschränkung aber ist der Aufklärung hinderlich, welche nicht, sondern ihr wohl gar beförderlich? – Ich antworte: Der öffentliche Gebrauch seiner Vernunft muß jederzeit frei sein, und der allein kann Aufklärung unter Menschen zustande bringen; der Privatgebrauch derselben aber darf öfters sehr enge eingeschränkt sein, ohne doch darum den Fortschritt der Aufklärung sonderlich zu hindern. Ich verstehe aber unter dem öffentlichen Gebrauche seiner eigenen Vernunft denjenigen, den jemand als Gelehrter von ihr vor dem ganzen Publikum der Leserwelt macht. Den Privatgebrauch nenne ich denjenigen, den er in einem gewissen ihm anvertrauten bürgerlichen Posten oder Amte von seiner Vernunft machen darf.

Ein Mensch kann zwar für seine Person und auch alsdann nur auf einige Zeit in dem, was ihm zu wissen obliegt, die Aufklärung aufschieben; aber auf sie Verzicht zu tun, es sei für seine Person, mehr aber noch für die Nachkommenschaft, heißt die heiligen Rechte der Menschheit verletzen und mit Füßen treten. Was aber nicht einmal ein Volk über sich selbst beschließen darf, das darf noch weniger ein Monarch über das Volk beschließen; denn sein gesetzgebendes Ansehen beruht eben darauf, daß er den gesamten Volkswillen in dem seinigen vereinigt. Wenn er nur darauf sieht, daß alle wahre oder vermeinte Verbesserung mit der bürgerlichen Ordnung zusammenbestehe, so kann er seine Untertanen übrigens nur selbst machen lassen, was sie um ihres Seelenheils willen zu tun nötig finden; das geht ihn nichts an, wohl aber zu verhüten, daß nicht einer den andern gewalttätig hindere, an der Bestimmung und Beförderung desselben nach allem seinen Vermögen zu arbeiten. Es tut selbst seiner Majestät Abbruch, wenn er sich hierin mischt, indem er die Schriften, wodurch seine Untertanen ihre Einsichten ins reine zu bringen suchen, seiner Regierungsaufsicht würdigt, sowohl wenn er dieses aus eigener höchsten Einsicht tut, wo er sich dem Vorwurfe aussetzt.

Wenn denn nun gefragt wird: leben wir jetzt in einem aufgeklärten Zeitalter?, so ist die Antwort: Nein, aber wohl in einem Zeitalter der Aufklärung. Daß die Menschen, wie die Sachen jetzt stehen, im ganzen genommen, schon imstande wären oder darin auch nur gesetzt werden könnten, in Religionsdingen sich ihres eigenen Verstandes ohne Leitung eines andern sicher und gut zu bedienen, daran fehlt noch sehr viel. Allein, daß jetzt ihnen doch das Feld geöffnet wird, sich dahin frei zu bearbeiten und die Hindernisse der allgemeinen Aufklärung oder des Ausganges aus ihrer selbstverschuldeten Unmündigkeit allmählich weniger werden, davon haben wir doch deutliche Anzeigen. In diesem Betracht ist dieses Zeitalter das Zeitalter der Aufklärung oder das Jahrhundert Friedrichs.«

Bettina von Arnim

Lebensfrohe und gesellschaftskritische Dichterin der Romantik

»Diese Tage, diese Gegenden, sie tragen das Antlitz des Paradieses. Die Fülle lacht mich an in der reifenden Frucht, das Leben jauchzt in mir, und einsam bin ich wie der erste Mensch; und ich lerne wie dieser herrschen und gebieten dem Glück: dass die Welt soll sein wie ich will.« Überschwänglichkeit der Romantik, Lebensfreude verbunden mit Individualität und der Wille das Leben zu gestalten, schwingen hier mit. All dies lebte und erlebte sie während ihres für das 19. Jahrhundert langen Lebens, eingerahmt von zwei Revolutionen. Kindlich, romantisch, selbstbewusst, egoistisch, sozial engagiert, emanzipiert und revolutionär, all dies, obwohl widersprüchlich, wurde der Verfasserin dieser Zeilen nachgesagt. 1835 erschienen die Worte in ihrem ersten gedruckten Werk, dem Tagebuch (»Buch der Liebe«). Erscheinungsort war ihre zur Heimat gewordene Lieblingsstadt, in der sie den Großteil ihres Lebens verbrachte, Berlin. Wie so vielen bedeutenden Preußen war das Preußische auch ihr nicht in die Wiege gelegt.

Begonnen hatte alles 1785 in Frankfurt/Main. Hineingeboren in die gutsituierte Kaufmannsfamilie Brentano, besuchte Bettina (Bettine) nach dem frühen Tod ihrer Mutter das Ursulinen-Kloster in Fritzlar. Die Besetzung der Stadt durch die Franzosen beendete diese für sie glücklichen Jahre in der Schule für Töchter aus gutem Hause. Nach einer Zwischenstation bei ihrem älteren Halbbruder Franz zog sie 1797 zu ihrer Großmutter mütterlicherseits, Sophie la Roche (1730–1807), nach Offenbach. Nun wuchs sie bei einer liebevollen und selbstbewussten Dame der Gesellschaft auf, einer berühmten, von Goethe verehrten Buchautorin und Herausgeberin der ersten deutschen Frauenzeitschrift. Im Umfeld ihrer geistreichen Großmutter bot sich Raum für die Entwicklung eigener Gedanken. Dabei suchte die hochbegabte und schwärmerische junge Frau nach lebensälteren Vorbildern. Neben ihrem Bruder Clemens war es zuerst Karoline von Günderode, eine romantische Schriftstellerin, mit der sie, seit 1799 befreundet, einen intensiven Briefwechsel führte. Das Ende dieser Freundschaft fiel zeitlich eng zusammen mit einer Annäherung Bettinas an die Mutter Goethes. Das Gefühl einer Mitschuld am späteren Freitod der Freundin, aus enttäuschter Liebe, sollte Bettina ein Leben lang begleiten. Über Goethes Mutter fand sie jedoch den ersehnten Zugang zum verehrten Dichter Johann Wolfgang Goethe. Die in dem Werk »Goethes Briefwechsel mit einem Kinde« 1835 überlieferte Beziehung des viel Lebensälteren zu der jungen Frau begründete ihren Ruhm als Schriftstellerin.

1802 zurück in Frankfurt, hatte sie über ihren Bruder, den romantischen Dichter Clemens Brentano, Achim von Arnim kennengelernt. Aus den überlieferten Bildern dieser Zeit blickt uns eine intelligente, beinahe puppenhaft attraktive junge Frau an, die auf den literarischen Weggefährten ihres Bruders faszinierend gewirkt haben muss. Die an vielem interessierte und innerlich ungebundene Bettina willigte erst 1811 in die Ehe mit dem ade-

Bettina von Arnim. Kolorierte Porträtradierung von Ludwig Emil Grimm.

ligen Grundbesitzer ein. Sieben Kinder entstammten der Verbindung. Das Landleben auf Gut Wiepersdorf entsprach jedoch überhaupt nicht ihrem Lebensentwurf. Literatur, Kunst, Bildung und geistreiche Gespräche boten die Berliner Salons, nicht der Landadel. So zog sie 1817 die Konsequenz und lebte ihr eigenes, meist vom Mann getrenntes Leben in der Stadt.

Nach dem Tod Achims 1831 begann die nun 46-Jährige eine neue, öffentliche und zunehmend gesellschaftskritische Rolle zu spielen. Ihr Salon wurde zu einem der gefragtesten in Berlin. Hier trafen sich Liberale, Burschenschafter und radikale Schriftsteller. Die Missstände ihrer Zeit nahm sie mit wachem Auge und Anteilnahme wahr. Große Armut in Teilen der Bevölkerung, mangelnde soziale Absicherung, verelendende Berufsgruppen wie die Weber in Schlesien und eine die politischen Reformen ihrer Jugendzeit immer weiter zurückdrängende Monarchie boten für Bettina Anlass genug, zu handeln. Für eine Frau ihrer gesellschaftlichen Klasse nahezu undenkbar, kümmerte sie sich nun um das soziale Elend in den Armenvierteln und pflegte schon während der großen Choleraepidemie in Berlin 1831 ohne Rücksicht auf die eigene Gesundheit Erkrankte. Ihrer Kritik an den politischen und gesellschaftlichen Fehlentwicklungen setzte sie mit dem 1843 erschienenen Band »Dies Buch gehört dem König« ein öffentliches Ausrufezeichen, das bis zum Verbot der Publikation im Königreich Bayern führte. Enttäuscht von Friedrich Wilhelm IV., in den nicht nur sie große Hoffnungen auf einen liberaleren und reformbereiten Monarchen gesetzt hatte, lässt sie in Dialogform die Mängel der Zeit diskutieren. Den Höhepunkt ihrer politischen Kritik bildeten dann kurz vor ihrem Tod die »Gespräche mit Dämonen – Des Königsbuches zweiter Band«. Hierin wird noch einmal deutlich, dass sich aus einer romantischen jungen Frau aus gutem Haus eine selbstbewusste und selbstbestimmte Dichterin entwickelt hatte, die sich nicht mehr an Konventionen orientierte, sondern gesellschaftliche und politische Zustände Preußens unmissverständlich anprangerte. 1859 starb sie in Berlin – eine emanzipierte, moderne Frau, die den Schritt von der Romantik in die soziale Wirklichkeit der Industrialisierung weitsichtig vollzogen hatte.

Das Allgemeine Landrecht von 1794

Die Entstehungsgeschichte des »Allgemeinen Landrechts für die Preußischen Staaten« entbehrt nicht einer gewissen Ironie. Obwohl Friedrich II. eigentlich ganz den Gedanken der Aufklärung entsprechend von der Gültigkeit bestehender Gesetze für alle überzeugt war, hinderte ihn dies nicht, diese dann zu ignorieren, wenn er es für richtig hielt. Seine Reaktion auf das in seinen Augen empörende Verhalten der Gerichte in dem Prozess des Wassermüllers Arnold gegen dessen Grundherren, den Grafen von Schmettau, ist dafür ein Beispiel. Nachdem alle Instanzen den Müller, der durch die Anlage von Karpfenteichen und die damit verbundene Umleitung der Wasserläufe durch den örtlichen Landrat seines Lebensunterhalts beraubt worden war und daher die Zahlung des Pachtzinses verweigert hatte, diesen dazu verurteilt hatten, griff der König ein. Er ließ die Richter inhaftieren und ordnete die Wiederherstellung der alten Zustände an.

Die Empörung darüber war groß, kümmerte Friedrich II. jedoch wenig. Gleichwohl, um derartige Fälle in Zukunft zu verhindern, ordnete er 1780 die Ausarbeitung eines »nachlesbaren« Gesetzeswerks an. Dieses sollte alle möglichen Fälle regeln, um der Willkür der Gerichte in Zukunft so weit wie möglich Einhalt zu gebieten. Der Gedanke, die vielen unterschiedlichen Gesetze in den Provinzen zu vereinheitlichen, war keineswegs neu. Mehrere Anläufe waren jedoch gescheitert. Zu Beginn der 1790er-Jahre konnte dieses endlich fertiggestellt werden: Das Ergebnis war ein Werk, das über 19 000 (!) Vorschriften enthielt. Diese behandelten penibel allgemeine Fragen des Zivil-, Familien- und Erbrechts, des Lehnsrechts, Ständerechts, Gemeinderechts und des Staatsrechts. Auch das Polizei-, Straf- und Strafvollzugsrecht wurden darin detailliert geregelt.

Auch wenn das Allgemeine Landrecht keine Verfassung, sondern allenfalls ein Bekenntnis zur Selbstbeschränkung

König Friedrich II. bei einer Beratung über das Allgemeine Landrecht; Farbdruck nach Carl Röhling.

des Monarchen war, war es in vielerlei Hinsicht ein Werk ohne Beispiel. Der Code civil, wichtigste Grundlage des französischen Zivilrechts bis heute, folgte erst 1804, Österreich erhielt sein vergleichbares Gesetzeswerk erst 1811.

Doch nicht nur diese Flut von Regelungen, sondern auch der Geist, den diese zu atmen schienen, erregten Aufsehen. Viele Bestimmungen erweckten den Eindruck, als ob sie die bestehende Ständeordnung infrage stellen wollten. So ist in § 1 von »Einwohnern«, nicht mehr »Untertanen«, die Rede und in § 22 heißt es: »Die Gesetze des Staats verbinden alle Mitglieder desselben, ohne Unterschied des Standes, Ranges und des Geschlechts.« Doch was revolutionär klingt, wurde in anderen Abschnitten wieder aufgehoben.

Diese bestätigten vielmehr die überlieferte Ordnung der Stände. »Dem Adel, als dem ersten Stand«, so hieß es an anderer Stelle, »liegt nach seiner Bestimmung die Verteidigung des Staats [...] ob.« Die Bauern werden zwar als »freie Bürger« bezeichnet, die sie betreffenden Bestimmungen lassen aber keinen Zweifel, dass sie auf dem Land Untertanen mit eingeschränkten Rechten blieben. Zu Recht ist dieses Werk daher als Ausdruck jener preußischen Janusköpfigkeit bezeichnet worden, die Tradition und Moderne miteinander verbindet. Erst in der Zeit der Einigungskriege wurde das Allgemeine Landrecht sukzessive durch reichseinheitliche Regelungen ersetzt. Diese, vornehmlich das Bürgerliche Gesetzbuch, das 1900 in Kraft trat, gelten bis heute.

Ein Aspekt wird bei der Beurteilung des Allgemeinen Landrechts allerdings gern übersehen: die Spitze gegen das Reich. Indem der preußische König sein eigenes Gesetzbuch in Auftrag gab, erklärte er zugleich das überlieferte Reichsrecht für nichtig. In seiner Auseinandersetzung mit Österreich erschien dies durchaus folgerichtig; dem Reichsgedanken war ein derartiges Verhalten jedoch in jeder Hinsicht abträglich.

Titelblatt der dritten Auflage des »Allgemeinen Landrechts für die Preussischen Staaten«. Auf dem Frontispiz ist das Porträt Friedrichs II. und eine Allegorie der Justitia zu sehen; nach einer Zeichnung von Bernhard Rode.

Junker und ihre Untertanen

Der »Junker« gilt bis heute als Verkörperung des Obrigkeitsstaats und des Militarismus in Preußen. Mit seinen Söhnen verteidigte er seinen König gegen alle Gegner von außen wie auch im Innern, mit seinen Standesgenossen beharrte er trotz aller Veränderungen auf dem Fortbestehen der überlieferten politischen, gesellschaftlichen und ökonomischen Ordnung. Grundlage dieses Einflusses waren sein Besitz, das Rittergut, und die damit verbundene Stellung auf dem Land, die bis zur Vertreibung durch die Rote Armee am Ende des Zweiten Weltkriegs weitgehend unangetastet geblieben ist. Im Lauf der Zeit, so eine weitverbreitete Auffassung, war der Junker »nicht nur zu einem Gehorsam fordernden Grundherrn, erblichen Leibherrn, energischen Unternehmer, eifrigen Gutsverwalter und Kaufmann, sondern auch zum örtlichen Kirchenpatron, obersten Polizisten, Ankläger und Richter geworden. [...] Viele dieser Lokaltyrannen waren darin geübt, ›respektlosen‹ und ›ungehorsamen‹ bäuerlichen Leibeigenen den Rücken auszupeitschen, ins Gesicht zu schlagen und Knochen zu brechen.«

Darin ist manches Wahre enthalten; gleichwohl, die Realität war komplizierter, als es diese Sichtweise nahelegt. Sicher, die Einigung zwischen dem Großen Kurfürsten und seinen Ständen im kurmärkischen Rezess im Jahr 1653 hatte dem Adel im Gegenzug für die Bewilligung einer zunächst zeitlich befristeten, dann dauerhaften Kontribution zum massiven Aufbau eines stehenden Heeres und eines Verwaltungsapparats beträchtliche Zugeständnisse gemacht: Neben der Bestätigung alter ständischer Freiheiten gehörten dazu bestimmte Privilegien gegenüber den Bürgern in den Städten. Von besonderer Bedeutung waren die Bestimmungen über das Verhältnis des Adels zu seinen Bauern gewesen. Die Wirren des Dreißigjährigen Krieges hatten diese widerspenstiger, »freier«, gemacht.

Dies sollte sich nun ändern. Der Kurfürst bestätigte dem Adel nunmehr ausdrücklich das Recht, von den Bauern Geldrenten und Dienste zu fordern, die gutsherrliche Gerichtsbarkeit, vor allem aber die »Leibeigenschaft«, d. h. die persönliche Unfreiheit der Gutsuntertanen. Diese beinhaltete nicht nur das Züchtigungsrecht des Gutsherrn, sondern band den Bauern an die Scholle. Ohne Zustimmung des Gutsherrn konnte dieser auch nicht heiraten oder ab-

Lohnzahlung der Feldtagelöhner; Holzstich nach einem Aquarell, von 1897 von O. E. Lau.

wandern. Die Leibherrschaft war das entscheidende Merkmal, durch das sich die Gutsherrschaft von der ansonsten verbreiteten Grundherrschaft unterschied. Die Ausgestaltung der Gutsuntertänigkeit, deren rechtliche Grundlagen mehrfach geändert wurden, gestaltete sich von Provinz zu Provinz, von Dorf zu Dorf, von Gut zu Gut jedoch verschieden. Maßgeblich waren die Größe der gutsherrschaftlichen Eigenwirtschaft und der daraus sich ergebende Arbeitskräftebedarf. Auch die unterschiedlichen Besitzrechte der Bauern, der Kossäten, Kätner, Büdner und Häusler spielten eine Rolle.

In Hinterpommern beispielsweise, wo der Adel 43 Prozent der landwirtschaftlichen Nutzfläche selbst bewirtschaftete, war die Belastung im 18. Jahrhundert besonders groß. Für 250, manchmal sogar 300 Tage im Jahr mussten sie auf den Gütern des Adels arbeiten, ihre Kinder Zwangsgesindedienste auf dem Gutshof leisten sowie 50 Prozent ihrer Arbeitskräfte und Zugtiere zur Verfügung stellen. Je nach Besitzrecht kam die Pflicht zur Ablieferung von Teilen der eigenen Ernte hinzu. Besser gestellt waren allein die Bauern auf den königlichen Domänen. Dort waren nur 80 bis 85 Tage Fronarbeit im Jahr die Regel. Zudem waren sie teilweise bereits seit Beginn des 18. Jahrhunderts persönlich frei; 1777 gewährte Friedrich II. schließlich allen Domänenbauern nicht nur die persönliche Freiheit, sondern auch das Eigentum an den von ihnen bewirtschafteten Höfen.

Neben den erbuntertänigen Bauern, die wenigstens etwas Land besaßen, gab es die wachsende Schicht der Insten und Einlieger. Sie waren völlig besitzlos und lebten von der Lohnarbeit auf den Gütern. Eines war allen freilich gemeinsam: Angesichts dieser Lasten war es kaum möglich, große Überschüsse für den Markt zu erwirtschaften; die große Masse lebte vielmehr am Rande des Existenzminimums, jede Viehseuche und jeder trockene oder nasse Sommer konnte sich schnell zur Katastrophe entwickeln.

Die neuere Forschung hat das aus diesen Beobachtungen abgeleitete weitverbreitete Bild von der »Tyrannei der Junker« (Christopher Clark) inzwischen differenziert. Dabei hat sie vor allem auf die wachsende Zahl der freien Bauern bereits im 18. Jahrhundert sowie zunehmende staatliche Interventionen zum Bauernschutz hingewiesen. Das berüchtigte »Bauernlegen«, d. h. die Enteignung bzw. das Einziehen von Bauernland durch die Gutsherrn wurde verboten und die Willkür der Patrimonialgerichte durch rechtliche Regelungen eingeschränkt, denn die Existenz eines »gesunden« Bauernstands war auch im Interesse des Monarchen. Aber auch die Bauern haben es verstanden, sich zu wehren: Die Formen dieser »Widersetzlichkeiten«, als die die Gutsherrn deren Verhalten betrachteten, waren vielfältig:

langsames Arbeiten, der Einsatz minderwertiger Gespanne, Flucht und gelegentlich regelrechte Aufstände gehörten dazu. Dass darunter wiederum die ohnehin relativ geringe Produktivität der Güter litt, war kaum zu vermeiden. Prügel änderten daran genauso wenig wie die Einführung von festen Regeln hinsichtlich der zu leistenden Dienste. Diese anzuheben, sollte schließlich eines der wesentlichen Motive der Bauernbefreiung im Rahmen der Stein-Hardenbergschen Reformen nach dem Zusammenbruch von 1806 sein.

Gründe für die Befreiung der Bauern waren nicht allein die Niederlage gegen Napoleon I. 1806 oder der Einfluss der Aufklärung auf die Reformer um den Freiherrn von Stein. Von nicht geringer Bedeutung war vielmehr die Erkenntnis, dass eine Ankurbelung der Produktion und daran anknüpfend ein Steigen der Finanzkraft des Staates nur durch Aufhebung aller bisher existierenden Schranken möglich sein würde. Steigende Preise für landwirtschaftliche Produkte aufgrund des allmählichen Wachstums der Bevölkerung hatten bereits im ausgehenden 18. Jahrhundert dazu angeregt, die Ackerflächen auszuweiten. Feudale Rechte wie der Flurzwang oder die Gemengelage sowie eine Vermengung von Gutsherren- und Bauernland behinderten jedoch oft genug eine Nutzung der Brachflächen bzw. eine Verbesserung der Dreifelderwirtschaft. Eine Ausweitung der Frondienste, wie von manchen Gutsherren gefordert und teilweise auch durchgesetzt, behinderte in den Augen vieler Agrarreformer einen Anstieg der landwirtschaftlichen Produktion daher eher, statt sie zu fördern.

Die Stein-Hardenbergschen Reformen ebneten den Agrarreformern schließlich endgültig den Weg: Persönlich waren die Bauern nun frei; weitaus schwieriger war jedoch die Aufgabe der Grundentlastung zu lösen. Deren Regulierung sollte sich angesichts des wachsenden Widerstands der adligen Grundherren noch Jahre hinziehen. Die Junker gehörten dabei ohne Zweifel zu den Gewinnern. Sie konnten ihren Besitz um knapp ein Fünftel erweitern. Aber auch die Bauern haben, trotz nicht unerheblicher Landverluste, von diesen Regulierungen profitiert, da ihre Landverluste bei der Ablösung bisheriger Lasten durch die Zugewinne bei der Aufteilung der Allmende und die Ablösung von Weide- und Holzberechtigungen durch Land.

Dennoch hat sich an der Stellung des Junkers im ländlichen Raum dadurch zunächst nur wenig geändert. Obwohl die staatliche Bürokratie mithilfe der Landräte und die Durchsetzung der Kreisreform 1872 ihren Einfluss teilweise beschnitt, bestimmten adlige Rittergutsbesitzer aufgrund der engen Verknüpfung des politischen, gesellschaftlichen und wirtschaftlichen Einflusses weiterhin lange das dörfliche Leben, vor allem in den entlegenen östlichen Teilen Preußens.

Alte Traditionen erschwerten zudem den Wandel in den Beziehungen zwischen Gutsherrn und ehemaligen Untertanen. Entscheidend war jedoch deren materielle Abhängigkeit, zumal die der wachsenden Schar von Tagelöhnern im Zuge der Durchsetzung des Kapitalismus auf dem Land. Selbst nach 1918 erhielten diese einen Großteil ihres Lohns in Naturalien. Diese Form der Entlohnung band weiterhin jene an die Scholle, die sich aus vielerlei Gründen nicht dazu entschließen konnten, in die neuen Industriezentren abzuwandern. Da ihnen im Gegensatz zu den Industriearbeitern bis 1918 zudem das Streikrecht verwehrt blieb, waren sie relativ hilflos, wenn es darum ging, berechtigte Forderungen durchzusetzen.

Sosehr führende Linksliberale wie der Berliner Publizist Theodor Wolff bereits 1909 ein Ende der »agrarkonservativen Vorherrschaft über Preußen« verlangten, ihr Beharrungsvermögen im Kaiserreich wie auch in der Weimarer Republik war erstaunlich groß. Erst die buchstäbliche Vertreibung der Junker aus den Ostgebieten durch die Rote Armee 1945 und ihre Enteignung in der sowjetischen Besatzungszone unter dem Schlagwort »Junkerland in Bauernhand« beendete dieses Kapitel der preußischen Geschichte.

Die Gutsherrschaft in der Karikatur. »Freiherr von Quitzow: Es ist furchtbar, was die Leute dieses Jahr unter Sonnenglut zu leiden haben … Morgen fahre ich ins Seebad.« In: Der Wahre Jacob, Nr. 447, 1903.

Ein Gewerkschaftsfunktionär im Rückblick auf seine Kindheit in Pommern (um 1880)

»Hinterpommern! Puttkamerun! – Schon beim bloßen Gedanken an diese etwas verrufene Ecke unseres lieben deutschen Vaterlandes wird's einem so merkwürdig östlich zumute. Es ist, als wenn noch ein Hauch des Mittelalters über die pommerschen Flachfelder weht. Ein Adelssitz am andern, Rittergut an Rittergut; Stammschlösser und Tagelöhnerkaten. Herrenmenschen und Heloten. Von Zeit zu Zeit ein mehr oder minder in der Kultur zurückgebliebenes Bauerndorf und in respektvoller Entfernung voneinander die kleinen industriearmen Land-Städtchen mit ihren Ackerbürgern, Kleinhandwerkern und Honoratioren. So präsentiert sich das Land der von Puttkamer, v. Koller, v. Zitzewitz, v. Bonin, v. Waldow, v. Kameke, v. Glasenapp und wie die alteingesessenen blaublütigen Herrschaften alle heißen mögen.

Und diese Gegend ist meine Heimat. In einem der hintersten Winkel von Hinterpommern, in dem Landstädtchen Nn., erblickte ich als Sohn eines Kleinhandwerkers das Licht der Welt. Kindheit! Für viele ein wonniges Wort. Heimat! Glücklich, wer sie preisen kann. […] Schon beim Kommiss hatte ich häufig darüber nachgedacht, ob es für mein späteres Fortkommen nicht vielleicht besser sei, mein Heil als Industriearbeiter zu versuchen.«

Friedrich August Ludwig von der Marwitz

Prototyp des preußischen Junkers

Am 29. Mai 1777 erblickte Friedrich August Ludwig von der Marwitz als Erstgeborener des Königlichen Kammerherrn Bernd Friedrich August von der Marwitz in Berlin das Licht der preußischen Welt. Er war der Spross eines der ältesten und angesehensten märkischen Adelsgeschlechter, nachweisbar seit dem 13. Jahrhundert. Unter den Hohenzollern hatten schon viele Generationen seiner Familie als Offiziere gedient und gekämpft. Vor ihm brachten es bereits elf von der Marwitz´ zum General, selbst im alten Adel eine Ausnahme. Ludwig sollte diesen Dienstgrad sogar im Alter von nur 40 Jahren erreichen.

Um jedoch in der militärischen Hierarchie so schnell so weit zu kommen, bedurfte es besonderer Rahmenbedingungen. Der Lebensweg Ludwigs bildet gleichsam die Spannweite und Brüche seiner Zeit ab. Am Beginn steht der königliche Hof im friderizianischen Berlin, ihm folgen Militärdienst und Krieg während der napoleonischen Ära und das harte Ringen um die preußischen Reformen. Seinen Lebensabend verbrachte er nicht in Berlin, sondern bewusst weitab auf dem ererbten Gut Friedersdorf – als Prototyp des preußischen Junkers.

Dabei schien das Landleben nicht vorgezeichnet, spielten sich doch die ersten Lebensjahre fast ausschließlich in Hofkreisen ab. Hier kam es auch zur Liebesheirat mit der Tochter Franziska (Fanny) des aus Sachsen kommenden Kronprinzenerziehers Graf Charles von Brühl. Aus bestem Haus stammend, bot der Offizier im exklusiven Regiment »Gend'armes« sicher eine glänzende Partie, zumal er mit einem eigenen Landgut im Rücken auch finanziell abgesichert war. Dem jungen Glück war jedoch nur eine kurze Zeitspanne vergönnt. Der Hochzeit 1803 folgte die Geburt der Tochter im Februar 1804, und wenige Wochen später starb Fanny.

Der sichtlich erschütterte Leutnant, der zwischenzeitlich auf eigenen Wunsch aus der Armee ausgeschieden war und sich der Gutswirtschaft widmen wollte, trat 1805 wieder in sein altes Regiment ein. Als Rittmeister und Adjutant des Fürsten Hohenlohe zeichnete er sich durch persönliche Tapferkeit während der Niederlage 1806 aus. Der Gefangennahme entzog er sich durch Flucht und gründete 1807 ein eigenes Freikorps, das jedoch dem Frieden von Tilsit 1807 zum Opfer fiel. Wieder zurück in der Heimat, tauschte er endgültig das Stadtleben zugunsten der Landgutverwaltung. Mit ihm zog seine zweite, 1809 geehelichte Frau, Charlotte Gräfin Moltke, eine Hofdame, mit der er neun Kinder bekommen sollte. Im Mittelpunkt dieser eher vernunftbetonten Verbindung standen Familie und Nachkommen. Einen Konfliktpunkt bot offensichtlich das Kind aus erster Ehe. Die unzufriedene Familie Brühl trug daher am Hof mit zum Image Ludwigs als unkultiviertem Landadeligen bei. Dieser Ruf begleitete ihn bei seinem erbittert geführten Kampf gegen die Preußischen Reformen Steins und Hardenbergs.

Friedrich August Ludwig von der Marwitz mit allen Orden: den beiden »Eisernen Kreuzen« und dem Orden Pour le Mérite; Lithografie nach einer Zeichnung von Franz Krüger aus dem Jahr 1827.

Sein Widerstand richtete sich nicht grundsätzlich gegen Reformen. Dazu sah der an moderner Gutswirtschaft lebhaft Interessierte selbst viel zu viel Reformbedarf, gerade auch beim Offizierskorps. Ihn trieb vielmehr der geplante Verlust von Adelsprivilegien um, an erster Stelle die Aufhebung der bäuerlichen Erbuntertänigkeit. Damit schien ihm das Fundament der Hohenzollernmonarchie gefährdet, der Grundbesitzeradel. Durch Schriften und Reden, sowie in seiner Stellung als Landmarschall der Lebuser Stände wurde er schnell zum Wortführer des märkischen Adels. Mit seinem Widerstand folgte er einer Art Familientradition. War doch schon 1760 Johann Friedrich Adolf von der Marwitz bei seinem König in Ungnade gefallen, weil er den aus seiner Sicht unehrenhaften Befehl Friedrichs II. verweigerte, das Schloss Hubertusburg zu plündern. Mehr als Ungnade ereilte 1811 Ludwig, als ihn Hardenberg auf der Spandauer Festung in Haft nehmen ließ. Auf eine Intervention des Kronprinzen hin, seines späteren Förderers Friedrich Wilhelm IV., wurde die Haft zwar nach wenigen Wochen beendet. Doch sein Ruf im 19. Jahrhundert als zwar geradliniger, aber im alten Adelsstand verhafteter Landjunker war geboren.

Die Sorge um sein Preußen erklärt auch seinen Hass gegen Napoleon. Dafür sah er sogar über die Fehde mit Hardenberg hinweg und versuchte, diesen im persönlichen und freundlich geführten Gespräch im Dezember 1812 für den Kampf gegen Napoleon zu gewinnen.

In den Befreiungskriegen kämpfte er in verschiedenen Kommandeurverwendungen. Seine außergewöhnliche Befähigung zum Offizier und die persönliche Tapferkeit wurden u. a. mit dem Eisernen Kreuz 1. Klasse und dem Orden Pour le Mérite mit Eichenlaub geehrt. Als Kommandeur der 5. Kavalleriebrigade wurde er 1817 zum Generalmajor ernannt. In den Folgejahren stand er auch in Verantwortung für den Offiziersnachwuchs. 1827 vor die Wahl gestellt, Karriere und weit abgelegene Versetzung oder Abschied aus dem Dienst, verließ er die Armee im Dienstgrad Generalleutnant, um sich ausschließlich der Gutswirtschaft zu widmen. Aus dieser Position heraus verfocht er bis an sein Lebensende die Gegenposition zu Hardenbergs Reformen. Er blieb der unbeugsame, wenn auch zunehmend enttäuschte Interessenvertreter der adeligen Gutsbesitzer und ihrer ständischen Selbstverwaltung. Doch er und sein Stand konnten nur noch Rückzugsfechte führen gegen den unaufhaltsamen wirtschaftlichen und gesellschaftlichen Wandel im 19. Jahrhundert. Mit ihm starb 1837, nicht einmal deutlich öffentlich wahrgenommen, auch ein Stück altes Preußen.

Gut Friedersdorf im Besitz der Familie Marwitz-Friedersdorf; Aquarell von Ernst Hartmann.

Berlin, den 27. Januar 1889; Wilhelm R. (II.)

»Ich habe beschlossen, die guten und vielen Dienste, welche Meinen erhabenen Vorfahren und dem Vaterlande zahlreiche Glieder der Familie von der Marwitz in hervorragenden militärischen Stellungen geleistet haben, dadurch zu ehren, dass Ich dem 8. Pommerschen Infanterie-Regiment Nr. 61 den Namen Infanterie-Regiment von der Marwitz (8. Pommersches) Nr. 61 verleihe. Ich vertraue zu dem Regimente, welches auch in schwerer Stunde trotz starken Verlustes sich neuen Ruhm zu erkämpfen gewusst hat, dass es sich durch treuste Erfüllung seiner Pflichten weitere Ansprüche und Meinen und des Vaterlandes Dank zu erwerben wissen wird.«

August Wilhelm Iffland

Schauspieler, Theaterdirektor und Dramatiker

Unterhaltung, Zeitvertreib, Gesellschaft, intellektuelle Anregung, all dies boten Theater, Schauspiel, Oper und Konzert exklusiv zu einer Zeit, als die vielfältigen Medienangebote des 20. und 21. Jahrhunderts noch in weiter Ferne lagen. Neben fahrenden Schauspieltruppen mit zweifelhaftem Ruf und eher schlichten Stücken hatten sich an den Höfen während des Barock zunehmend auch feste Theater mit aufwändigen Ausstattungen etabliert. Sie dienten dabei jedoch immer zugleich dem Ansehen ihrer Auftraggeber.

Im Zeichen der Aufklärung veränderte sich auch die Theaterlandschaft des 18. Jahrhunderts radikal. Neben Unterhaltung boten nun Stücke wie Gotthold Ephraim Lessings »Minna von Barnhelm« in Form des Schauspiels Sozial- und Gesellschaftskritik im Preußen Friedrichs des Großen – nicht immer zum Vergnügen des Monarchen, dem ein kriegsversehrter und verarmter adeliger Major auf der Bühne missfiel. Die »Sturm-und-Drang-Zeit« mit Namen wie Schiller und Goethe führte auch die Bühne zu einer kulturellen Blütezeit. Beinahe zeitgleich entwickelte sich ein Trend zum Nationaltheater. Dabei ging es nicht in erster Linie um die deutsche Nation, sondern um Theateraufführungen in deutscher Sprache und um Abgrenzung zum beherrschenden französischen Repertoire. 1786 erhielt Berlin sein »Königliches National-Theater«, entstanden aus dem Schauspielhaus am Gendarmenmarkt. Dieses Theater führte der 1759 geborene August Wilhelm Iffland zur Blüte. Unter ihm entwickelte es sich zu einer der führenden Bühnen im gesamten deutschsprachigen Raum.

In die Wiege gelegt war es dem aus einem wohlhabenden Hannoveraner Haus stammenden Künstler nicht, den seine Familie lieber als Theologen gesehen hätte. Die Berufung zum Schauspieler führte zur Flucht aus dem Elternhaus.

Schon sein erstes Engagement 1777 in Gotha begründete seinen Ruf als Charakterdarsteller komödiantischer, aber auch rührseliger Rollen. 1779 wechselte er an das Mannheimer Nationaltheater und brillierte dort in der Uraufführung von Schillers »Die Räuber« in der Rolle des Franz Mohr. Schon nach wenigen Jahren galt er als einer der herausragenden Schauspieler im deutschen Sprachraum, erfolgreicher Autor und Regisseur. Nach Kotzebue waren seine mehr als 60 Stücke die meistgespielten auf den deutschen Bühnen, noch weit ins 19. Jahrhundert hinein. In seinen nach heutigen Maßstäben rührseligen »bürgerlichen Trauerspielen« steht das Familienglück im Mittelpunkt. In einer vom Adel beherrschten Welt finden die Bürger mit ihren Tugenden wie Fleiß und Frömmigkeit nach allerlei Verwicklungen ihr Glück und ihre moralische Lauterkeit in der häuslichen Ehe. Damit entsprach Iffland den Bedürfnissen einer verunsicherten Gesellschaft im Umbruch. Letztlich bahnte er aber auch dem bürgerlichen Ideal des Biedermeier den Weg, auch wenn er selbst noch der Epoche der Vernunft entstammte. Mit »Verbrechen aus Ehrsucht« (1784) und dem lange nachwirkenden Werk »Die Jäger« (1785) breitete sich Ifflands Ruhm schnell im

August Wilhelm Iffland, Schauspieler, Theaterdirektor und Dramatiker; Porträt-Punktierstich um 1790.

ganzen Reich aus. Er gastierte an allen bedeutenden Bühnen. 1791 schrieb er bereits eine Auftragsarbeit für Kaiser Leopold II. Das Trauerspiel »Die Kokarden« verteidigte angesichts der französischen Revolution die bestehende Ständeordnung. Für den lebensfrohen König Friedrich Wilhelm II. war es jedenfalls ein großer Erfolg, den berühmten Schauspieler, Autor und Regisseur 1796 als Direktor des Nationaltheaters nach Berlin zu holen. Die Aufführungen eigener Stücke und beliebter Klassiker waren große Erfolge und brachten Iffland nicht nur die Gunst des Publikums, sondern auch des jungen Monarchen Friedrich Wilhelm III. ein, der ihm beispielsweise Reiseaufenthalte finanzierte und ihn 1811 zum Direktor der königlichen Schauspiele ernannte. In dieser Zeit entwickelte sich die preußische Residenz zu einer der bedeutendsten Theaterstädte im deutschen Sprachraum. Während seiner letzten Lebensjahre fand Iffland in dem Breslauer Schauspieler Ludwig Devrient (1784–1832) einen kongenialen Darsteller, dem er in großer Zuneigung verbunden war.

Durchaus dem Zeitgeist entsprechend, schenkte er Devrient, wie auch einigen anderen Freunden, noch vor seinem Tod 1814 einen Ring mit einem Abbild seines Porträts. Devrients Ring begründete die hohe Symbolkraft des heute sogenannten Iffland-Rings. Der jeweilige Träger reicht den Ring testamentarisch an den seiner Meinung nach würdigsten Schauspieler im deutschsprachigen Raum weiter. Von dem berühmten Burgschauspieler Josef Meinrad erhielt der heutige Träger Bruno Ganz 1996 diesen Ring, dessen Ursprung auf eine Zeit verweist, in der Theater und Schauspiel quer durch alle Schichten eine zentrale kulturelle Bedeutung einnahmen, der Beruf des Schauspielers zu Ehren kam und dessen Namensgeber für eine Epoche der kulturellen Blüte in Preußen steht.

Heinrich von Kleist

Ein Offizier entdeckt seine Leidenschaft für Schauspiel und Literatur

»Mithin, sagte ich, ein wenig zerstreut, müssten wir wieder von dem Baum der Erkenntnis essen, um in den Stand der Unschuld zurückzufallen? Allerdings, antwortete er; das ist das letzte Kapitel von der Geschichte der Welt.«
Heinrich von Kleist »Über das Marionettentheater«

War er ein »wortgewaltiger Kämpfer für Preußens Glorie«, ein später Aufklärer, ein konservativer vaterländischer Denker oder vielmehr ein moderner, die Romantik überwindender einzigartiger deutscher Dichter? Schon der genaue Geburtstag im Oktober 1777 ist umstritten. Bernd Wilhelm Heinrich von Kleist erblickte das Licht der Welt in einer weitverzweigten pommerschen Adelsfamilie. Neben vielen Offizieren, zumeist in Diensten der Hohenzollern, hatten die Kleists vor ihm bereits zwei Dichter hervorgebracht.

Sein Vater starb 1788 im Dienstgrad Major, ohne ein Vermögen hinterlassen zu können. So schien es naturgegeben, dass der junge Heinrich, nach einer zwar zeittypischen, aber recht wechselhaften Schulbildung, 1792 die Offizierslaufbahn im angesehenen Regiment Garde Nr. 15 in Potsdam einschlug. Zwischen 1793 und 1795 erlebte er die Gräuel des Kriegs hautnah, bis er als Fähnrich mit den preußischen Truppen nach dem Frieden von Basel in die Garnison zurückkehrten durfte. Möglicherweise schon während des Feldzugs, sicher aber bald nach der Rückkehr, entdeckte er seine Leidenschaft für Schauspiel und Literatur, gefördert von kulturell interessierten Offizierskameraden. Kleists besondere musikalische Begabung kam beispielsweise in einem Offiziersquartett zum Tragen, zu dem auch der gebildete, spätere Chef des preußischen Generalstabs zählte, Otto August Rühle von Lilienstern.

Die kulturelle Blüte Preußens bot den Rahmen und der Friedensdienst den genügenden Freiraum, um dem Leutnant von Kleist die geistige Welt der späten Aufklärung auf dem Weg von der Klassik zur frühen Romantik zu erschließen. Dem Spagat zwischen Bildungsanspruch und stumpfem Militärdrill hielt Heinrich 1799 nicht mehr stand. Er nahm seinen Abschied, trotz der damit verbundenen hohen Risiken. Schließlich standen gesellschaftliches Ansehen, Karrieremöglichkeiten und finanzielle Absicherung auf dem Spiel. Den Preis für ein Leben als Literat musste er bitter zahlen, seine Finanzsituation blieb bis an das Lebensende unsicher und belastend. Damit galt er auch nicht mehr als attraktive Partie, wie er in mehr oder weniger tiefen Beziehungen leidvoll erfahren musste. Die Verbindung mit seiner Verlobten, der Generalstochter Wilhelmine von Zengen, scheiterte aber 1802 in erster Linie an den unsteten Lebensentwürfen eines junges Mannes auf der ruhelosen Suche nach seiner Berufung.

Porträt Heinrich von Kleists; Kreidezeichnung um 1831.

Symptomatisch dafür stehen die Jahre 1801 bis 1804, während der ein Aufbruch nach Paris 1802 ebenso in einer Enttäuschung endete wie die bald wieder aufgegebenen wissenschaftlichen Studien. Eine unbeirrbare Stütze in all den Jahren blieb dabei die Schwester Ulrike. Seine wahre Begabung und seine Liebe galten jedoch Literatur und Dichtung. 1803 wurde sein erstes Drama »Die Familie Schroffenstein« von der Kritik wohlwollend aufgenommen, sodass zumindest Hoffnung für eine literarische Zukunft aufkeimen konnte.

Dennoch musste Kleist 1804 wieder berufliche Sicherheit und Zuflucht in seiner Heimat Preußen suchen. König Friedrich Wilhelm III. gab einem Ersuchen um Anstellung im Staatsdienst statt, obwohl sich Heinrich damit wiederum in einen gesellschaftlich vorgegebenen Lebensentwurf zwängte, aus dem er schon einmal ausgebrochen war. Die Tätigkeit

Penthesilea.

Ein Trauerspiel

von

Heinrich von Kleist.

Dresden,

gedruckt bei Carl Gottlob Gärtner.

im Finanzdepartment mit einer Ausbildungszeit in Königsberg bildete dabei die nüchterne Seite einer Medaille, die auf ihrer Rückseite einen unermüdlich an seinen Stücken wie »Der zerbrochene Krug«, »Amphitryon«, »Michael Kohlhaas« oder »Penthesilea« arbeitenden Dramatiker von außergewöhnlicher Begabung zeigte.

Ein Antrag auf Urlaub im August 1806 glich auch mehr einer Flucht, um sich ganz dem Schreiben widmen zu können. Ohne Geld und finanzielle Unterstützung, mit dem nach der Niederlage bei Jena und Auerstedt geschlagenen Hof in Königsberg, sah er die Chancen schwinden, vom Schreiben leben zu können. So setzte er seine neue Hoffnung auf das napoleonische Dresden. Während der Reise dorthin im Januar 1807 geriet er jedoch, als ehemaliger Offizier unter Spionageverdacht verhaftet, für ein gutes halbes Jahr in französische Kerkerhaft. Immerhin war das Lustspiel »Amphitryon« inzwischen veröffentlicht, sodass erneut eine finanzielle Perspektive aufleuchtete. Aber auch die Dresdener Zeit und anschließende Reisen durch Europa brachten außer Bekanntschaften und Versprechungen keine Perspektiven für eine gesicherte Lebensgrundlage als Schriftsteller. 1810 zurück in Berlin, trat er noch für kurze Zeit als Herausgeber der »Berliner Abendblätter« in Erscheinung. Seine Kusine Marie ließ ihm als Gönnerin eine kleine Geldsumme zukommen, von der Kleist annahm, es handele sich um Zuwendungen der Königin Luise. So kann es kaum überraschen, dass sein letztes Werk ein großes Preußendrama wurde. Der »Prinz von Homburg« sollte der überraschend verstorbenen Königin gewidmet werden. Mit ihr starb auch seine Hoffnung auf eine Anstellung am Hof. Verzweifelt am Leben, zerstritten mit der Familie, fand er in der unheilbar erkrankten Henriette Vogel eine späte Gefährtin, die mit ihm gemeinsam den Freitod wählte. Am 21. November 1811 endete am Kleinen Wannsee bei Berlin das Leben eines Dramatikers und Erzählers, dessen Bedeutung erst die Nachwelt zu würdigen wusste.

Präsent in den angesagten Salons, bekannt mit vielen bedeutenden Künstlern und Literaturschaffenden seiner Zeit, blieb er doch Außenseiter, ein Visionär, dem zu Lebzeiten der verdiente Erfolg versagt blieb. Dramaturgie und Konzeption der Stücke, aber auch die eindringliche Klarheit der Sprache verstörten zwar teilweise seine Zeitgenossen, wirkten aber auf nachfolgende Generationen stilbildend. Während die zu seiner Zeit auf den Bühnen gefeierten Autoren wie Kotzebue oder Iffland heute merkwürdig fremd wirken, zieht Kleist auch 200 Jahre nach seinem Tod immer noch Leser und Zuschauer in den zeitlosen Bann wahrhaft großer Erzählkunst.

Kleists Trauerspiel »Penthesilea«.
Titel des Erstdrucks mit einer eigenhändigen Widmung des Dichters
für Karl Friedrich Gottlob Wetzel.

Preußische Tugenden

Tugend bedeutet Forderung und Anspruch zugleich. Aus dem täglichen Sprachgebrauch des 21. Jahrhunderts ist das Wort weitgehend verschwunden, nicht jedoch der dahinterstehende Inhalt. Klugheit, Gerechtigkeit, Tapferkeit und Mäßigung sind die klassischen Kardinaltugenden. Das sittlich Gute und der Wille es zu tun, verlangen die Tugenden vom einzelnen Menschen. Eine Überforderung verbirgt sich dahinter nicht, geht es doch im aristotelischen Verständnis immer um ein Mittleres zwischen zwei Extremen. So beweist sich Tapferkeit in der Mitte zwischen Tollkühnheit und Feigheit. Das Standhalten im Angesicht des Feindes trotz Angst charakterisiert in diesem Verständnis tapferes, tugendhaftes Handeln. Ohne Angst keine Tapferkeit und damit keine Tugend. Die drei göttlichen Tugenden Glaube, Hoffnung, Liebe vervollständigen den Kanon der Tugenden. Kann man diesem Tugendverständnis überhaupt ein Adjektiv voranstellen, das sich auf einen Staat bezieht? Anderen deutschen Staaten wurden keine »eigenen« Tugenden zugeordnet. Dennoch gehören sie zu Preußen und gelten außerhalb Deutschlands meist als deutsche Tugenden.

Preußische Tugenden standen dabei immer wieder zwischen vorbehaltloser Bewunderung und einer Kritik, die meinte, herablassend von Sekundärtugenden sprechen zu können. Pflichtbewusstsein, Unbestechlichkeit und Redlichkeit, religiöse Toleranz, Gerechtigkeit, Ehrlichkeit und Unbestechlichkeit, Haltung, Ehre, Sparsamkeit, Fleiß, Zuverlässigkeit, Gehorsam, Treue, Ordnungssinn sowie Pünktlichkeit, Bildung, Bescheidenheit, Selbstverleugnung finden sich in der nie abschließend festgelegten Liste preußischer Tugenden. Nicht zufällig bilden sie auch die klassischen Tugenden mit ab. Es bleibt also die Frage, was ist daran preußisch?

Zur Beantwortung dieser Frage muss der Blick zurückgehen in das junge preußische Königreich. Friedrich Wilhelm I. legte die Wurzeln. Als frommer reformierter Christ musste er alles daransetzen, um der ihm von Gott gestellten Aufgabe gerecht und damit der Gnade Gottes teilhaftig zu werden. Für den »Soldatenkönig« bedeutete dies, ein aus sich selbst heraus funktionierendes absolutistisches Staatswesen aufzubauen, dessen Motor in seinem Fall das Militär war. Kein Monarch im absolutistischen Europa hat seine Verantwortung so ernst genommen und seine Lebensführung so konsequent danach auszurichten versucht. Seine Schwächen waren ihm stets bewusst, und er litt sein Leben lang darunter.

In den folgenden Zeilen ist alles enthalten, was er vorlebte und von allen Untertanen verlangte: vorbildliche Lebensführung, Fleiß und Vertrauen in Gott. Erkennbar wird, wie sehr die preußischen Tugenden eben auch reformierte und pietistische Tugenden sind. Nicht zuletzt diese protestantische Arbeitsethik erklärt das wirtschaftliche Gefälle zwischen protestantischen und katholischen Ländern bis ins 20. Jahrhundert.

Der Erfolg gab Friedrich Wilhelms Staatsentwurf jedenfalls recht. Seine Untertanen erlebten hautnah, wie sich mit Disziplin, Ordnung, Fleiß, Unbestechlichkeit, Bescheidenheit, Sparsamkeit und Gehorsam in Verwaltung und Militär und unter der Mitwirkung aller aus dem unsicheren Armenhaus Preußen ein zwar nicht wohlhabendes, aber zumindest sicheres und geordnetes Staatswesen entwickelte. Das war viel wert im 18. Jahrhundert. Lebensfreude verströmen die preußischen Tugenden zwar nicht auf den ersten Blick, aber das Erfolgsrezept überzeugte die Zeitgenossen. Mit dem berühmten Königsberger Philosophen Immanuel Kant begegnete uns gelebte preußische Tugend. Pedanti-

»Instruktion«, der preußische Tugend-Lebensentwurf Friedrich Wilhelms I. für seinen Nachfolger aus dem Jahr 1722

»Der liebe Gott hat euch auf den trohn gesetzet nicht zu faulleentzen sonder zu arbeiten und seine Lender wohll zu regiren, […] aber ich habe das feste vertrauen zum meinen lieben successor (Nachfolger) das er darinnen mein exempell folgen wierdt und ein exemplaris lehben führen und fleißig arbeitten alsden Gottt Ihm gewiß sehgenen wierdt.«

sche Pünktlichkeit, Ordnung bis in die Details seiner Lebensführung und unermüdlicher Fleiß kennzeichneten ihn. Die Königsberger Bürger konnten ihre Uhren nach seinem täglichen Spaziergang prüfen und stellen. Im unbedingten Gebot, dem kategorischen Imperativ, findet dies gewissermaßen noch den moralphilosophischen Ausdruck. In einer Vielzahl von Symbolen, Schriften und Liedern fanden diese Tugenden bis heute ihren Niederschlag. »Üb immer Treu und Redlichkeit bis an dein kühles Grab, und weiche keinen Finger breit von Gottes Wegen ab.« So ermahnte seit 1797 tagtäglich die Melodie des Gedichts »Der alte Landmann an seinen Sohn« im Glockenspiel der Potsdamer Garnisonskirche die preußischen Untertanen an ihre Pflichten, an ein tugendhaftes Leben.

Tugenden verlangen aber immer auch die Rückbindung an das Gute, das sittlich Gebotene. Ohne diese Rückbindung laufen Tugenden, wie die preußischen, Gefahr, sinnentleert zu werden. Die Forderung nach Gehorsam, Treue und Ehre können dann auch von einer Diktatur für Verbrechen missbraucht werden. Der Anspruch der preußischen Tugenden verweist jedoch auf den zeitlosen Wunsch der Menschen, gut und sinnerfüllt zu leben. In diesem Verständnis behalten die preußischen Tugenden ihre zeitlose Berechtigung.

Friedrich III. inspiziert als Kronprinz eine Schule in Bornstedt bei Potsdam.

PREUSSISCHE TUGENDEN

Georg Friedrich Wilhelm Hegel

Ein Magnet für Intellektuelle und einer der einflussreichsten Philosophen

»Jedes Wort, jede Silbe löste sich nur widerwillig los, um von der metallernen Stimme dann in schwäbisch breitem Dialekt, als sei jedes das wichtigste, einen wundersam gründlichen Nachdruck zu erhalten«, so berichtet ein Schüler über eine Vorlesung seines verehrten Lehrers Georg Friedrich Wilhelm Hegel. Weder der Vorlesungsstil, noch der schwer zu fassende Inhalt ließen auf eine große Zuhörerschaft schließen. Doch während Arthur Schopenhauer zeitgleich und wutschnaubend vor leeren Rängen dozierte, konnte sich Hegel vor Studenten und preußischen Intellektuellen aller Couleur kaum retten. Selbst »Majors, Obristen und Geheime Räte« saßen im Auditorium. Gebannt folgten sie einem Philosophen, dessen System die eigene bürgerliche Welt zu erschließen schien. Zuhören oder Lesen hieß aber noch nicht verstehen. Eine Erfahrung, die auch Generationen ehrlich bemühter Studenten der Philosophie angesichts verschlungener Sätze und schier endloser Abhandlungen machen mussten.

Nicht nur die Berliner Gesellschaft, im Besondern die Damen, verehrten den berühmten Professor. Im ganzen deutschsprachigen Raum blickte man während seiner Jahre in Berlin von 1818 bis zu seinem Tod 1831 in die preußische Hauptstadt. Kaum ein Philosoph hat so nachhaltig die Philosophien des 19. und 20. Jahrhunderts beeinflusst. Der als »Junghegelianer« geprägte Karl Marx mag dafür als ein prominentes Beispiel gelten. Doch was war das Geheimnis des 1770 in Stuttgart Geborenen, den sein Lebensweg nach einem Philosophie- und Theologiestudium in Tübingen über den Umweg eines Zeitungsschriftleiters, dann Gymnasialrektors und zweier Dozenten- und Professorentätigkeiten in Jena und Heidelberg schließlich ins preußische Zentrum führte? Was machte ihn für die Zeitgenossen so attraktiv?

Über die Beschäftigung mit dem Königsberger Philosophen Immanuel Kant entwickelte Hegel das Verständnis, dass sich Pflicht und Neigung nicht – wie bei Kant – entgegenstehen, sondern dass beides im Menschen gleichermaßen angelegt und die »Einigkeit des ganzen Menschen« zentral sei. Dialektik gilt ihm dabei nicht nur als Methode sondern als »das wesentliche Strukturelement der Wirklichkeit«. Hegel geht es im Tiefsten um das eine Absolute in dem alle Wirklichkeit gründet. Dieses Absolute ist der (Welt-)Geist und damit letztlich Gott.

Doch Hegels Anziehungskraft auf die Intellektuellen gerade auch im protestantisch-preußischen Beamtenstaat lag viel unmittelbarer in seiner Staatsidee. Für Hegel ist der Staat der »erscheinende Gott, der sich in der geschichtlichen Entwicklung entfaltende objektive Geist«. Im Staat entwickelt sich in einem dialektischen Prozess »eine Einheit von rechtlichem Verhalten und moralischer Gesinnung«. Die Menschen werden so zu notwendigen Mitgestaltern beim »Gang Gottes in der Welt«. Der Staat erweist sich nicht als

Links: Georg Friedrich Wilhelm Hegel in seinem Arbeitszimmer; Lithografie von Julius Sehbers 1828.

Rechts: Titelblatt der Erstausgabe von Hegels »Phänomenologie des Geistes.«

Produkt menschlichen Willens in Form eines Gesellschaftsvertrags, sondern als Vollzug des göttlichen Willens. Damit kommt dem Staat eine religiöse Begründung zu. Sittliches Handeln in Familie, Gesellschaft und Staat sind notwendig, um Gott in der Welt sichtbar werden zu lassen. Jeder Einzelne besitzt seine begründete und aktive Teilhabe an der konkreten Sittlichkeit des Staates. Alle Individuen sind wichtiger Teil des sich entwickelnden Staates. Der Mensch wirkt mit an der Weltgeschichte.

Hegel entwickelt das Bild einer bürgerlichen Gesellschaft, die den Staat benötigt, um Individualität, Sittlichkeit, aber auch Freiheit auszubilden. In diesem Kontext spricht er dann noch dem Christentum, insbesondere der reformierten Kirche, die Rolle der am höchsten entwickelten Religion in der Geschichte und damit im Gang Gottes durch die Welt zu. Hier erklärt sich die Anziehungskraft zwischen preußischem Staat und Hegelscher Lehre ganz unmittelbar. In der durch die napoleonische Ära erschütterten Welt offenbart Hegel Sinn und Ort der bürgerlichen Gesellschaft im neuzeitlichen Staat. Er verknüpft Sittlichkeit, Familie, Staat und Christentum in einem positiven, nach vorn gerichteten Sinnzusammenhang eines großen Ganzen.

Vom Agrarland zum Industriestaat

Als die Hohenzollern im 15. Jahrhundert die Herrschaft in Brandenburg übernahmen, galt dieses als »Streusandbüchse« des Reiches: Landwirtschaft auf kargen Böden prägte das Land; die Zahl der Städte in dieser Randregion des Reiches war gering; allein Frankfurt/Oder hatte einen größeren Außenhandel zu verzeichnen. Dementsprechend schwach war auch das Bürgertum. Kleinere Handwerksbetriebe stellten – meist auf Bestellung – Waren des täglichen Bedarfs her, Krämer verkauften diese. 500 Jahre später sah dies ganz anders aus: Aus dem Agrarland war einer der führenden Industriestaaten der Welt geworden.

Keine Frage – der Weg dorthin war lang, voller Rückschläge und Widersprüche. Zudem entbehrt es nicht einer gewissen Ironie, dass ausgerechnet der Dreißigjährige Krieg mit seinen großen Verlusten an Einwohnern und seinen ungeheuren Zerstörungen in gewissem Sinn sogar der Ursprung einer Entwicklung war, die sich am Ende als erstaunliche Erfolgsgeschichte herausstellen sollte. Wohl kaum ein Herrscher war wie der Große Kurfürst gezwungen, gezielt Maßnamen zu ergreifen, um die Zahl der Einwohner zu erhöhen und die Finanz- und Wirtschaftskraft seines Landes zu stärken. Nur so, mit der Ausrichtung der Wirtschaft auf den Staat, schien es möglich, ein modernes, allein dem Herrscher verpflichtetes stehendes Heer aufzubauen, das diesen wiederum in die Lage versetzte, erfolgreich europäische Machtpolitik zu betreiben. Der Aufbau der Staatswirtschaft schloss die Erfüllung anderer Aufgaben nicht aus, Machterweiterung war aber zweifellos ihr wichtigster Wesenszweck.

»Peuplierung« war in diesem Kontext das »Zauberwort« und meinte damit in Anlehnung an Veit Ludwig von Seckendorff, »daß an der Menge der Unterthanen das gröste Glück des Regenten gelegen und daß solche der rechte Schatz des Landes sey«. Gezielt ließ der Große Kurfürst daher Neubürger aus anderen Regionen des Reiches, aber auch aus dem Ausland anwerben, um den Landesausbau durch die Gewinnung von neuem Kulturland sowie die Entwicklung von Handel und Gewerbe voranzutreiben. Ein neues, gegen manche Widerstände eingeführtes Steuersystem, die Akzise, d. h. eine Verbrauchssteuer, sowie der Ausbau des Kanal- und Wegenetzes ergänzten diese Politik. Hinter allem stand eine zutiefst vom Calvinismus beeinflusste Haltung: Religiöse Überzeugung, Arbeitsmoral, Pflichterfüllung und wirtschaftlicher Erfolg gingen eine Symbiose ein und bildeten die Grundlage für einen allmählichen, schließlich aber erfolgreichen Aufschwung. Damit einher ging eine große Sparsamkeit. Anders als bei vielen anderen Barockfürsten waren die im Grunde unproduktiven Ausgaben für die eigene Hofhaltung eher gering, sieht man einmal von dem verschwenderischen Verhalten des ersten Preußenkönigs, Friedrich I., ab. Umso mehr knüpfte sein Sohn, der »Soldatenkönig«, an die von seinem Großvater, dem Großen Kurfürsten, eingeleitete Politik an, erhob »Sparsamkeit« gleichsam zum Staatsziel, um den preußischen »Militär- und Beamtenstaat« aufzubauen. Viel stärker als dieser orientierte er sich dabei an merkantilistischen Prinzipien: Erhöhung der Produktion im Inland durch Förderung der Landwirtschaft und der Manufakturen, Verbesserung der Verteilung der Waren durch Unterstützung des Handels und Ausbau der Verkehrswege; aktive Handelspolitik nach außen, um Gold und Silber ins Land zu holen und so dessen Wohlstand zu steigern.

Erste Manufakturen waren bereits in der Zeit des Großen Kurfürsten entstanden: 1678 eine Wollmanufaktur in Berlin, 1679 eine Zuckersiederei, 1681 eine Tabakspinnerei. Hinzu kamen Eisen- und Kupferhämmer in Peitz, Eberswalde, Zehdenick und Neustadt an der Dosse. Manche dieser Unternehmen kamen über ihre Anfänge trotz staatlicher Förderung kaum hinaus, litten unter ausländischer Konkurrenz, technischer Rückständigkeit und Festhalten an überkommenen Formen des Wirtschaftens. Der Ausbau der Gutsherrschaft hatte zudem zur Folge, dass die Besitzer der Rittergüter ihre Produkte – vor allem qualitativ hochwertige Schafwolle – lieber an besser zahlende ausländische Kunden verkauften als an einheimische Kaufleute. So klagte Salzwedel noch 1775, dass von einst 70 bis 80 Tuchmachern nur noch 18 bis 20 übrig geblieben waren, der einst wichtige Handel mit Hamburg fast zum Erliegen gekommen war.

Titelblatt einer Information über erste Erfahrungen in der Runkelrüben-Zuckerfabrikation »zu Cunern in Schlesien« von Franz Karl Achard, dem Begründer der Rübenzuckerfabrikation.

Zahlreiche Manufakturen erwiesen sich zudem schnell als Spekulations- und Verlustgeschäfte windiger Geschäftemacher. Andere wiederum entwickelten sich trotz mancher Startschwierigkeiten dann doch zu durchaus bedeutenden Unternehmen. So beschäftigte die Berliner Wollmanufaktur 1735 bereits 5000 Arbeiter. Grundlage für den Erfolg waren zum einen das der Manufaktur verliehene Monopol, zum anderen das Wollausfuhrverbot, dass ihr günstige Einkaufspreise im Inland sicherte. Zugleich ist die Berliner Wollmanufaktur aber auch ein Beispiel für das Funktionieren der Staatswirtschaft: In erster Linie belieferte sie das Heer mit Wollbekleidung. Zudem aber gab sie Soldaten und ihren Angehörigen in Berlin und anderen Garnisonsstädten Beschäftigung in der dienstfreien Zeit. Ihre Gewinne wiederum flossen an das Militärwaisenhaus in Potsdam, dessen Aufgabe die Versorgung und Erziehung von Soldatenkindern war.

Eine Zuckersiederei am Beginn des preußischen Industriezeitalters.

Der Weberaufstand, Radierung von Käthe Kollwitz, hier das Bild der »Sturm« aus dem Jahr 1897.

Friedrich II. knüpfte an diese Politik seines Vaters an, setzte sie jedoch noch systematischer um als dieser. »Zuschüsse, Steuererleichterungen, die Gewährung von Privilegien und Monopolen, Hilfe bei der Beschaffung von Fachkräften, Schutz vor Importkonkurrenz durch Zölle und Einfuhrverbote« (Karl Heinrich Kaufhold) schufen schließlich ein »Fabriksystem«, das maßgeblich dazu beitrug, Preußens Entwicklungsrückstand gegenüber anderen Staaten abzubauen. Ein Beispiel für diese Politik und den damit verknüpften Trend zum Großbetrieb ist das Seidengewerbe. 1754 entfielen von 417 Stühlen 378 auf vier, 1782 von 950 schon 712 Stühle auf elf Betriebe mit mehr als 25 Stühlen. Landausbau – »Meliorationen« erschlossen neues Kulturland, das Platz für die Ansiedlung von mehr 300 000 Menschen bot – und die Verbesserung überkommener Produktionsmethoden und -bedingungen in der Landwirtschaft nach englischem Vorbild sind ebenfalls hier zu erwähnen.

Die Kriege Friedrichs II. unterbrachen die allgemeine wirtschaftliche Entwicklung zwar, führten den Staat zeitweilig fast an den Rand des Bankrotts. Seit 1770 aber erholte sich die Wirtschaft – immer noch unter der Regie einer allgegenwärtigen Verwaltung. Dennoch ebnete Friedrich II., bei allem Misstrauen gegenüber der Eigeninitiative der eigenen Untertanen, zögerlich der Entwicklung privaten Unternehmertums den Weg. Ein Beispiel ist die Entwicklung der Bergbau- und Metallindustrie, aber auch des Textilgewerbes im mühsam eroberten Schlesien. Zwischen 1763 und 1786 sollen dort auf staatliche oder private Initiative mehr als 1300 »Industriebetriebe« gegründet worden sein. In diesen Kontext gehören auch die »Schlotbarone« aus dem Hochadel, die Henckel-Donnersmarcks, Hohenlohes und Renards, deren moderne Bergbau- und Hüttenanlagen bald die Grundlagen für eine sich entwickelnde Schwerindustrie legten. Durch den wachsenden Handel trieben sie zugleich den Ausbau des Straßennetzes, schließlich seit den 1830er-Jahren des Eisenbahnnetzes voran. Gleichwohl gab es Rückschläge auf dem Weg zum modernen Industriestaat: So groß die Hausse am Ende der Regierungszeit Friedrichs II. war, so gering war die Neigung, sich wirtschaftspolitischen Neuerungen zu öffnen. Die Lehren von Adam Smith und anderer moderner Ökonomen wurden zwar in den Berliner Salons diskutiert, aber nicht umgesetzt, obwohl Mitarbeiter heimischer Unternehmer, aber auch Angehörige der preußischen Bergwerksverwaltung wie der Freiherr von Stein nach England, Skandinavien oder Wallonien reisten, um die dortigen Fortschritte beim Übergang von der merkantilen zur industriellen Produktionsweise zu studieren, neue Technik kennenzulernen und erste Maschinen zu importieren. Der Gedanke, den Kräften des Marktes freien Lauf zu lassen, Staat und Gesellschaft von überkommenen Fesseln zu befreien, fand nicht zuletzt wegen der Dominanz der Landwirtschaft zunächst nur wenig Anklang. Die Sorge, bei freier Entfaltung der Marktkräfte die Grundlagen der bestehenden Gesellschaftsordnung zu untergraben, spielte dabei eine wichtige Rolle. Schließlich stellten die Gutsbesitzer Rekruten und Offiziere, sie beschäftigten die große Mehrzahl der Bevölkerung, waren zugleich Produzenten und Steuerzahler. Die Verschwendungssucht Friedrich Wilhelms II., die Kriege gegen das revolutionäre Frankreich, vor allem aber die ungeheuren Lasten, die Napoleon I. 1807 Preußen auferlegte, stürzten das Land und seine Bewohner schließlich in großes Elend. Ähnlich wie nach dem Dreißigjährigen Krieg ebnete diese Katastrophe allerdings auch den Weg für grundlegende Neuerungen. Ohne eine »Revolution von oben«, die, so die Botschaft der Reformer in der preußischen Verwaltung, alle Bereiche erfasste, war ein Wiederaufstieg Preußens nicht möglich. Landwirtschaft und Gewerbe wurden nun systematisch von alten Fesseln befreit.

Das soziale Elend war unbeschreiblich groß. Hier sieht man einen Arbeiter in der Wohnung in der Grünthalerstraße 46; koloriert von 1916.

1818 entstand mit dem neuen Zollgesetz endlich ein einheitlicher Binnenmarkt der verstreuten preußischen Provinzen, 1834 übernahm Preußen mit der Gründung des Zollvereins zumindest auf wirtschaftspolitischem Gebiet die Führung in Deutschland – 1871 mit der Reichsgründung, die infolge der »liberalen Ära« erneut einen Schub von wirtschaftspolitischen Reformen auslöste, auch politisch. Die führende Rolle dabei spielte jedoch nicht mehr der Staat, sondern das Unternehmertum. Vor 1800 hatte es dieses allenfalls in geringem Umfang gegeben; dessen Größe und Einfluss war zudem nicht mit dem seiner Standesgenossen in England, Frankreich oder auch den Niederlanden zu vergleichen. Doch dies sollte sich nun ändern, nachdem zukunftsorientierte und unternehmerisch denkende Beamte den Weg geebnet hatten. Innerhalb eines Jahrhunderts wurde Preußen zum modernen Industriestaat. Staatliche Musterbetriebe einerseits, von Pionieren aus dem In- und Ausland wie Friedrich Harkort, Friedrich Krupp und August Borsig, der Brüder Cockerill (England) oder Thomas Mulvany (Irland) gegründete private Unternehmen andererseits ergänzten dabei einander und trieben sich gegenseitig voran. Mangels eigener Erfahrungen wurden mit staatlicher Unterstützung ausländische Maschinen angekauft und nachgebaut; viele Unternehmer verbrachten zudem »Lehrjahre« in England – Alfred Krupp ist dafür nur ein Beispiel. Leitsektor des industriellen Fortschritts war der Eisenbahnbau: Zwischen 1840 und 1850 wuchs die Streckenlänge von 185 auf 2967 km; 1871 waren es 12 474 km. Damit einher ging die steigende Zahl von Lokomotiven. Gab es 1840 gerade einmal 13, so waren es 1878 schon 6991 Lokomotiven aus zudem eigener Produktion, die über dieses immer dichter werdende Schienennetz rollten. Gleichzeitig wurden die Straßen ausgebaut: 1816 auf 3836 km, 1835 auf 10 120 km, 1850 auf 16 689 km.

Erntehelfer beladen in der Provinz Schlesien einen Leiterwagen mit Roggengarben.

VOM AGRARLAND ZUM INDUSTRIESTAAT

Parallel wuchsen auch die übrigen Industriezweige, wie ein Blick auf die Zahl der Dampfmaschinen belegt: Gab es 1837 nur 419, so waren es 1878 schließlich 35 431 Dampfmaschinen, die mit immer größerer Leistung in den Werkshallen neuer Zentren die Produktion antrieben.

Diese Bildung neuer Zentren ist ebenfalls ein Kennzeichen des Wandels. Bedeutendstes industrielles Zentrum war in Anknüpfung an die Entwicklung des Manufakturwesens im 18. Jahrhundert Berlin, aber auch Oberschlesien und die Gebiete im Westen – Rheinland und Westfalen – entwickelten sich in immer schnellerem Tempo. Dort lag schließlich einer der wichtigsten Rohstoffe zum Antreiben der Dampfmaschinen oder zur Produktion von immer hochwertigerem Eisen und Stahl – Kohle. Eisenbahnen, Wasserwege – Rhein, Ruhr und Oder – oder neue Kanäle erleichterten den Transport von Rohstoffen und fertigen Produkten ebenso wie das Eisenbahnnetz. Ein neues Aktienrecht ermöglichte zugleich die Beschaffung des notwendigen Kapitals durch immer größere Bankhäuser für Großunternehmen im Eisenbahnbau, in der Schwerindustrie oder auch den schon früh entstehenden »neuen« Industrien im Maschinenbau, in Elektrokonzernen oder Chemiefabriken wie der Märkischen Maschinenbauanstalt, der Bayer AG oder der AEG.

Privater Unternehmergeist und staatliche Maßnahmen wie die Einführung der Gewerbefreiheit, die Errichtung von Gewerbeschulen, Akademien und technischen Hochschulen, den »kameralistischen Disziplinen« an den Universitäten und der Handelspolitik, die je nach Erfor-

Durch den industriellen Abbau von Kohle war es erst möglich, Eisenerz industriell zu Stahl zu verarbeiten. Die Arbeit der Stahlherstellung war zu allen Zeiten schwer, wie der Blick in eine Werkshalle von Krupp in Essen zeigt; Gemälde um 1880.

dernis die eigene Wirtschaft schützte oder – wie man seit dem Preußisch-französischen Handelsvertrag von 1862 die Märkte im Zeichen des Liberalismus zu öffnen versuchte – wären jedoch nicht erfolgreich gewesen, wenn es nicht ein gewaltiges Bevölkerungswachstum gegeben hätte. Hatte die preußische Bevölkerung in den Grenzen von 1846 im Jahr 1700 nur 5,1 Millionen betragen, so waren es 1740 bereits 6,4 Millionen, 1800 dann 8,8 Millionen und 1866 schließlich 19,5 Millionen. Mit den Reformen nach 1806 wurden diese mobil und suchten nach Arbeit außerhalb der Landwirtschaft. Innerhalb weniger Jahrzehnte gingen Millionen auf Wanderschaft: Die agrarischen Provinzen im Osten waren dabei die »Verlierer«, die im Westen die »Gewinner« dieser Binnenwanderung. Hatten in Ostpreußen 1816 noch 0,88 Millionen Menschen gelebt, waren es 1848: 1,45, 1871: 1,8 Millionen und 1910 schließlich 2 Millionen Einwohner. Ganz anders dagegen das Rheinland: 1816: 1,8, 1848: 2,8, 1871: 3,5 und 1910 schließlich 7,1 Millionen. Damit einher ging ein langsamer, aber unverkennbarer Strukturwandel: So waren in Preußen zwar auch 1882 noch 43,3 Prozent der Bevölkerung in der Landwirtschaft und nur 33,7 im gewerblichen Sektor tätig, 20 Jahre später hatte sich dieses Verhältnis dann aber umgekehrt. Die Bedingungen, unter denen diese Binnenwanderer Arbeit fanden, waren oft erbärmlich. Vor allem in der Übergangsphase, d. h. bevor die Industrialisierung richtig Fuß gefasst hatte, gab es unbeschreibliches Elend. Das der schlesischen Weber in den 1830er- und 1840er-Jahren ist von Gerhart Hauptmann später eindrucksvoll und ohne jegliche Übertreibung geschildert worden. Mit den neuen maschinellen Webstühlen konnten sie nicht konkurrieren, ein neues Auskommen zu finden, war zugleich nicht einfach. Hinzu kam die Wohnungsnot in den neuen Zentren. Diese wuchsen nun an Zahl wie auch an Einwohnern: Die Einwohnerschaft Berlins, der alten Gewerbestadt, wuchs zwischen 1800 und 1900 von 172 000 auf 1 889 000, die der Krupp-Stadt Essen von 4000 auf 119 000 im gleichen Zeitraum.

Immer mehr Menschen lebten fortan zugleich in immer größeren Städten mit mehr als 100 000 Einwohnern. Vor allem im Westen nahm deren Zahl rapide zu. In den dortigen Provinzen lebten 1910 schließlich häufig mehr als 10, teilweise sogar mehr als 30 Prozent aller Einwohner in solchen Großstädten. Dies bedeutete nicht, dass es die von Fontane beschriebenen oder von bekannten Künstlern gemalten idyllischen Gutshöfe, Dörfer und Kleinstädte in der Mark, in Pommern oder in Ostpreußen nicht mehr gab; Kennzeichen weiter Teile Preußens gegen Ende des 19. Jahrhunderts waren nun jedoch große städtische Zentren mit ihrem pulsierenden Leben, rauchenden Schloten und lärmenden Industriefabriken.

Der Geheime Oberfinanzrat Christian Peter Wilhelm Beuth im Januar 1821 anlässlich der Gründung des »Vereins zur Beförderung des Gewerbefleißes«

»Der Gewerbefleiß, welchen zu befördern wir beabsichtigen, ist die Grundlage des Reichthums einer Nation, und da wahrer Gewerbefleiß nicht ohne Tugend denkbar ist, so ist er auch die Grundlage der Nationalkraft überhaupt.

Wer in einem Lebensverhältnisse, welches es sey, still steht, der steht nur scheinbar still, die Wahrheit ist, er geht zurück; es giebt nur Vorschreiten und Rückschreiten im Leben. – Diese Wahrheit ist nirgends sichtbarer, als beim Betriebe der Gewerbe. – Der Gewerbebetreibende lebt im Wettstreit mit seinen nächsten Gewerbsgenossen, mit den Gewerbsgenossen desselben Landes, mit denen der übrigen Welt; alle suchen es ihm zuvorzuthun, ihm den Rang abzugewinnen. Wie auch diese Konkurrenz angefeindet werden mag, wir Preußen dürfen nicht vergessen, daß sie allein viele Tausende unserer Mitbürger erhält …

Die Überzeugung, meine Herren, daß Gewerbefleiß die Grundlage der Wohlfahrt eines Landes sey, daß es mithin ein Verdienst sey, das Fortschreiten und die Vervollkommnung der Gewerbe zu fördern, so wie insbesondere die Überzeugung, daß die Bildung einem Stande hauptsächlich Ansehn und Wichtigkeit in der bürgerlichen Gesellschaft gebe und sichere, hat um so eher freie Vereinigungen zu diesem Zwecke hervorgebracht, je eher in einem Volke der Sinn für Nationalwohlfahrt und öffentliches Leben erwacht war.«

Das weiße Gold – Die Königliche Porzellan-Manufaktur Berlin

Ihr Markenzeichen ist ein kobaltblaues Zepter. In den ersten Jahrzehnten noch mit der Hand gemalt, wird es seit 1837 auf jedes Stück gestempelt. Die Rede ist von der Königlichen Porzellan-Manufaktur Berlin, kurz KPM. Als eines der ältesten Berliner Unternehmen hat sie seit über 250 Jahren mit ihren zeitlosen Stücken stilprägend gewirkt.

Porzellan, auch weißes Gold genannt, wurde erstmals im 7. Jahrhundert in China hergestellt. Mit der Eröffnung der Seehandelswege in das Reich der Mitte gelangte es vermehrt nach Europa und erfreute sich sofort an den europäischen Fürstenhöfen nicht nur als Gebrauchsgeschirr, sondern zunehmend als Statussymbol höchster Beliebtheit. Während des Barock und des Rokoko entstanden in vielen Palästen und Schlössern Porzellankabinette, die von der Kunstfertigkeit der chinesischen und später europäischen Porzellanmanufakturen zeugen. Versuche, den geheim gehaltenen Herstellungsprozess in Europa nachzuvollziehen, scheiterten lange Zeit. Erst 1709 gelang es schließlich Johann Friedrich Böttiger am Hof des sächsischen Königs August des Starken, Porzellan herzustellen. Im Lauf der nächsten Jahrzehnte entstanden überall in Europa die ersten Porzellanmanufakturen.

Diese vorwiegend Gebrauchsporzellan herstellende Manufaktur musste jedoch wegen finanzieller Schwierigkeiten schon nach wenigen Jahren schließen. Welche Bedeutung Friedrich der Große der Porzellanherstellung beimaß, zeigt die Tatsache, dass er sich persönlich in der Endphase des Siebenjährigen Krieges, als die Existenz Preußens auf dem Spiel stand, um die Neugründung einer Berliner Porzellanmanufaktur bemühte. Mit Johann Ernst Gotzkowsky fand er einen selbstbewussten Unternehmer, der das Wagnis einging. Er warb sächsische Fachleute in Meißen ab oder ließ sie, wahrscheinlich mit stillschweigender Billigung Friedrich des Großen, aus dem durch preußische Truppen besetzten Sachsen einfach entführen. Als der gerade erst gegründeten Porzellanmanufaktur aufgrund spekulativer Geldgeschäfte des Inhabers der Ruin drohte, erwarb sie der preußische König 1763 für 225 000 Reichstaler. Mit diesem Schritt begann die Erfolgsgeschichte der nun königlichen Manufaktur. Fried-

Königliche Porzellan-Manufaktur, Berlin, Leipziger Straße, 1763 gegründet; Aquarell von Eduard Gärtner.

richs des Großen Interesse an ihr erschöpfte sich nicht nur in seinem unternehmerischen Einfluss. Er überwachte sie, machte bei eigenen Bestellungen detaillierte künstlerische Vorgaben und entwickelte sie zu einem Musterbetrieb. In den folgenden Jahrzehnten erlebte die Porzellanmanufaktur einen stetigen Aufschwung.

Als die Zahl der Nachahmungen anstieg, fügte man 1832 dem Zepter den Reichsapfel mit den Buchstaben K.P.M. und einige Jahre später die Umschrift Königliche Porzellan-Manufaktur mit dem preußischen Adler hinzu. In der zweiten Hälfte des 19. Jahrhunderts gewann die KPM Vor-

bildcharakter für die keramische Industrie im Kaiserreich. Mit der Niederlage im Ersten Weltkrieg änderten sich die Besitzverhältnisse. 1918 ging die KPM in den Besitz des Landes Berlin über und führte fortan den Namen Staatliche Porzellan-Manufaktur Berlin. In den ersten Jahrzehnten des 20. Jahrhunderts nahm die künstlerische Entwicklung mit der Entwicklung eines späten floralen Jugendstils einen weiteren Aufschwung. Durch einen verheerenden Bombenangriff im November 1943 wurden die Fabrikationsgebäude am Berliner Tiergarten fast vollständig zerstört. Die unersetzliche Porzellansammlung ebenso wie Zeichnungen und Bücher waren glücklicherweise zuvor ausgelagert worden und blieben daher der Nachwelt erhalten. Die Produktion wurde nach Selb ausgelagert. Das in diesen Jahren produzierte Porzellan wurde durch ein kleines »s« gekennzeichnet. Seit 1957 ist die KPM wieder nach Berlin zurückgekehrt und in ihrem historischen Gebäude am Tiergarten beheimatet. 1988 wieder in Königlich Preußische Porzellan-Manufaktur umbenannt, befindet sie sich seit 2006 in Privatbesitz. Die KPM ist heute wieder eine feste Größe für hochwertiges Porzellan in verschiedenen Dekors; ihre handbemalten und handsignierten Stücke erfreuen sich weltweit größter Beliebtheit.

Johann Carl Friedrich August Borsig

Unternehmer mit sozialem Engagement und genialer Lokomotivbauer

Im Geburtsjahr 1804 des Breslauers Johann Carl Friedrich August Borsig hätte niemand den Siegeszug der Eisenbahnen voraussehen können. Noch weniger schien es dem späteren Zimmermanngesellen in die Wiege gelegt, in seinem Todesjahr 1854 mit der Maschinenbauanstalt von Borsig in Berlin das größte Werk Deutschlands für Lokomotiven zu hinterlassen. Ein trotz Stipendium abgebrochenes Studium am Königlichen Gewerbeinstitut in Berlin weist eher auf einen Mann der Praxis hin, der ab 1825 Beruf und Berufung in der Maschinenbauanstalt und Gießerei von Franz Anton Egells in Berlin erlernen und finden sollte. Hier reüssierte er schnell mit dem erfolgreichen Bau einer Dampfmaschine. In guter Stellung als Betriebsleiter und finanziell abgesichert, heiratet er 1828 Louise Pahl. Der 1829 geborene einzige Sohn Albert sollte das Unternehmen später erfolgreich weiterführen und es zum weltweit zweitgrößten Lokomotivlieferanten machen.

Doch zuerst musste der unabsehbare Schritt in die Zukunft von Maschinenbau, Eisenbahnen, Kohle und Stahl gewagt werden. Tatkraft und Unternehmergeist waren Merkmale der großen erfolgreichen (Eisenbahn-)Unternehmer während der Industrialisierung im 19. Jahrhundert. Wagemut und Weitsicht waren auch dringend notwendig angesichts der vielen öffentlichen Bedenken gegen dieses mysteriöse Transportmittel. Bedenken gegen den Verlust von Arbeitsplätzen wurden ebenso ins Feld geführt wie die Sorge um Landschaftszerstörung und Gesundheitsgefährdung durch zu hohe Geschwindigkeiten. Erste Aktiengesellschaften gingen grandios bankrott, und der ständige Wechsel zwischen Staats- und Privatbahnen trug auch nicht zur unternehmerischen Sicherheit bei. Umso beeindruckender erscheint im Rückblick der Glaube der »Pionierunternehmer« wie Anton Borsig an die Zukunft eines Transportmittels, das Raum- und Zeitvorstellung völlig verändern sollte. Dabei wurden 1837, im Gründungsjahr seiner Eisengießerei in der Chausseestraße/ Oranienburger Tor in Berlin-Mitte, zunächst Dampfmaschinen und Dampfkessel produziert. Die Berlin-Potsdamer-Eisenbahngesellschaft bescherte dem

Johann Carl Friedrich August Borsig; Porträt um 1850.

LEBENSWELTEN GESELLSCHAFT, WIRTSCHAFT UND KULTUR

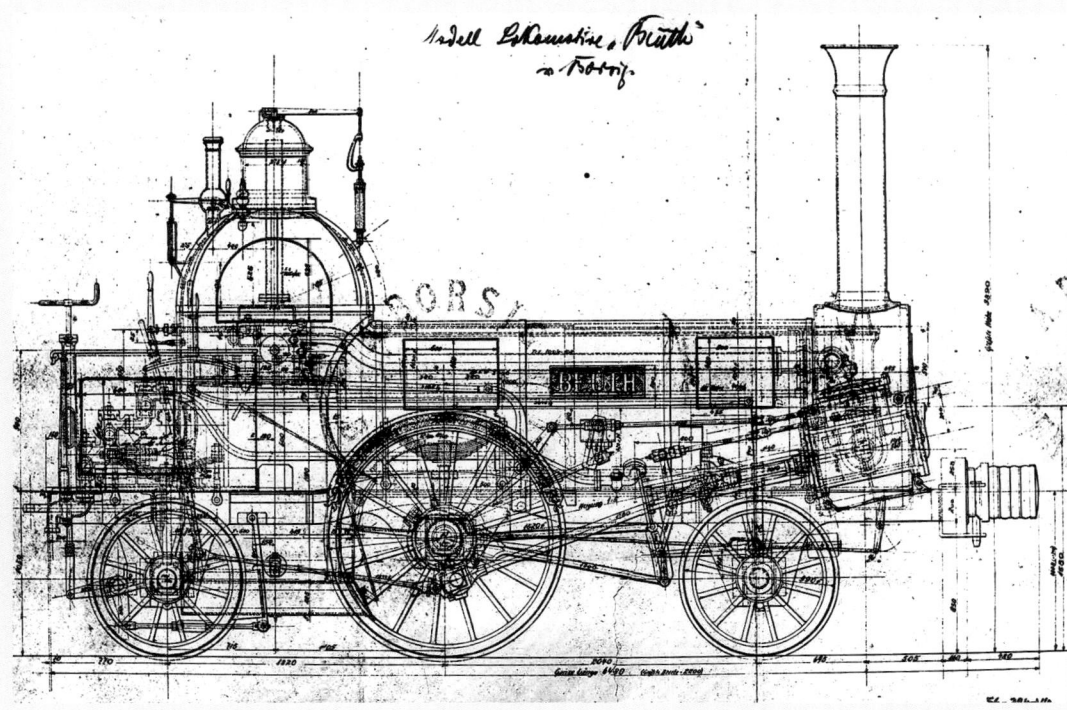

Konstruktionszeichnung der Lokomotive Beuth von August Borsig aus dem Jahr 1841.

33-jährigen Firmengründer dann den ersten großen Zulieferungsauftrag für Schrauben und Schienenstühle. Überzeugt von der Leistungsfähigkeit seines Werks übertrug ihm die Gesellschaft anschließend die Wartungsarbeiten an ihren Lokomotiven. Dies nutzte Borsig, um eine eigene Lokomotive zu entwickeln, einen etwas veränderten Nachbau einer amerikanischen Maschine. Noch mussten alle Lokomotiven eingeführt werden. Britische und amerikanische Firmen waren Marktführer. Doch die »Borsig 1« erwies sich nicht nur als gute, sondern sogar als verbesserte Kopie einer amerikanischen Lokomotive, die sich 1841 in einem Wettrennen gegen die angelsächsische Konkurrenz durchgesetzt hatte. Der Siegeszug seiner Lokomotiven war nicht mehr aufzuhalten. Da gleichzeitig der Markt expandierte, wuchs die Firma rasant. Auf der Berliner Gewerbeausstellung 1844 präsentierte Borsig mit der »Beuth« seine erste Eigenentwicklung. 1846 wurde die 100. Lokomotive gebaut und in seinem Todesjahr 1854 bereits die 500. Neben dem Lokomotivbau blieb die Firma im Maschinenbau und der Eisengießerei tätig und produzierte beispielsweise die Pumpanlage der Wasserfontänen im Schloss Sanssouci sowie die Kuppeln der Nikolaikirche in Potsdam und des Berlinschlosses. Borsig zeichnete neben seinen unternehmerischen Aktivitäten auch für eine Vielzahl von Erfindungen verantwortlich.

Wie einige weitere der großen Unternehmergestalten des 19. Jahrhunderts dachte Borsig weitsichtig in sozialer Dimensionen. In einer Zeit ohne Sozialsystem bot er seinen Arbeitern eine Sparkasse, eine Krankenkasse und eine Sterbekasse. Ein Unterrichtsraum, ein Speiseraum und ein Bad mit Schwimmbecken runden das Bild eines strengen, aber um Motivation und Wohlergehen seiner Arbeiter bemühten Firmenchefs ab. Davon zeugt auch der Bau der privaten »Villa Borsig«, deren von Peter Joseph Lenné erbauter Park jedoch gegen Eintrittsgeld öffentlich war. Das Geld kam der unternehmenseigenen Krankenkasse zugute. Der in seinem Todesjahr noch zum »Geheimen Kommerzienrat« ernannte August Borsig steht für ein Preußen, in dem sich wagemutiges Unternehmertum und soziales Engagement für die Arbeiter zu einer erfolgreichen Großindustrie verbanden.

Universitäten und Wissenschaft

Dass Preußen im 19. Jahrhundert eine der weltweit führenden Wissensgesellschaften werden würde, wusste Kurfürst Joachim I. nicht, als er 1506 in Frankfurt/Oder mit der Alma Mater Viadrina die erste brandenburgische Universität gründete. Ebenso wie die anderen Territorialfürsten seiner Zeit wollte er einen Wissenspool schaffen, der zum einen seine Herrschaft aufwerten, zum anderen der Ausbildung seiner Landesbeamten dienen sollte. Dem Beispiel ihres Vorfahren folgend, förderten zukünftig alle preußischen Herrscher die Wissenschaft in ihrem Königreich.

So gründete Friedrich I. 1694 nicht nur die Universität Halle, die durch den Philosophen Christian Wolff sowie den Rechtsgelehrten Christian Thomasius zu einem der Ausgangspunkte der deutschen Aufklärung wurde, sondern am 11. Juli 1700 auch die Königlich-Preußische Akademie der Wissenschaften in Berlin. Bis zu Beginn des 19. Jahrhunderts nicht vom Staat unterstützt, finanzierte sie sich durch das Monopol auf Herstellung und Verkauf von Kalendern aller Art. Ihr erster Präsident, Gottfried Wilhelm Leibniz, gab der Akademie eine moderne Struktur. Im Gegensatz zu anderen europäischen Akademien, wie die Académie française in Paris oder die Royal Society in London, fasste sie erstmalig Geistes- und Naturwissenschaften zusammen und wurde so Vorbild für zukünftige Akademiegründungen.

Die Bereitschaft, innovative Wissenschaftsförderung zu betreiben, zeichnete auch den »Soldatenkönig« Friedrich Wilhelm I. aus. Er erweiterte die Universitäten in Frankfurt an der Oder und in Halle durch moderne Lehrstühle für

Gottfried Wilhelm Leibniz im Kreis von Königin Sophie Charlotte von Preußen, die die Gründung der Königlich-Preußischen Akademie der Wissenschaften in besonderer Weise unterstützte; Holzstich nach einer Zeichnung von Theobald von Oer.

»Ökonomie, Policey und Kammer-Sachen«. Nach anfänglichem Zögern nahmen auch andere Universitäten die Kameralistik in ihren Fächerkanon auf. Das dank seiner akademischen Ausbildung Mitte des 18. Jahrhunderts entstehende Bildungsbürgertum, das durch Leistung und nicht durch Geburtsrecht seine gesellschaftliche Position als Richter, Professor oder Arzt erworben hatte, avancierte auch in Preußen zum Motor der Modernisierung.

Der Zusammenbruch des altpreußischen Staates infolge der vernichtenden Niederlagen von Jena und Auerstedt 1806 gegen Napoleon führte zu den preußischen Reformen. Friedrich Wilhelm III., davon überzeugt, veraltete militärische und gesellschaftliche Strukturen seien die Ursache für die Katastrophe, sah gemäß der Devise »Der Staat soll durch geistige Kräfte ersetzen, was er an materiellen verloren hat«, in einer Bildungsreform ein Kernstück des Reformwerks.

Mit dieser Bildungsreform ist der Name Wilhelm von Humboldt untrennbar verbunden. Er gründete als preußischer Bildungsminister 1809 in Berlin die Friedrich-Wilhelm-Universität, in der erstmals die Einheit von Lehre und Forschung umgesetzt wurde. Damit setzte er Maßstäbe für den Aufstieg der Wissenschaften in Preußen und Deutschland. Die Friedrich-Wilhelm-Universität wurde in kürzester Zeit die führende Hochschule in Deutschland und versammelte bald die wichtigsten Vertreter aller Fachrichtungen in Berlin. Zugleich prägte dieser Schritt der Modernisierung von Wissenschaft und Bildung entscheidend das preußisch-deutsche Bürgertum.

Robert Koch mit seinen Mitarbeitern 1890 im Laboratorium; nach einer Zeichnung von Hermann Lüders.

UNIVERSITÄTEN UND WISSENSCHAFT

1694 gründete Friedrich I. die Universität von Halle.

Neben Berlin wurden in Breslau 1811 und Bonn 1813 ebenfalls moderne, leistungsstarke Universitäten gegründet. Preußen wurde damit nicht nur in Deutschland, sondern auch in vielen anderen Staaten zum nachgeahmten Vorbild.

An preußischen Hochschulen blühten zu Beginn des 19. Jahrhunderts mit Hegel, Fichte, Kant und später mit Schopenhauer nicht nur die Philosophie auf, sondern im Lauf der Jahrzehnte auch die Geschichtswissenschaften mit Ranke, Treitschke, Droysen und Mommsen sowie die

Die erste Berliner Universität, die heutige Humboldt-Universität, nahm 1810 ihren Lehrbetrieb auf.

Natur- und Ingenieurwissenschaften mit Planck, Behring, Koch, Virchow, Fischer, Einstein, Hahn und Meitner. Berlin entwickelte sich mit der Charité als der wichtigsten deutschen medizinischen Forschungs- und Lehreinrichtung, der Technischen Hochschule, der Preußischen Akademie der Wissenschaften sowie der 1911 gegründeten »Kaiser-Wilhelm-Gesellschaft zur Förderung der Wissenschaften« zur zentralen technisch-naturwissenschaftlichen Grundlagenforschungseinrichtung, zum »deutschen Oxford« und zur preußisch-deutschen Nobelpreisschmiede.

Rudolf Virchow

Arzt, Politiker, Anthropologe

Nach einer stürmischen Debatte über die Senkung der Militärausgaben im preußischen Landtag lehnte Rudolf Virchow 1865 mit den Worten, dies »sei keine zeitgemäße Art der Diskussion«, die Aufforderung des preußischen Ministerpräsidenten Otto von Bismarck zum Duell ab. Die Medizin revolutionierte er mit der Lehre von der krankhaften Veränderung von Zellen und deren Folgen, und er gilt als Gründer der modernen Pathologie. Vehement trat er für eine verbesserte Kanalisation sowie eine zentrale Trinkwasserversorgung in Berlin ein. Er gehörte zu den Gründungsmitgliedern berühmter Berliner Museen, wie dem Völkerkundemuseum und dem Ethnologischen Museum. Nicht zuletzt verdankt ihm Berlin die trojanische Sammlung Heinrich Schliemanns.

Wer war dieser Mann, der den sonst so kühlen Bismarck während des preußischen Verfassungskonflikts mit seinen Forderungen bis aufs Blut gereizt hatte? Der am 13. Oktober 1821 in Pommern geborene Rudolf Virchow war leidenschaftlicher Arzt, Politiker aus Überzeugung sowie Anthropologe und Archäologe aus Passion.

Der Stipendiat der berühmten Berliner Militärärzte-Akademie Pépinière wandte sich schon während seines Studiums der Pathologie zu. In diesem Forschungsfeld war er auch später an der Berliner Charité tätig, wo er erstmals das Krankheitsbild der Thrombose und der Leukämie nachwies. Virchows umfassendes Interesse ging über die Medizin weit hinaus. Die sozialen Missstände seiner Zeit führten ihn während der Märzrevolution von 1848 an die Seite der linksliberalen Reformer. Sein politisches Engagement begründete er mit den Worten: »Wer kann sich darüber wundern, dass die Demokratie und der Sozialismus nirgends mehr Anhänger fand, als unter den Ärzten? Dass überall auf der äußersten Linken, zum Teil an der Spitze der Bewegung, Ärzte stehen? Die Medizin ist eine soziale Wissenschaft, und die Politik ist weiter nichts als Medizin im Großen.« Seine radikaldemokratische Überzeugung kostete ihn seine Anstellung. 1849 folgte er einem Ruf nach Augsburg, wo er endgültig zur Berühmtheit wurde. Nachdem die preußische Regierung ihre Bedenken gegenüber dem politisch unbequemen Professor aufgegeben hatte, folgte er 1856 als Direktor des neugegründeten Pathologischen Instituts dem Ruf zurück an die Charité.

Seinen Weltruhm erwarb er sich in jenen Jahren mit dem Werk »Die Celluarpathologie in ihrer Begründung auf physiologische und pathologische Gewebelehre«. Die Politik ließ ihn zeitlebens nicht los. So gehörte er folgerichtig 1861 zu den Mitbegründern der Deutschen Fortschrittspartei und zog für diese ein Jahr später als Abgeordneter in den preu-ßischen Landtag ein. Als einer der schärfsten Kritiker Bismarcks lieferte sich Virchow dort heftige Wortgefechte mit dem preußischen Ministerpräsidenten. Er forderte die Reduzierung der Militärausgaben zugunsten des Aufbaus einer funktionierenden öffentlichen Sozialfürsorge. Letztlich setzte Bismarck jedoch die Roonsche Heeresregorganisation gegen allen parlamentarischen Widerstand durch. Als Mitglied des Reichstags prägte und

Rudolf Virchow; Porträtaufnahme um 1870.

Rudolf-Virchow-Krankenhaus in Berlin-Wedding, Reinickendorfer Straße, eröffnet am 1. August 1890; Holzstich um 1890.

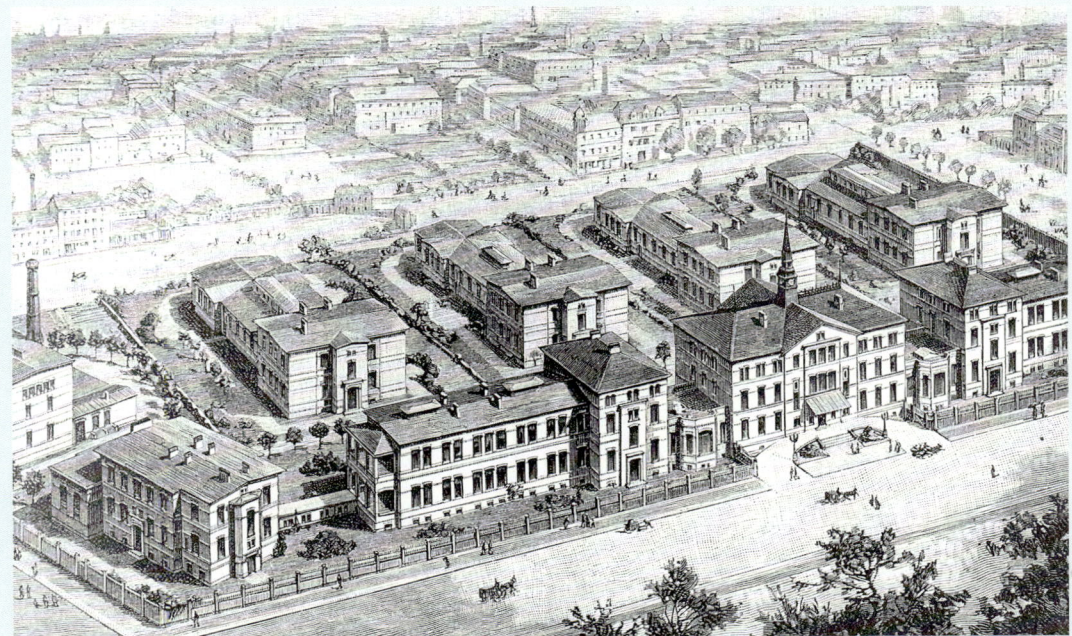

popularisierte Virchow, der als linksliberaler Politiker strikt für die Trennung von Kirche und Staat eintrat, nach 1873 den Begriff des Kulturkampfs.

Der Begründer der modernen Pathologie blieb bei allem politischen Engagement jedoch zuallererst Arzt. Notwendiger Hygiene- und Krankheitsvorbeugung galt sein ganzes Engagement, einhergehend mit dem von ihm vorangetriebenen Ausbau der staatlichen Gesundheitsfürsorge. Im Rahmen seiner kommunalpolitischen Aktivitäten in Berlin trat er für den Bau von modernen Krankenhäusern, hygienischen Markthallen und Schlachthöfen ein. Daneben förderte Virchow noch verschiedene Museen, gründete die deutsche Gesellschaft für Anthropologie mit und betrieb neben anthropologischen auch archäologische Studien. Am 5. September 1902 verstarb mit Professor Rudolf Virchow nicht nur einer der bedeutendsten Mediziner des 19. Jahrhunderts, sondern auch ein engagierter und überzeugter Politiker sowie ein außergewöhnlich erfolgreicher Forscher.

Militarismus

Am 16. Oktober 1906 besetzte ein Hauptmann des 1. Garderegiments zu Fuß mit zehn Soldaten das Rathaus von Köpenick, verhaftete den Bürgermeister wegen finanzieller Unregelmäßigkeiten, beschlagnahmte im »Namen seiner Majestät« die Stadtkasse und verschwand nach kurzer Zeit spurlos mit dem Geld. Ohne zu murren, hatten sich zuvor die Soldaten sowie die örtlichen Gendarmen dem vermeintlichen Offizier unterstellt. Auch die Köpenicker Beamten zweifelten nicht an der Identität des Offiziers, des in Wirklichkeit vorbestraften Schusters Wilhelm Voigt, der sich die Uniform auf einem Trödelmarkt besorgt hatte, und leisteten seinen Anordnungen vorbehaltlos Folge. Tage später wurde Voigt verhaftet und wegen unbefugten Tragens einer Uniform, Diebstahls und Freiheitsberaubung verurteilt.

Das Gaunerstück ging als Köpenickiade in die Geschichte ein. In Carl Zuckmayers Tragikomödie »Der Hauptmann von Köpenick« fand es als Symbol des preußisch-deutschen Militarismus seinen literarischen Niederschlag.

Dass das Tragen von Uniformen einem Menschen eine nicht hinterfragte Autorität verlieh, stieß im Kaiserreich auf ein geteiltes Echo. Während der Kaiser den Überfall mit den Worten: »Da kann man sehen, was Disziplin heißt. Kein Volk der Erde macht uns das nach!«, wohlwollend kommentiert haben soll, wies die Berliner Volks-Zeitung auf den ernsten Hintergrund des Vorfalls hin. »So unsagbar komisch, so unbeschreiblich lächerlich diese Geschichte ist, eine so beschämend ernste Seite hat sie. Das Köpenicker Gaunerstückchen stellt sich dar als der glänzendste Sieg, den jemals der militaristische Gedanke in seiner äußersten Zuspitzung davongetragen hat.«

Das gestrige Intermezzo lehrt klipp und klar: Umkleide dich in Preußen-Deutschland mit einer Uniform, und du bist allmächtig. [...] Der Sieg des militärischen Kadavergehorsams über die gesunde Vernunft, über die Staatsordnung, über die Persönlichkeit des Einzelnen, das ist es, was sich gestern in der Köpenicker Komödie in grotesk-entsetzlicher Art offenbart hat.« Das Berliner Tagblatt stellte sogar einen direkten Bezug zu Preußen her, wenn es schrieb: »Wir merken, dass unsere Vorliebe für militärisches Gepränge und Gepräge, die jedem Preußen im Blute steckt, in den letzten Jahren allzu reichliche Nahrung erhalten hat.« Steckte den Preußen wirklich alles Militärische im Blut?

Militarismus ist keine preußische Erfindung. Er liegt weder den Preußen noch den Deutschen im Blut. Seine Ursprünge reichen jedoch weit in die preußische Geschichte zurück, bis in die Ära Friedrich Wilhelms I., der nicht ohne Grund den Beinamen der »Soldatenkönig« trägt. Unter seiner Herrschaft wandelte sich Preußen von einem Feudal- zu einem Militärstaat. Nirgendwo in Europa war der Primat des Militärs so ausgeprägt wie in Preußen. Die Folge war eine Militarisierung des sozialen Lebens.

Die Sonderstellung der Armee des altpreußischen Militärstaats förderte ein absolutistisch-autoritäres gesellschaftliches Umfeld, das die Entwicklung zu demokratischen Strukturen in Preußen bremste. Seit den Siegen Friedrichs des Großen hatte die Armee zudem den Nimbus der Unbesiegbarkeit, der erst mit der Niederlage gegen Napoleon Risse bekam. In den Jahrzehnten nach dem Sieg über Napoleon wurde die Armee vom Bürgertum aber auch verstärkt als ein Unterdrückungsinstrument des Königs wahrgenommen. Der Satz Scharnhorsts: »Alle Bewohner des Staates sind geborene Verteidiger desselben«, der den Bürgern während der Freiheitskriege Teilhabe an der Führung der Armee versprach, verblasste im Zeitalter der Restauration zusehends.

Nach der Niederschlagung der bürgerlichen Revolution 1848/49 durch die preußische Armee und der gegen den Widerstand des preußischen Landtags durchgesetzten Entbürgerlichung der Armee nahmen weite Kreise des preußischen und deutschen Bürgertums das Militär nur noch als reaktionäres Unterdrückungsinstrument der Krone wahr. Die militärischen Erfolge der »Reichseinigungskriege« führten jedoch sehr schnell zu einem Bewusstseinswandel in der preußischen und deutschen Bevölkerung. Für die meisten Deutschen hatte das Militär oder, wie Bismarck formulierte, »Eisen und Blut« das Reich geeint. Den Offizieren und Soldaten schien offensichtlich gelungen, woran die Politiker gescheitert waren.

Aufmarsch eines Schützenvereins in Sprottau um 1905.

Fortan galt die Armee als der Garant für die innere und äußere Stabilität des jungen Kaiserreichs. Das hohe Ansehen des Militärs führte zu einer Dominanz des Militärischen in Politik und Gesellschaft sowie zur Übertragung militärischer Prinzipien auf alle Lebensbereiche. Nicht der zivilen, sondern der militärischen Lösung von Konflikten redete man in Deutschland zunehmend das Wort. Krieg galt als die legitime »ultima ratio« der Politik. Zum Teil wurde er geradezu herbeigesehnt. Der Chef des Generalstabs, Helmuth von Moltke d. Ä., verstieg sich sogar zu der Äußerung, der Frieden sei lediglich ein Traum »und nicht einmal ein schöner«. Der Primat des Militärischen spiegelte sich in der säbelrasselnden Außenpolitik des Wilhelminismus, sei es in dem Flottenwettrüsten mit Großbritannien oder der widerspruchslosen Billigung des Schlieffenplans für den Kriegsfall, wider.

Führende Militärs beanspruchten für sich ein politisches Mitspracherecht in der Innen- und Außenpolitik, da nur so die Sicherheit des Reiches gewährleistet sei. Verantwortliche Politiker versuchten immer wieder, die Eingriffe des »Kriegshandwerks« in die »Staatskunst« zu verhindern. Doch lediglich Bismarck ist dies als Reichskanzler gelungen. Seine Nachfolger standen den militärischen Forderungen oft eher hilflos gegenüber.

In der zweiten Hälfte des 19. Jahrhunderts spielte die Übertragung militärischer Wertvorstellung sowie Verhaltens- und Denkweisen auf alle Lebensumstände, mehr oder weniger in ganz Europa, eine große Rolle im gesellschaftlichen Leben. Nicht nur in Preußen-Deutschland trugen Mitglieder der Herrschaftshäuser bei öffentlichen Anlässen selbstverständlich Uniform.

Kaiser Wilhelm II. in Garde-Artillerie-Uniform. Durch seine bewusst zur Schau gestellte Vorliebe für alles Militärische war Wilhelm II. stilprägend; Foto um 1910.

Schon kleine Jungen wie dieser ließen sich von der Begeisterung Kaiser Wilhelms II. für alles Militärische mitreißen und zeigten sich gern in Uniform; Foto um 1915.

In Preußen-Deutschland war der Militarismus jedoch sehr viel markanter ausgeprägt als in anderen europäischen Staaten. Nirgendwo waren Unterordnung, Uniformgläubigkeit, soldatische Umgangsformen und militärische Lebensformen so verbreitet. Der »militärische Geist« wurde überall, auch von »kleinen Leuten«, gepflegt. Stolz ließen sich nicht nur Offiziere und Unteroffiziere, sondern auch Mannschaften in Uniform fotografieren. Öffentliche Veranstaltungen waren fast immer »militärische Schauspiele« und Militärparaden ein gesellschaftliches Ereignis. Offiziere hatten höchstes soziales Ansehen und Prestige, sie bildeten die Spitze der Gesellschaft. Für Söhne der besseren, bürgerlichen Gesellschaft war es das höchste Ziel, Reserveoffizier zu werden. So waren z. B. im Kyffhäuserbund über 30 000 örtliche Kriegervereine mit fast drei Millionen Mitgliedern organisiert, die das kriegerische Bewusstsein pflegten. Kaiser Wilhelm II. war durch seine offen zur Schau gestellte Vorliebe für alles Militärische stilprägend. Der Begeisterung des Monarchen für seine Marine folgend, trugen kleine Jungen im Kaiserreich voller Stolz Matrosenanzüge. Das Symbol für den preußischen Militarismus war die Pickelhaube. Vor den »Reichseinigungskriegen« in Deutschland als Symbol des preußischen Militarismus angesehen, wurde sie im Ausland als Sinnbild für den aus dem preußischen hervorgegangenen deutschen Militarismus umgedeutet und im Ersten Weltkrieg immer wieder zur Charakterisierung der blutrünstigen Deutschen eingesetzt. Bis heute bedeutet z. B. in der Gebärdensprache der Gehörlosen der über die Stirn nach oben gestreckte Zeigefinger »deutsch«.

Die Bewunderung seiner »Langen Kerls« war bei Friedrich Wilhelm I., dem Soldatenkönig, so ausgeprägt, dass sie ihm sogar Modell standen, wenn er versuchte, sich die Schmerzen der Gicht von der Seele zu malen; Holzstich nach einem Gemälde von Carl Becker.

Die Bedeutung des Reserveoffizierwesens im Jahr 1888

»Der Wert, den die junge Männerwelt der höheren Stände, auch der bürgerlichen Berufszweige, auf den Reserve- bzw. Landwehr-Offizier legt, tritt in mannigfachen Merkzeichen auf. Keine private Kundgebung, Familienanzeige und dergleichen, die nicht mindestens neben dem bürgerlichen Charakter [der Stellung] des Betreffenden auch den militärischen trüge, keine größere Festlichkeit, bei der nicht von den Berechtigten die Gelegenheit wahrgenommen würde, den Frack mit des Königs glänzendem Waffenkleide zu vertauschen. So tritt auch im bürgerlichen Leben im Menschen, wenn man so sagen darf, der Offizier-Beruf stets früher in die Erscheinung als der, der sein tägliches Dasein durchs Leben geleitet, und wir verstehen vollkommen, wenn die deutsche Gesellschaft in Ausländern, wie dies tatsächlich der Fall, den Eindruck hervorruft, als werde in ihr wesentlich alles nach militärischen Gesichtspunkten beurteilt.«

MILITARISMUS

Drei Orden für Preußen

Deutlicher hätte der Kurfürst und Markgraf von Brandenburg am 17. Januar 1701, dem Vorabend seiner Krönung, den neuen Machtanspruch als künftiger König in Preußen kaum sichtbar machen können. Als ersten Orden seines Königreichs stiftete er den »Ritter-Orden vom Schwarzen Adler«. Ein blau emailliertes Malteserkreuz mit schwarzen gekrönten Adlern und einem Medaillon in der Mitte mit dem Monogramm FR, für Fridericus Rex, sollte künftig die Ritter dieses exklusiven Ordens zieren.

Besondere Bedeutung erlangte allerdings der Wahlspruch im Medaillon des achtstrahligen silbernen Ordenssterns. Mit »Suum cuique«, dt.: »Jedem das Seine«, sollte ausdrücklich darauf hingewiesen werden, dass den Ausgezeichneten zuteil wird, was ihnen gebührt. Dass dieser Sinngehalt pervertiert werden konnte zu einem »Jedem das, was er verdient (hat)«, belegt die von innen zu lesende Inschrift »Jedem das Seine« im Eingangstor des Konzentrationslagers Buchenwald. Doch das war nicht (mehr) Preußen.

Den Orden mit dem »Suum Cuique« zu tragen, bedeutete vielmehr Auszeichnung und zugleich Anspruch an den Träger, dem preußischen König das zu geben, was ihm zustand. Friedrich I. band so die Führungselite der jungen Monarchie an seine Person und schuf ein Treueverhältnis, das bis zum Ende des Kaiserreichs Bestand haben sollte. Die beeindruckend kleine Zahl von nur 407 Ordensträgern in über 200 Jahren zeigt, weshalb er so begehrt blieb. Der Schwarze-Adlerorden sollte jeweils 30 lebenden Mitgliedern vorbehalten bleiben und musste immer getragen werden.

Verstöße wurden mit Geldbußen oder Ausschluss aus dem Orden geahndet. Die Ordenskette ging nach dem Tod des Trägers zurück an den Orden. Während bis 1848 eine adelige Abstammung nachzuweisen war, eröffnete Friedrich Wilhelm IV. am 20. Februar 1848 nicht adeligen Ordensrittern den Eintritt, verbunden mit dem erblichen Adelsstand. Allein die preußischen Prinzen waren von Geburt an Angehörige des Ordens. Sie durften den Orden jedoch erst nach ihrer Konfirmation bzw. später mit ihrer ersten Offiziersuniform tragen. Der Orden feierte noch bis 1941, dem Todesjahr Kaiser Wilhelms II., alljährlich sein Ordensfest am 11. Juli, dem Geburtstag des Ordensgründers. Auch

Friedrich I., König von Preußen, im Ornat des Schwarzen Adlerordens mit dem Ordensstern; Gemälde von Friedrich Wilhelm Weidemann.

Friedrich der Große nutzte seine Thronbesteigung 1740, um mit einem neuen Orden gleichsam programmatisch deutlich zu machen, was er anstrebte.

Im Gegensatz zum Orden »Schwarzer Adler« war der aus dem älteren »Orden de la Générosité« hervorgegangene neue »Pour le Mérite« ein Orden »für Verdienste«. Der Unterstützung der Eliten konnte sich der dritte preußische König inzwischen sicher sein, nun hieß es, Verdienste in bevorstehenden Kriegen würdigen zu können. Immerhin stand für ihn die Vergrößerung Preußens im Ersten Schlesischen Krieg an. Der Orden konnte zwar zunächst für zivile wie militärische Dienste verliehen werden, doch Friedrich II. selbst vergab ihn »in Friedenszeiten nicht gern«. Das änderte sich 1810, als König Friedrich Wilhelm III. nur noch Verdienste im Kampf gewürdigt sehen wollte. Den bis heute nachwirkenden Mythos als exklusive preußische Kriegsauszeichnung verdankt der »Pour le Mérite« seiner restriktiven Verleihungspraxis, gerade auch während des Ersten Weltkriegs. Nur 687 Offiziere wurden zwischen 1914 und 1920 (rückwirkend) damit ausgezeichnet. Mit Ernst Jünger starb dann 1998 der letzte Träger dieses Ordens, der mit Beginn der Großmachtstellung Preußens gestiftet wurde.

Ritter-Orden vom Schwarzen Adler als Kleinod für die Ordenskette, der höchste preußische Orden. Gestiftet wurde er 1701 von Kurfürst Friedrich III. von Brandenburg anlässlich seiner Krönung als Friedrich I. zum ersten König in Preußen.

Der von Friedrich dem Großen gestiftete Orden »Pour le Mérite« für militärische Verdienste.

Für zivile Orden galt etwas anderes: 1842 erneuerte eine königliche Kabinettsordre die »Friedens-Klasse für die Verdienste um die Wissenschaften und Künste«. Diese Ordensklasse sollte »nur solchen Männern verliehen werden, die sich durch weitverbreitete Anerkennung ihrer Verdienste in diesen Gebieten einen ausgezeichneten Namen erworben haben. Die Theologische Wissenschaft [wurde] ihrem Geiste gemäß, hiervon ausgeschlossen.« Mit Alexander von Humboldt hätte es keinen würdigeren ersten Ordenskanzler geben können. Viele bedeutende Gelehrte und Künstler aus dem In- und Ausland wurden in den folgenden Jahrzehnten mit dem »Pour le Mérite« geehrt. Selbstverständlich verlieh der Monarch den Orden, doch die Auswahl trafen die lebenden Ordensträger. In der jungen deutschen Demokratie erneuerte Bundespräsident Theodor Heuss 1952 die Friedensklasse des Ordens. Im Jahr 2010 gehörten ihm 39 deutsche und 32 ausländische Mitglieder aus Wissenschaft und Kunst an. Die Verbindung zwischen preußischer Geschichte und der Bundesrepublik Deutschland tritt hier genauso offen zutage, wie bei der wohl bekanntesten preußischen Tapferkeitsauszeichnung, dem Eisernen Kreuz. Es ist im öffentlichen Leben immer noch allgegenwärtig. Ihm kommt mehr als allen anderen Auszeichnungen eine Bedeutung zu, die für weit mehr steht als für Preußen.

Am Beginn steht das Frühjahr 1813, eine Zeit ganz im Zeichen der Mobilisierung aller Kräfte gegen Napoleon. So lag es durchaus nahe, eine Auszeichnung zu stiften, die Motivation und Anerkennung zugleich bieten könnte. Dabei konnte der König auf eine Initiative des Oberst von Gneisenau aus dem Jahr 1811 zurückgreifen. Er hatte in einer Denkschrift an den König angeregt, allen Kämpfern eine Schärpe in den preußischen Farben auf Lebenszeit zu verleihen. Diese Ausführung missfiel dem Monarchen aus ästhetischen Gründen, und er skizzierte alternativ ein Stoffkreuz, mit dem Hinweis auf die preußischen Farben und die des Deutschen Ordens. Seinen Entwurf schickte er an den berühmten Baumeister und damaligen Geheimen Oberbau-Assessor Karl Friedrich Schinkel zur künstlerischen Umsetzung. Im März 1813 konnte der Befreiungskampf jederzeit in die heiße Phase treten. Daher wurde beinahe zeitgleich schon die Stiftungsurkunde mit Datum vom 10. März 1813 an die Behörden und zur Veröffentlichung versandt. Der neue Orden sollte zwei Klassen und ein Großkreuz umfassen. Vor Verleihung der 1. Klasse musste zunächst die 2. Klasse erworben werden. Beide Klassen konnten nur mit anderer Bandfärbung auch an Zivilpersonen verliehen werden. Für das Großkreuz hatte der Ordensträger eine Schlacht zu gewinnen bzw. eine Festung zu erobern oder anhaltend zu verteidigen.

Nur zwei Ausnahme sind zu verzeichnen: Generalfeldmarschall Fürst von Blücher erhielt für den Sieg bei Belle Alliance (Waterloo) ein eigens für ihn gestiftetes Eisernes Kreuz mit Goldenen Strahlen (Blücherstern), und 1918 bekam Generalfeldmarschall von Hindenburg den »Hindenburgstern« für die Frühjahrsoffensiven.

Seine besondere Bedeutung sollte der Orden jedoch dadurch erhalten, dass »der Soldat mit dem General ganz gleich« für Tapferkeit ausgezeichnet werden konnten. Damit erfasst der dritte Orden nach Hochadel, Offizieren und Intellektuellen nun die gesamte Breite der Bevölkerung. Für die damaligen Zeitgenossen war das nicht nur ein revolutionärer Ansatz, es war Friedrich Wilhelm III. auch ernst damit. Eine erste Auszeichnungsliste, auf der nur hohe und höchste Staatsbeamte standen, wurde von ihm verworfen.

Das Eiserne Kreuz sollte doch »als Auszeichnung für alle Preußen« dienen. So war es nur konsequent, das zweite Eiserne Kreuz 2. Klasse dem Füsilier Lemke vom Bataillon Borcke für das Gefecht von Lüneburg am 2. April 1813 zu verleihen. Nur 15 439-mal wurde die 2. Klasse verliehen, davon 10 844-mal an Mannschaften, vom Feldwebel abwärts. Mit der im Kampf um die Freiheit der Nation verliehenen Auszeichnung waren hohe gesellschaftliche Anerkennung und weitere Vergünstigungen verbunden. Ehrensold, Verewigung auf Gedächtnistafeln, Anspruch auf Ehrenbezeugung von Wachen, Verbot der Verhängung von strengem Arrest und militärisches Ehrenbegräbnis sprechen für sich.

Am 10. März 1813 stiftete Wilhelm III. den dritten Orden: das Eiserne Kreuz »als Auszeichnung für alle Preußen«. In den Kriegen 1870, 1914 und 1939 wurde es neu gestiftet und drang tief in das nationale Bewusstsein ein, hier Eisernes Kreuz Erster Klasse aus dem Ersten Weltkrieg.

Mit dem Eisernen Kreuz verbanden sich bald im kollektiven Verständnis Freiheitsliebe und Tapferkeit. In den Kriegen 1870, 1914 und 1939 neu gestiftet, drang es tief in das nationale Bewusstsein ein. Außerhalb der preußischen Tradition stiftete Adolf Hitler 1939 noch als neue Stufe das Ritterkreuz. Im Ersten Weltkrieg entwickelte sich das Eiserne Kreuz zum nationalen Erkennungszeichen auf Panzerfahrzeugen, Fesselballons, Flugzeugen und Luftschiffen. Seit dem 1. Oktober 1956 ist es erneut Erkennungszeichen für die Luftfahrzeuge und Kampffahrzeuge der Bundeswehr sowie bei Truppenfahnen und Ehrenzeichen. Bewusst weg vom stilisierten Balkenkreuz der Wehrmacht kommt es der ursprünglichen Form wieder nahe. Es steht sichtbar für die Traditionslinie der Befreiungskriege, für die Teilhabe der Bürger am Staatswesen und seiner Verteidigung. Unter diesem Vorzeichen ist es immer noch aktuell für tapferen soldatischen Dienst für die Freiheit unter Inkaufnahme von Verwundung und Tod. Von den drei Orden ist dieser derjenige geblieben, der die größte Integrationskraft hatte. Es war der Orden für alle.

Urkunde über die Stiftung des Eisernen Kreuzes vom 10. März 1813

»*Wir Friedrich Wilhelm, von Gottes Gnaden König von Preußen usw. usw. In der jetzigen großen Katastrophe, von welcher für das Vaterland alles abhängt, verdient der kräftige Sinn, der die Nation so hoch erhebt, durch ganz eigentümliche Monumente geehrt und verewigt zu werden. Dass die Standhaftigkeit, mit welcher das Volk die unwiderstehlichen Übel einer eisernen Zeit ertrug, nicht zur Kleinmütigkeit herabsank, bewährt der hohe Mut, welcher jetzt jede Brust belebt und welcher, nur auf Religion und auf treue Anhänglichkeit an König und Vaterland sich stützend, ausharren konnte.*

Wir haben daher beschlossen, das Verdienst, welches in dem jetzt ausbrechenden Kriege, entweder im wirklichen Kampf mit dem Feinde oder außerdem im Felde oder daheim, jedoch in Beziehung auf diesen großen Kampf um Freiheit und Selbständigkeit erworben wird, besonders auszuzeichnen und diese eigentümliche Auszeichnung nach diesem Krieg nicht weiter zu verleihen. Demgemäß verordnen Wir, wie folgt: 1. Die nur für diesen Krieg bestehende Auszeichnung des Verdienstes Unserer Untertanen um das Vaterland ist das Eiserne Kreuz von zwei Klassen und einem Groß-Kreuz.«

Kronprinz Friedrich Wilhelm verteilt im Feldlager zu Versailles am 26. September 1870 die vom König verliehenen Eisernen Kreuze; Aquarell von Georg Koch.

DREI ORDEN FÜR PREUSSEN

Semper talis – Das Erste Garde-Regiment zu Fuß

Wohl kein Regiment der preußischen Armee hat einen so klangvollen Namen wie das Erstes Garde-Regiment zu Fuß. Galt es doch in Preußen als das »Erste Regiment der Christenheit«. Es stand in der Tradition des altpreußischen Infanterieregiments No. 6, im Volksmund bekannt als die »langen Kerls« des Soldatenkönigs Friedrich Wilhelm I. Nach der Niederlage in der Doppelschlacht von Jena und Auerstedt 1806 aus Überlebenden der preußischen Garderegimenter neu aufgestellt, erhielt es am 19. Juni 1813 die Bezeichnung »Erstes Garde-Regiment zu Fuß«. Als Garderegiment stellte es die Leibwache des Königs, übernahm den Ehrenwachdienst und erfüllte andere Repräsentationsaufgaben. Folgerichtig war es gegenüber der Garnisonskirche mit Blick auf das Stadtschloss Potsdam in unmittelbarer Nähe des preußischen Monarchen in Potsdam stationiert. Im Frieden zugleich Lehr- und Versuchstruppe der preußischen Armee, erprobte das Erste Garde-Regiment zu Fuß nicht nur neue Gefechtsvorschriften, sondern auch neue Ausrüstung und Bekleidung, bevor diese in der preußischen Armee eingeführt wurden. Seine besondere Bedeutung erwuchs aus der Tatsache, dass jeder preußische König Regimentschef ihres Leibregiments war. Alle preußischen Prinzen traten mit ihrem zehnten Lebensjahr als Leutnant in das Regiment ein und erhielten dort ihre soldatische Ausbildung.

Seit seiner Aufstellung 1806 trugen alle preußischen Könige und Prinzen selbstverständlich den dunkelblauen Rock, die hellmelierten grauen Hosen und den silbernen Gardestern an den Kopfbedeckungen des Ersten Garde-Regiments zu Fuß. Den hohen Rang, den die preußischen Könige ihrem Regiment zugedachten, demonstrierten sie an ihrem jährlichen Neujahrsempfang. Zu diesem besonderen Anlass defilierte das Offizierkorps des Ersten Garde-Regiments zu Fuß vor den Reichsfürsten und dem Diplomatischen Corps an seinem Monarchen vorbei. Vor diesem Hintergrund verwundert es nicht, dass eine Offiziersstelle in diesem Regiment zu den angesehensten und begehrtesten in der preußischen Armee zählte. Die Offiziersliste des Ersten Garde-Regiments zu Fuß liest sich daher wie das »Who`s who« des preußischen Adels.

Mit den Worten »Das Erste Garde-Regiment zu Fuß lebe hoch: nicht weil es das Erste heißt, sondern weil es stets das Erste gewesen ist im Krieg und Frieden«, hob Kaiser Wilhelm I. die Leistungen des Regiments 1883 noch einmal besonders hervor. Wie schon die Garderegimenter unter Friedrich dem Großen bei Leuthen war auch das Erste Garde-Regiment zu Fuß mit dem Schlachtruf »semper talis« in den Schlachten von Königgrätz 1866 und St. Privat 1870 immer im Mittelpunkt der Kämpfe mit oft ungeheurem Blutzoll eingesetzt. Allein in der Schlacht von St. Privat fielen von den ca. 2300 Soldaten des Regiments neben dem Regimentsführer 16 Offiziere und 348 Soldaten. 20 Offiziere und 694 Soldaten wurden verwundet.

Auch im Ersten Weltkrieg wurde das Regiment unter Prinz Eitel Friedrich, dem zweiten Sohn Kaiser Wilhelms II., oft an entscheidender Stelle eingesetzt. Mit dem Krieg 1918 endete auch die Geschichte des Ersten Garde-Regiments zu Fuß. Am 18. Dezember ertönte zum letzten Mal das Kommando »Wegtreten«. Das Erste Regiment der Christenheit existierte nicht mehr. Das 1921 auch aus ehemaligen Soldaten des Regiments gebildete 9. (preuß.) Infanterieregiment übernahm bis zum Ende des Zweiten Weltkriegs die Tradition des Ersten Garde-Regiments zu Fuß. In seiner Tradition stehend, dienten viele Adlige, so der spätere Widerstandskämpfer Generalmajor Henning von Tresckow, der spätere Mitbegründer der Inneren Führung Generalleutnant Wolf Graf von Baudissin und Bundespräsident Richard von Weizsäcker, im Offizierkorps des I.R. 9. Dies trug dem Regiment den Spitznamen »Graf Neun« ein. Ehemalige Soldaten des Ersten Garde-Regiments zu Fuß gründeten zur Pflege der Tradition und Kameradschaft den bis heute bestehenden »Semper-talis-Bund«. Seit 1961 führt das Wachbataillon der Bundeswehr die Tradition des Ersten Garde-Regiments zu Fuß fort.

Rückmarsch des I. Bataillons des 9. Preußischen Infanterie-Regiments im Juni 1933 vom Bornstedter Feld. In der Mitte reitend der Kommandeur des I. Bataillons, Walter Graf von Brockdorff-Ahlefeldt. Zu seiner Linken reitet sein Adjutant, Oberleutnant Henning von Tresckow. Zu Fuß marschiert, vom Betrachter aus gesehen links vom Kommandeur, der spätere Begründer der Inneren Führung der Bundeswehr, Leutnant Wolf Graf von Baudissin. Der interessiert den Vorbeimarsch beobachtende Zivilist im Hintergrund ist der sozialdemokratische Reichstagsabgeordnete und spätere Oppositionsführer im Bundestag gegen Konrad Adenauer, Kurt Schumacher.

Abgeordnetenhaus und Herrenhaus – Anachronismen beim Aufbruch in die Moderne?

Wie sehr die Krone und die hinter ihr stehenden Kräfte nach der Revolution allein durch die Konstruktion der Verfassungsorgane bemüht waren, liberalen und demokratischen Tendenzen Einhalt zu gebieten, macht der Blick auf die in der Verfassung vorgesehenen beiden Kammern deutlich: das Abgeordnetenhaus und das Herrenhaus.

Anders als zur verfassungslosen Zeit vor 1848 repräsentierte das Abgeordnetenhaus zwar den Willen der Bevölkerung. Gewichtige Einschränkungen bei der Teilhabe der Abgeordneten an der politischen Macht, die Sonderstellung des Militärs und die Möglichkeit, dass die Krone bei Konflikten mit dem Landtag auf die »Lückentheorie« zurückgreifen und alle gewährten Rechte zurücknehmen konnte, machten aber deutlich, dass das eigentliche Zentrum der Macht weiterhin der Monarch und nicht der Landtag war.

Ein Mittel sicherzustellen, dass es zwischen Monarch und Landtag möglichst wenige Konflikte gab, war seit jeher das Wahlrecht. Unmittelbar nach dem endgültigen Sieg der Gegenrevolution ersetzte im Mai 1849 daher ein Dreiklassenwahlrecht das bisher geltende allgemeine Wahlrecht. Anders als dieses war es weder gleich noch geheim und nicht direkt. Damit wollten König und Regierung sicherstellen, dass der Landtag sich in Zukunft möglichst aus staatstragenden konservativen und gemäßigten liberalen Abgeordneten zusammensetzte und die revolutionären Massen – wenn überhaupt – allenfalls geringen Einfluss auf die Politik bekamen.

Nach dem neuen Wahlrecht wählten alle wahlberechtigten Männer über 24 Jahre in einem komplizierten und öffentlichen Wahlverfahren in ihren Urwahlbezirken Wahlmänner, die wiederum in einem eigenen Verfahren dann die Abgeordneten bestimmten. Entscheidender und bis zuletzt ein Stein des Anstoßes war jedoch die unterschiedliche Gewichtung der Stimmen. Deren Gewicht war abhängig vom Steueraufkommen im jeweiligen Wahlbezirk. Dieses wurde gedrittelt; jede Klasse stellte dementsprechend auch bei der anschließenden Wahl ein Drittel der Wahlmänner. In der Konsequenz bedeutete dies, dass z. B. 1898 3,26 Prozent der Wähler in der ersten Klasse, 11,36 in der zweiten und 85,38 Prozent in der dritten Klasse wählten. Je nach Zuschnitt der Urwahlbezirke kam es vor, dass die Stimmen sehr weniger vermögender Wähler in der I. Klasse das gleiche Gewicht hatten wie die der Masse, die in der III. Klasse wählte. Allein 1908 gab es 2214 von 29 028 Urwahlbezirken, in denen die I. Klasse nur aus einem einzigen Wähler bestand. Verschärft wurde dieses Ungleichgewicht noch durch die Einteilung der Wahlbezirke. So stellten 1898 zehn städtische Wahlbezirke mit 814 522 Wählern nur 20, jedoch 55 ländliche Bezirke mit der gleichen Zahl von Wählern 90 Abgeordnete.

Kleinere von der Regierung vorgenommene Reformen am Zensus änderten wenig an der Ungerechtigkeit. Mehrere Versuche, dieses System grundlegend zu ändern, scheiterten ebenfalls am Widerstand konservativer, aber auch liberaler Kräfte bzw. der Vertreter des Zentrums. Je stärker die Arbeiterbewegung wurde, desto mehr versuchte sie, bei aller Bereitschaft zu begrenzten Reformen – direkte Wahl, Erhöhung der Zahl der Wahlberechtigten in der II. Klasse sowie Pluralstimmen für »Kulturträger« – ihren eigenen Einfluss zu verteidigen.

Angesichts dieser Verhältnisse blieb das Abgeordnetenhaus mit seinen zuletzt 443 Mitgliedern eine Domäne der Konservativen, auf die durchweg knapp die Hälfte der Sitze im Abgeordnetenhaus entfiel. Auf diese konnte sich die Regierung ebenso verlassen wie auf die gemäßigten Nationalliberalen, die sich im Verfassungskonflikt von den eher doktrinären Linksliberalen abgespalten hatten. Nur mit deren Unterstützung gelang es der SPD erstmals 1908 sieben, 1913 dann zehn Abgeordnete in den Landtag zu entsenden.

Versuche, das Dreiklassenwahlrecht nach der Jahrhundertwende zu reformieren, scheiterten am Widerstand der Konservativen, des katholischen Zentrums und der Nationalliberalen. Aus Sorge vor einem massiven Einbruch der SPD in das bisherige Machtgefüge, in dem sie sich durchaus eingerichtet hatten, waren sie zu keinen echten Zugeständnissen beim Wahlrecht bereit. Der preußische Landtag machte damit einmal mehr deutlich, dass er anders als manches süddeutsche Parlament nicht bereit war, den Tendenzen der Zeit Rechnung zu tragen. »Da die süddeutschen

Eröffnung der preußischen Kammern durch Friedrich Wilhelm IV. im Weißen Saal des Berliner Stadtschlosses am 21. November 1850; zeitgenössischer Holzstich.

Staaten in steigendem Maße der Demokratie verfielen, beruhe die gedeihliche Entwicklung des Reiches immer mehr auf Preußen allein und lege diesem die Verpflichtung nahe, sich vor ähnlicher Demokratisierung zu hüten«, hatte der preußische Finanzminister Georg Freiherr von Rheinbaben 1909 im preußischen Staatsministerium gewarnt. Viele Mitglieder des Abgeordnetenhauses dürften ähnlich gedacht haben.

Erst 1917, unter dem Eindruck der Februarrevolution in Russland, verkündete Kaiser Wilhelm II. eine Reform des Dreiklassenwahlrechts. Dieses sollte fortan direkt und geheim sein; von einer Gleichheit der Stimmen war aber angesichts des massiven Widerstands konservativer Kreise auch weiterhin nicht die Rede. Niederlage und Revolution 1918 schufen dann jedoch völlig neue Rahmenbedingungen.

Bei einer Beurteilung der preußischen Verfassung mit ihrem Dreiklassenwahlrecht sollte nicht übersehen werden, dass es vor 1918 viele Bundesstaaten mit ungleichen Wahlrechten gab. Die Großherzogtümer Mecklenburg-Schwerin und Mecklenburg-Strelitz hatten gar keine Verfassung. Dort galt bis zur Novemberrevolution noch die altständische Ordnung von 1755.

»Die Junker in Nöten. / Erlauchte Ostelbiens, wahret eure heiligtsten Güter«. Karikatur vom 20. Juni 1911 auf den Widerstand gegen die Reform des Dreiklassenwahlrechts in Preußen. Aus: »Der Wahre Jacob«.

Das wichtigste Bollwerk gegen die Demokratie innerhalb des Verfassungsgefüges war aus der Sicht des Monarchen jedoch die Erste Kammer. Diese bestand zunächst jeweils zur Hälfte aus vom König ernannten und nach einem Zensuswahlrecht gewählten Mitgliedern. Nach einer ersten Verfassungsänderung 1853/54 entwickelte sich diese jedoch zu einem Organ, auf das das Volk keinerlei Einfluss mehr hatte. Fortan bestand die Erste Kammer nur noch aus erblichen Mitgliedern wie den Prinzen des königlichen Hauses, den ehemaligen Standesherren und auf Lebenszeit ernannten Mitgliedern. Hinzu kamen Vertreter der größeren Städte, der Landesuniversitäten, der evangelischen Domkapitel sowie der Rittergutsbesitzer in den Provinzen. Der 1855 eingeführte Name »Herrenhaus« war insofern politisches Programm und Beleg einer elitären Zusammensetzung zugleich. So gehörten von den 1295 Mitgliedern des Herrenhauses in der Zeit bis 1918 862 von ihnen (= 66,5 Prozent) dem Altadel – vornehmlich der östlichen Provinzen – an; 103 waren Nobilitierte (= 8 Prozent) und nur 295 (= 25,5 Prozent) Bürgerliche. Diese Zusammensetzung stellte auch sicher, dass das Herrenhaus durchweg politisch konservativ ausgerichtet war, liberale, geschweige denn sozialdemokratische Tendenzen hingegen nicht zum Tragen kamen. Es war daher auch nicht erstaunlich, dass das Herrenhaus bei der Gesetzgebung die Regierung unterstützte. Die schloss, wie bei der Kreisreform, bei der diese die Interessen der Gutsbesitzer nicht ausreichend berücksichtigte, Konflikte nicht aus.

Sozialdemokratische Wahlrechtsdemonstration in Verbindung mit einer Kampfaktion am 6. März 1910 in Brandenburg gegen das Dreiklassenwahlrecht.

Die Bedeutung der Monarchie, Beschreibung im Jahr 1892

»*Preußen besitzt in seiner erblichen konstitutionellen Monarchie die glücklichste Mischung der vorhandenen monarchischen Staatsformen.* [...]

Dem schönen Beruf, über den Parteien stehend, nur das allgemeine Beste wahrzunehmen und insonderheit die Schwachen und wirtschaftlich Gedrückten zu schützen, haben die preußischen Könige bisher mit bestem Erfolge nachkommen können, weil sie sich, gestützt von dem Bewusstsein die Krone von Gottes Gnaden zu tragen, der Verfassung unbeschadet eine hinlängliche Freiheit selbstständigen Vorgehens zu bewahren gewusst hat, im Gegensatz besonders zu dem durch die Konstitution allzu sehr beschränkten belgischen Königtum und dem ausschließlich von der Parlamentsmehrheit regierten England. Es wurde zwar im Lauf der sechziger Jahre und später auch in Preußen der Versuch gemacht, den ausländischen ›Parlamentarismus‹ einfach auf unsre Verhältnisse zu übertragen, d. h. die Volksvertretung allmächtig zu machen und die Krone als eine lästige Beschränkung des Parlaments allmählich in Misskredit zu bringen. [...]

[...] *Auf die Bedeutung der Krone dem Parlamente gegenüber in Preußen wirft das beste Licht die eine Tatsache, dass, wenn im Jahr 1862 der fast überall von der Mehrheit gestützte Wille des preußischen Abgeordnetenhauses Recht behalten hätte gegen den ganz allein dastehenden Willen des Königs, so die Armeereform rückgängig gemacht und die deutsche Einheit im Jahr 1870 sicher nicht errungen worden wäre.*

Wegen des unermüdlichen Eintretens unsrer Könige für die ärmeren Schichten des Volkes ist in Preußen der Name ›soziales Königtum‹ in Gebrauch. Man hat darauf hin gelegentlich auch versucht, die preußischen Könige für die ›Demokratie‹ in Anspruch zu nehmen. Als ›rois des gueux‹, als Könige der armen Leute, handelten sie aber nicht etwa aus demokratischen Empfindungen, sondern vor Allem als christliche Fürsten, daneben aber aus dem aristokratischen Gefühl der Verpflichtung heraus, ihr besseres Wissen und ihre größere Macht einzusetzen für die Unwissenden und Schwachen. [...] *Der Spruch, den die preußischen Könige im Wappen führen: suum cuique, steht im schärfsten Widerspruch mit den Grundlehren der Demokratie, die nicht ›Jedem das Seine‹, sondern ›Jedem das Gleiche‹ verspricht und in der Behandlung der Personen wie der Einrichtungen stets das Ungleichartige über einen und denselben Kamm schert.*

Obwohl Entschließungen des Königs in Preußen nur dann Gesetzeskraft erlangen, wenn sie durch den verantwortlichen Minister gegengezeichnet sind und die Zustimmung beider Häuser des Landtags gefunden haben, so ist ein Hervortreten des Monarchen auch mit seinem rein persönlichen Willen nicht ausgeschlossen und wird stets durch die überlieferte Autorität unserer Krone gestützt werden. In keinem Fall ist zu vergessen, dass der König von Rathgebern umgeben ist, in denen wir den Niederschlag der politischen Weisheit und Verwaltungskunst unseres gesamten Volkes zu erkennen haben und deren Stimme mitschwingt in jedem Wort, welches von unserm Herrscher ausgeht.«

Rechts oben: Blick über den Ehrenhof des Preußischen Herrenhauses in Berlin. Seit 1993 fungiert das Gebäude an der Südseite der Leipziger Straße als Sitz des Bundesrats.

Rechts unten: Das Abgeordnetenhaus des preußischen Landtags in der Prinz-Albrecht-Straße; Farblithographie nach H. Rausch 1899.

Die Moltkes – Eine Familiengeschichte

Nur wenige Adelsfamilien haben das Bild Preußens so geprägt wie die Moltkes. Ihr Name ist verknüpft mit den militärischen Triumphen von Königgrätz 1866 und Sedan 1870, aber auch mit der Niederlage an der Marne 1914 sowie dem Widerstand gegen Adolf Hitler. Die Geschichte dieses ursprünglich mecklenburgischen Adelsgeschlechts reduziert sich jedoch nicht nur auf die Höhen und Tiefen der preußischen Geschichte des 19. und 20. Jahrhunderts. Das gegen Ende des Stauferreichs erstmalig um 1250 urkundlich in Mecklenburg erwähnte Geschlecht diente über viele Jahrhunderte als Soldaten und Beamte wechselnden Herren. Die Geschichte der Familie hat sowohl eine mecklenburgisch-preußische als auch eine deutsche und europäische Dimension. So avancierte ein Moltke im Verlauf der Schlesischen Kriege in Österreich zum Generalfeldmarschall, während andere Familienmitglieder in dänischen Diensten standen.

Herausragende Bedeutung für die preußisch-deutsche Geschichte erlangten die Moltkes erst mit Generalfeldmarschall Helmuth von Moltke (1800–1891), der als Generalstabschef mit den Siegen von Königgrätz 1866 und Sedan 1870 die Voraussetzungen für die Reichseinigung 1871 schuf. Geboren in Mecklenburg, aufgewachsen in Kopenhagen und Holstein, war er als junger Leutnant 1822 aus dänischen in preußische Dienste gewechselt, um die sich ihm dort bietenden größeren Möglichkeiten für eine Offizierslaufbahn zu nutzen. Dank sehr guter Leistungen nur wenige Jahre später als Hauptmann in den Großen Generalstab versetzt, war er 1836–1839 als preußischer Militärberater im Osmanischen Reich tätig. Mit seinen vielbeachteten Reiseschilderungen »Unter dem Halbmond« prägte er das deutsche Bild über das Osmanische Reich in dieser Zeit. In den folgenden Jahren verlief die Karriere des »großen Schweigers« eher verhalten, bevor er ohne größere Truppenerfahrungen mit 57 Jahren zum Chef des Generalstabs ernannt wurde. Wie Blücher, Scharnhorst, vom Stein, Arndt und Hegel war Moltke d. Ä. ein Wahlpreuße, der gemeinsam mit Scharnhorst und Clausewitz ein Neupreußentum verkörperte, das bei aller Ablehnung einer politischen und gesellschaftlichen Teilhabe breiter Kreise der Bevölkerung an moderne Werte der Wissenschaften und an Reformen gemäß der Devise »Regeneration von oben, nicht von unten« glaubte. Der Kosmopolit, Humanist und gelehrte Offizier war bei aller Loyalität zum preußischen Herrscherhaus ein Nationalist, dem die deutsche Nation wichtiger war, als der preußische Staat. Das Aufgehen Preußens in den deutschen Nationalstaat war daher für ihn keine erschreckende, sondern eine wünschenswerte Perspektive.

Moltke d. Ä. schuf zwar nicht den preußischen Generalstab, er vollendete ihn jedoch, indem er ihn zu einem modernen Instrument militärischer Planung und Führung weiterentwickelte. Mit seiner Forderung nach schneller Mobilmachung und beweglicher Führung größerer Truppenverbände sowie Handlungsfreiheit der militärischen Führer auf allen Ebenen prägte er entscheidend das deutsche militärische Denken. Dabei war er sich immer bewusst, dass der militärischen Planbarkeit enge Grenzen gesetzt waren. Moltke d. Ä., bis zu seinem Tod Reichstagsabgeordneter, beharrte im Krieg auf dem Primat des Militärs über die Kriegsführung und forderte nach der Reichseinigung wiederholt einen Präventivkrieg zur Beseitigung potenzieller Bedrohungen. Anders als seine Nachfolger akzeptierte er jedoch auch vorbehaltlos die ablehnenden Entscheidungen des Reichskanzlers und des Kaisers.

Moltke d. Ä. sah an seinem Lebensabend die zukünftige Kriegführung zunehmend skeptischer. Am 14. Mai 1890, wenige Wochen vor seinem Tod, erklärte der mittlerweile Neunzigjährige im Reichstag mit fast schon prophetischer Weitsicht: »Meine Herren, es kann ein siebenjähriger Krieg, es kann ein dreißigjähriger Krieg werden, und wehe dem, der Europa in Brand steckt, der zuerst die Lunte in das Pulverfass schleudert!«

Helmuth von Moltke, Generalfeldmarschall und Generalstabschef in den Schlachten von Königgrätz 1866 und Sedan 1870; Holzstich nach einem Bild um 1850.

Während mit Moltke d. Ä. untrennbar die Siege in den »Reichseinigungskriegen« verbunden sind, steht sein Neffe, Helmuth von Moltke der Jüngere (1848–1916), für die Niederlage an der Marne von 1914. Im Schatten seines kinderlos gebliebenen Onkels verlief seine militärische Karriere gradlinig, als Adjutant seines Onkels erlernte er die Generalstabsarbeit. In der Folge bewegte er sich als Flügeladjutant Kaiser Wilhelms II., Kommandeur der Schlossgarde-Kompanie, Kommandeur der 1. Garde-Infanterie-Division und Generaladjutant des Kaisers ständig im engsten Umfeld des Monarchen. Dieser titulierte »seinen Moltke« in freundlicher Herablassung »mein Julius« und ernannte ihn 1906 als Nachfolger Schlieffens zum Generalstabschef. Den Glauben seines Vorgängers an eine schnelle Kriegsentscheidung in einem bevorstehenden Zweifrontenkrieg gegen Frankreich und Russland teilte Moltke d. J. nicht. Er sah jedoch keine Alternative zum Schlieffen-Plan, dem ein schneller Sieg über Frankreich mit einem starken rechten Flügel und der Masse des Heeres zugrunde lag. Obwohl er immer wieder auf einen Krieg drängte, da Deutschland seiner Ansicht nach nur noch wenige Jahre eine Chance auf einen Sieg in einem europäischen Konflikt hätte, fürchtete er eine längere kriegerische Auseinandersetzung. Als 1914 der Erste Weltkrieg begann, war Moltke d. J. mit seiner Führungsaufgabe überfordert. Nach der Niederlage an der Marne vor Paris am 14. September 1914 von seinem Posten abgelöst, wurde er schnell als der Schuldige an der Niederlage ausgemacht, da er das sichere Siegesrezept Schlieffens durch die Kräftereduzierung des rechten Angriffsflügels verwässert habe. Neben seinem militärischen Versagen mit Vorwürfen gegen seine esoterischen Neigungen und die Nähe zu den Anthroposophen um Rudolf Steiner konfrontiert, verstarb der »als großer Zauderer« bezeichnete 1916 auf der Trauerfeier anlässlich des Todes von Generalfeldmarschall Colmar von der Goltz noch im Reichstag. Damit endete die militärische Tradition der Moltkes im Dienst des preußischen Herrscherhauses und des deutschen Kaisers.

Auf dem von Moltke d. Ä. erworbenen Gut in Kreisau in Schlesien kehrte nach dem Ersten Weltkrieg ein anderer, ein unmilitärischer, internationaler Ton ein. Der Großneffe des jüngeren Moltke, Helmuth James Graf von Moltke (1907–1945), erfuhr durch seine aus Südafrika kommende, liberalen Ideen und der Frauenbewegung nahestehenden Mutter Dorothy eine eher in britischer Tradition stehende demokratische Erziehung. Der Jurist hielt sich häufig in

Helmuth James Graf Moltke, der unmilitärische Moltke, vor dem Volksgerichtshof am 11. Januar 1945. Er wurde von Roland Freisler zum Tod verurteilt und am 23. Januar 1945 hingerichtet.

Großbritannien auf, wo er auch eine Anwaltsausbildung absolvierte. Den Nationalsozialismus ablehnend, verzichtete er auf eine Karriere als Richter und ließ sich in Berlin als Anwalt nieder. Im Zweiten Weltkrieg als Sachverständiger für Völkerrecht im Amt Auslandsabwehr des Oberkommandos der Wehrmacht eingesetzt, verfasste er schon zu Kriegsbeginn erste Denkschriften für eine politische Neugestaltung Deutschlands. Im Lauf der nächsten Jahre wurde der moltkesche Grundbesitz in Kreisau zu einem intellektuellen Zentrum des Widerstands gegen die Nationalsozialisten. Hatte sein Großonkel Sozialisten noch mit »Hieben und

Schrapnells« bekämpfen wollen, traf er sich nicht nur mit protestantischen und katholischen Kirchenvertretern, sondern auch mit führenden Sozialdemokraten. Moltke und seine Mitverschwörer im »Kreisauer Kreis«, die sich in erster Linie mit einer Gestaltung Deutschlands nach dem Ende der Diktatur beschäftigten, hofften auf einen Staatsstreich des Militärs. Moltke unterstützte nicht nur die Flucht von Verfolgten, sondern knüpfte auf Auslandsreisen auch Kontakte zu Alliierten. Im Januar 1944 wurde Helmuth James Graf von Moltke verhaftet und in das Konzentrationslager Ravensbrück gebracht. Obwohl ihm keine Beteiligung am Attentat auf Adolf Hitler nachgewiesen werden konnte, wurde er vom Volksgerichtshof zum Tod verurteilt und am 23. Januar 1945 in Berlin-Plötzensee durch den Strang hingerichtet.

In einem Brief an seine Söhne hatte er wenige Wochen vor seiner Hinrichtung seine Beweggründe für den Widerstand in die Worte gefasst: »Seitdem der Nationalsozialismus zur Macht gekommen ist, habe ich mich bemüht, seine Folgen für seine Opfer zu mildern und einer Wandlung den Weg zu bereiten. Dazu hat mich mein Gewissen getrieben – und schließlich ist das eine Aufgabe für einen Mann.«

Walter Rathenau

Wanderer zwischen den Welten

Walter Rathenau, am 29. September 1867 als Sohn des jüdischen Industriellen und Gründers der AEG, Emil Rathenau, in Berlin geboren, war ein Wanderer zwischen den Welten. Nach Abschluss seines Studiums der Physik, Chemie und Philosophie leistete er seine Wehrpflicht bei den Gardekürassieren in Berlin ab. Obwohl mittlerweile promoviert und Sohn eines einflussreichen Industriellen des Kaiserreichs, verwehrte man ihm wegen seines jüdischen Glaubens die gesellschaftlich so angesehene Reserveoffizierslaufbahn. Auch der Versuch, eine diplomatische Karriere einzuschlagen, scheiterte. Wie tief ihn die Ablehnung und die fehlende Anerkennung der deutschen Eliten schmerzten, verdeutlichen seine folgenden Worte: »In den Jugendjahren eines jeden deutschen Juden gibt es einen schmerzlichen Augenblick, an den er sich zeitlebens erinnert: wenn ihm zum ersten Male voll bewusst wird, dass er als Bürger zweiter Klasse in die Welt getreten ist und keine Tüchtigkeit und kein Verdienst ihn aus dieser Lage befreien kann.«

Rathenau, der zwar seinen Austritt aus dem Judentum beantragte, aber nie zu einer christlichen Religion konvertierte, spielte in diesen Jahren eine Doppelrolle als elitärer Außenseiter. Da ihm wegen seines Glaubens der Aufstieg in die preußische Verwaltungs- und Militärelite des Kaiserreichs verwehrt blieb, konzentrierte er sich in den folgenden Jahren auf seine Wirtschaftskarriere. In mehreren leitenden Funktionen im Unternehmen seines Vaters tätig, war er am großen Erfolg der AEG maßgeblich beteiligt. 1912 wurde er zum Vorsitzenden des Aufsichtsrats der AEG berufen. In all den Jahren bewahrte sich der talentierte Maler eine teilweise erzwungene und teilweise gesuchte kritische Distanz zur wilhelminischen Gesellschaft und verschaffte sich als Schriftsteller Gehör. Er entwarf mit der mitteleuropäischen Zollunion als Kernstück einer solidarischen Zivilisation einen Gegenentwurf zum nationalistischen Weltmachtstreben des Wilhelminismus. Dass Rathenau trotz aller erfahrenen Ablehnung ein überzeugter deutscher Patriot war, zeigte sich schon kurz nach Beginn des Ersten Weltkriegs. Rathenau erkannte als Erster die mangelhafte wirtschaftliche Vorbereitung des Kaiserreichs für einen langen Krieg und regte die zentrale Erfassung und Verwaltung von Rohstoffen an. Unter seiner Führung wurde im Kriegsministerium das Kriegsrohstoffamt gegründet. Schon im Frühjahr 1915 gab er sein Amt auf und zog sich nach einem Zerwürfnis mit Erich Ludendorff, den er zeitweilig beriet, aus allen öffentlichen Ämtern zurück. Auch nach Kriegsende 1918 gelang es Rathenau zunächst nicht, in der Politik Fuß zu fassen. Auf Dauer konnte man ihn angesichts seiner unbestreitbaren Wirtschaftskompetenz sowie der schwierigen wirtschaftlichen Lage aber nicht ignorieren. Im Mai 1921 berief ihn Reichskanzler Joseph Wirth als Wiederaufbauminister in sein Kabinett. Er plädierte für eine »Erfüllungspolitik«, um durch guten Willen die Undurchführbarkeit der im Versailler Friedensvertrag festgelegten Reparationszahlungen zu belegen. Nach zähen Verhandlungen mit den Siegermächten konnte er erste Erfolge in der Umwandlung von Reparationsschulden in Sachlieferungen durchsetzen.

Walther Rathenau (29.9.1867 bis 24.6.1922), Industrieller, Politiker (DDP) und Schriftsteller; Gemälde von Emil Orlik, wenige Monate vor Rathenaus Tod entstanden.

Gedenkfahrt republiktreuer Verbände zu Walther Rathenaus Grab – ein Jahr nach dessen Ermordnung am 22. Juni 1922 durch fanatische Judenhasser.

Im Januar 1922 zum deutschen Außenminister ernannt, gelang ihm mit dem deutsch-sowjetischen Vertrag von Rapallo ein erster Schritt, um Deutschland aus seiner außenpolitischen Isolation zu lösen. Für die deutschen Rechtsradikalen war Rathenau wegen seiner auf Ausgleich ausgerichteten Außenpolitik verhasst. Offen attackierten sie ihn als jüdischen Erfüllungspolitiker, bevor ihn zwei nationalistische Mitglieder des paramilitärischen Wehrverbandes »Organisation Consul« am Vormittag des 24. Juni 1922 auf offener Straße in Berlin ermordeten.

Marion Gräfin Dönhoff

»Echtes Preußentum war eine Kultur, eine Moral«

Marion Gräfin Dönhoff; Porträtaufnahme vom 29. September 1999.

Nur wenige haben sich mit der Rolle Preußens in der deutschen Geschichte so oft und nachhaltig, zugleich aber auch kritisch auseinandergesetzt wie Marion Gräfin Dönhoff. Marion Gräfin Dönhoff entstammte einem alten preußischen Adelsgeschlecht. Am 2. Dezember 1909 wurde sie auf Schloss Friedrichstein in Ostpreußen geboren. Sie war das jüngste von sieben Kindern von August Graf Dönhoff und seiner Frau Maria. Allein die Tätigkeit der Eltern macht deutlich, in welcher Welt sie aufwuchs. So lebte der Vater nach einer Karriere im diplomatischen Dienst das Leben eines ostpreußischen Landedelmanns, der sich um seine Güter kümmerte, aber auch als erbliches Mitglied des Herrenhauses die Politik Preußens mitzugestalten versuchte. Ihre Mutter war zeitweilig eine der Hofdamen der letzten Kaiserin, Auguste Viktoria, gewesen. Die Revolution von 1918 sollte dann zwar die politischen Rahmenbedingungen ändern, für das Leben im beschaulichen Friedrichstein änderte sich allerdings nur wenig. Marion Gräfin Dönhoff wurde vielmehr weiterhin standesgemäß erzogen, besuchte Schulen in Berlin und Potsdam, ging auf Reisen und studierte schließlich Volkswirtschaft in Königsberg, Frankfurt am Main und Basel. Doch so konservativ sie von ihrer Herkunft auch war, so anders versuchte sie sich schon früh zu geben. So rebellierte sie schon in ihrer Schulzeit regelrecht gegen das enge Korsett ihres Standes, galt während des Studiums aufgrund ihrer »linken« Ansichten als »Rote Gräfin«. Es war daher nicht weiter verwunderlich, dass sie am liebsten über Karl Marx promoviert hätte. Da sich ihr Doktorvater damit nicht anfreunden konnten, schrieb sie schließlich über »Entstehung und Bewirtschaftung eines ostdeutschen Großbetriebes. Die Friedrichsteiner Güter von der Ordenszeit bis zur Bauernbefreiung«.

Tief geprägt haben sie die Jahre des Nationalsozialismus. Führende Mitglieder des Widerstands gegen Hitler wie Heinrich von Lehndorff, Peter Yorck von Wartenburg und Friedrich von Schulenburg gehörten zu ihren engsten Freunden. Aus tiefster Überzeugung lehnte sie wie diese und andere Angehörige alter preußischer Adelsfamilien das verbrecherische NS-Regime ab, ohne aber in die Attentatsplanungen direkt eingeweiht zu sein. Maßstab ihres Handelns wie das ihrer Mitverschwörer war, wie sie später immer wieder betonte, das eigene Gewissen und die Orientierung an christlichen Werten, eng verknüpft mit der Überzeugung, dass »echtes Preußentum […] eine Kultur, eine Moral« war.

Nachdrücklich tritt Marion Gräfin Dönhoff daher nach 1945 dafür ein, das Andenken an die nach dem gescheiterten Attentat vom 20. Juli 1944 hingerichteten Verschwörer zu wahren. Wichtig war ihr dabei nicht nur die Würdigung des persönlichen Muts dieser Männer und Frauen, sondern auch der preußischen Tugenden, die diese dazu geführt hatten, im Zweifel ihr Leben zu geben, um das NS-Regime zu beseitigen. Äußerlich bedeutet der legendäre Ritt von Ostpreußen nach Vinsebeck im Münsterland im Winter 1945 den

Paul von Hindenburg zu Besuch bei Graf Dönhoff und seiner Familie auf Schloss Friedrichstein. In der vorderen Reihe rechts: Marion Gräfin Dönhoff.

Abschied von Marion Gräfin Dönhoff vom alten Ostpreußen. Gleichwohl, vergessen hat sie dieses Land und die Werte, für die Preußen stand, nie. Als Redakteurin, schließlich Herausgeberin der einflussreichen Wochenzeitung DIE ZEIT gehörte sie bereits in den ersten Nachkriegsjahren zu den bedeutendsten Journalistinnen der jungen Bundesrepublik. In ihren Artikeln trat sie unerschütterlich dafür ein, aus der Vergangenheit zu lernen, Freiheit und Demokratie wie die hingerichteten Freunde aus dem Widerstand unerschütterlich zu verteidigen.

Bei allem Schmerz über den Verlust der alten Heimat, gehörte sie auch früh zu jenen, die für eine Versöhnung mit dem Osten und Völkerverständigung eintraten. Ausschlaggebend für dieses vielfältige Engagement war ihre Auffassung von zentralen preußischen Tugenden wie Ehrlichkeit, Unbestechlichkeit und Disziplin: »Wäre ich ein preußischer Dichter«, so betonte Bundespräsident Richard von Weizsäcker aus Anlass ihres 80. Geburtstags 1989 zutreffend, »ich würde vor meinen Zeitgenossen nicht verborgen halten, dass die alten Preußen zufrieden vom Himmel herunterblicken können, weil sie unter uns fortleben in einer würdigen und wahren Frau, Marion Dönhoff. Ihr Adel [...] hat sich nicht aus ihrer Herkunft ergeben, sondern aus ihrem Willen und ihrer Haltung.« Im März 2002 starb Marion Gräfin Dönhoff, die letzte Preußin.

Zeittafel – Geschichte und Kulturgeschichte im Überblick

1134 Kaiser Lothar III. (1125–1137) belehnt den Markgrafen Albrecht den Bären (1134–1170) aus dem Haus Askanien mit der östlich der Elbe gelegenen Nordmark.

1150 Der polnische Nachbar Albrecht des Bären, Fürst Jaxa von Köpenik, bemächtigt sich der Brandenburg.

1157 Albrecht der Bär und Erzbischof Wichmann von Magdeburg erobern die Festung Brandenburg zurück, nach der die Markgrafen sich und das Land nennen.

1170 Markgraf Otto I. von Brandenburg (1170–1189) erobert Demmin. Zisterziensermönche gründen das Kloster Zinna.

1214 Markgraf Albrecht II. (1205–1220) von Brandenburg legt Burg Oderberg an (Ausgangspunkt für die Besitznahme von Barnim und das Vordringen in die Uckermark).

1215 Mönch Christian vom Kloster Lekno wird wegen erfolgreicher Bekehrung der heimischen Bevölkerung zum ersten Bischof in Preußen ernannt: Herzog Konrad von Masowien (1206–1247) weist ihm Kulm als Bischofssitz zu.

1226 Herzog Konrad von Masowien ersucht den Deutschen Orden um Hilfe gegen die heidnischen Pruzzen. Kaiser Friedrich II. (1208–1250) ermächtigt den Deutschen Orden durch die Goldbulle von Rimini zu eigener Herrschaft in dem vom Orden unterworfenen und zum Christentum bekehrten Land der Pruzzen.

1244 Erste urkundliche Erwähnung vom Berlin.

1253 Gründung von Frankfurt an der Oder.

1255 Der Deutsche Orden gründet nach einem Kreuzzug in Samland die Burg Königsberg (benannt zu Ehren des beteiligten Kreuzritters König Ottokar II. von Böhmen, 1253–1278).

1276 Entstehung der Siedlung Marienburg im Schutz der Burg (vom Deutschen Orden ab 1272 erbaut).

1283 Unterwerfung des Pruzzen-Landes vom Deutschen Orden abgeschlossen.

1309 Königsberg wird Sitz des Ordensmarschalls und Zentrale des Deutschen Ordens; Sitz des Ordensspittlers wird Elbing (Haupthaus des Ordens in Preußen bis 1309); der Orden erobert Pommerellen. – Nach Übersiedlung des Hochmeisters Siegfried von Feuchtwangen wird die Marienburg zum Sitz des Hochmeisters ausgebaut.

1320 Interregnum in der Mark Brandenburg nach dem Ende der Askanier-Dynastie. König Ludwig der Bayer (1314–1347) zieht zuerst das Land als erledigtes Lehen ein, die Lausitz kommt an Böhmen.

1323 Ludwig der Bayer überträgt seinem Sohn Ludwig d. Ä. Brandenburg als Reichslehen (bis 1373 bayerische Wittelsbach-Markgrafen in Brandenburg). – Peter von Dusburg vollendet sein »Chronicon terrae Prussiae«.

1386 Der Deutsche Orden in Preußen verliert nach der Vereinigung von Polen und Litauen unter dem christlichen Großfürsten Wladislaw

II. (Jagiello), Großfürst von Litauen und König von Polen (bis 1434), seine Missionsaufgabe.

1410 Entscheidende Niederlage des Deutschen Ordens unter Ulrich von Jungingen bei Tannenberg gegen König Wladislaw II.; die Marienburg kann unter Heinrich von Plauen dem Sturm der Polen und Litauer widerstehen.

1411 Erster Thorner Friede; danach schließen sich die ostpreußischen Städte mit Polen gegen den Deutschen Orden zusammen. König Sigismund setzt Friedrich VI. von Hohenzollern zum Dank für seine Unterstützung bei der Wahl zum deutschen König (1410) als Stadthalter für die Mark Brandenburg ein. Er erhält als Friedrich I. auf dem Konstanzer Konzil (1415) die Mark und Kur für sich und seine Erben verbrieft (1417 folgt Belehnung).

1440 Nach dem Tod Friedrich I. wird Friedrich II. Kurfürst von Brandenburg (bis 1470).

1466 Zweiter Thorner Friede: Der Deutsche Orden muss für zwei Jahrhunderte die Lehenshoheit der polnischen Könige anerkennen.

1470 Albrecht III. Achilles von Ansbach-Bayreuth, Bruder Friedrichs II., wird Kurfürst von Brandenburg (bis 1486); Berlin bleibt seine Residenz.

1472 Mit dem Vertrag und danach Frieden (1479) zu Prenzlau gelingt es Albrecht III. Achilles, Pommern zur Anerkennung der brandenburgischen Hoheit zu bewegen.

1473 Hausgesetz »Dispositio Achillea« von Kurfürst Albrecht III. Achilles setzte die Unteilbarkeit des märkischen Landes fest.

1486 Johann Cicero wird Kurfürst von Brandenburg (bis 1499).

1499 Joachim I. Nestor wird Kurfürst in Brandenburg (bis 1535). Er löst die Lehenshoheit des Böhmenkönigs ab und kauft das Herzogtum Jägerndorf hinzu.

1506 Gründung der brandenburgischen Landesuniversiität Viadrina in Frankfurt an der Oder.

1511 Markgraf Albrecht von Brandenburg-Ansbach wird Hochmeister des Deutschen Ordens.

1520 Simon Grunau aus Tolkemit schreibt seine Geschichte des Deutschen Ordens.

1525 Nach Krieg (ab 1518) und Waffenstillstand (1521) erreicht Hochmeister Albrecht von Brandenburg (1511–1568) im Vertrag zu Krakau (8.4.) die Umwandlung des Ordensstaats in ein evangelisches, weltliches Herzogtum unter Anerkennung polnischer Lehenshoheit. Er begründet das erbliche Herzogtum Preußen (bis 1605).

1535 Joachim II. Hektor wird Kurfürst in Brandenburg (bis 1571).

1539 Einführung der Reformation in Brandenburg durch Kurfürst Joachim II. Hektor.

1540 Der Adel in Brandenburg erhält das Recht des »Bauernlegens«. (Einziehung von Bauernstellen durch den Grundherrn). – Hans Weiß wird erster Drucker in Berlin. – Hinrichtung von Hans Kohlhase in Berlin, der sich nach einem Streit wegen zweier Pferde mit einem sächsischen Junker, bei dem er kein Recht bekam, mit einem Fehdebrief (1534) gegen den Junker und ganz Kursachsen stellte (Vorbild für Kleists Erzählung »Michael Kohlhaas« 1810).

1544 Albrecht von Brandenburg gründet in Königsberg die Universität Albertina.

1571 Johann Georg wird Kurfürst von Brandenburg (bis 1598).

1598 Joachim Friedrich wird Kurfürst von Brandenburg (bis 1608).

1608 Johann Sigismund wird Kurfürst von Brandenburg (bis 1619).

1617 Der Kurfürstliche Botenmeister Christoph Frischmann druckt die erste Wochenzeitung in Berlin.

1618 Personalunion Brandenburg-Preußen: Herzogtum Preußen kommt durch Erbschaft an Brandenburg unter Kurfürst Johann Sigismund. Er wird dadurch auch Herzog in Preußen; Berlin hat 20 000 Einwohner. – Beginn des Dreißigjährigen Kriegs.

1619 Georg Wilhelm wird Kurfürst von Brandenburg und Herzog in Preußen (bis 1640).

1640 Friedrich Wilhelm wird Kurfürst von Brandenburg – der Große Kurfürst – (bis 1688).

1648 Westfälischer Friede: Kurfürst Friedrich Wilhelm gewinnt für Brandenburg Magdeburg; Halberstadt und Hinterpommern, muss dafür aber auf Vorpommern mit Stettin verzichten. Berlin hat 6000 Einwohner.

1660 Friede von Oliva: Die Brandenburger Kurfürsten erlangen die Souveränität über das Herzogtum Preußen.

1675 Der Große Kurfürst besiegt die Schweden bei Fehrbellin.

1685 Edikt von Potsdam (8.11.): Kurfürst Friedrich Wilhelm gewährt den verfolgten französischen Hugenotten Glaubensfreiheit, Niederlassung und wirtschaftliche Privilegien in Brandenburg und Preußen.

1688 Friedrich III. wird Kurfürst von Brandenburg-Preußen (bis 1713): »Magdeburger Konzert« mit Brandenburg, Kursachen, Hannover und Hessen-Kassel gegen Frankreich.

1698 Der »Alter Dessauer«, Leopold von Anhalt-Dessau, führt im preußischen Heer den Gleichschritt ein. – Andreas Schlüter beginnt mit dem Bau des Berliner Schlosses und dem Reiterstandbild des Großen Kurfürsten.

1700 Gottfried Wilhelm Leibniz gründet in Berlin mit Hilfe der Königin Sophie die »Sozietät der Wissenschaften«, die spätere »Preußische Akademie der Wissenschaften«. Leibniz wird ihr erster Präsident.

1701 Kurfürst Friedrich III. krönt sich in Königsberg nach langen Verhandlungen mit dem Kaiser und den Königen von Polen und Sachsen als Friedrich I. zum König in Preußen (18.1.); Stiftung des Schwarzen Adlerordens.

1704 In Berlin erscheinen als Vorläufer der »Vossischen Zeitung« die »Berlinischen Nachrichten von Staats- und Gelehrtensachen«.

1710 In Berlin wird die Charité gegründet.

1713 Friedrich Wilhelm wird König in Preußen (bis 1740), genannt der »Soldatenkönig«. Im preußischen Heer wird der Zopf eingeführt.

1714 Friedrich Wilhelm I. ordnet Soldatenwerbung »ohne große Gewalttätigkeit« an. Nachdem Christian Thomasius in seiner Schrift »de crimine magiae« die Abschaffung der Hexenprozesse gefordert hatte, werden sie in Preußen abgeschafft.

1715 Friedrich Wilhelm I. erobert im »Nordischen Krieg« Stralsund von Schweden zurück und gewinnt Stettin für Preußen.

1717 In Preußen wird die Schulpflicht eingeführt.

1720 Nach dem Ende des Nordischen Kriegs (seit 1700) gewinnt der preußische König im Frieden zu Stockholm Vorpommern links der Oder bis zur Peene mit Stettin, Damm, Gollnow, Gartz, Pasewalk, Anklam, Demmin, die Inseln Usedom und Wollin, das Haff und die beiden östlichen Odermündungen zurück. Ostpreußen hat etwa 400 000 Einwohner.

1730 Reise Friedrich Wilhelms I. mit dem Kronprinzen Friedrich nach Süd- und Westdeutschland; Fluchtversuch des Kronprinzen in Steinfurt bei Heilbronn, Hinrichtung des Fluchthelfers Katte; Generaljudenreglement Friedrich Wilhelms I.; Ansiedlung böhmischer Glaubensflüchtlinge in Berlin.

1731 Neubesiedlung des durch die Pest entvölkerten Ostpreußen. Friedrich Wilhelm I. siedelt über 20 000 Protestanten, die aus Salzburg vertrieben wurden, in diesen Gebieten an (bis 1732).

1740 Regierungsantritt Friedrich II. (bis 1786); Beginn des Ersten Schlesischen Kriegs (bis 1742); Abschaffung der Folter in Preußen, Verwirklichung der religiösen Toleranz; Stiftung des Ordens »Pour le Mérite«; Zusammentreffen mit Voltaire im Schloss Moyland, danach Voltaire in Rheinsberg. Reform der Rechtspflege durch Großkanzler von Cocceji (ab 1747–1755); Pockenseuche in Berlin (etwa jeder siebte Einwohner stirbt daran).

1742 Im Frieden von Breslau erhält Preußen Ober- und Niederschlesien und die Grafschaft Glatz. – Der Elbe-Havel-Kanal wird gebaut.

1743 Das Opernhaus in Berlin wird vollendet.

1744 Ausbruch des Zweiten Schlesischen Kriegs. In Berlin wird eine Baumwollmanufaktur eingerichtet. – Knobelsdorff beginnt mit dem Bau des Schlosses Sanssouci.

1745 Im Frieden von Dresden bestätigt Österreich Preußen den Besitz von Schlesien, und Friedrich II. erkennt den Gemahl Maria-Theresias, Franz I., als Kaiser an.

1746 Friedrich II. schreibt in französischer Sprache die »Geschichte meiner Zeit«.

1750 Gründung der Berliner Porzellanmanufaktur durch Kaspar Wegely (ab 1763 Königliche Porzellan-Manufaktur, KPM). – Voltaire besucht Friedrich II. in Sanssouci und bleibt drei Jahre.

1756 Mit dem Einmarsch Friedrich II. in Sachsen beginnt der Siebenjährige Krieg. Preußen kämpft in diesem Krieg gegen die Große Koalition Österreich, Frankreich, Russland, Schweden und das Reich. – Moses Mendelssohn unterstützt in Preußen die Emanzipation der Juden. – Lessing arbeitet als Kritiker bei der »Vossischen Zeitung«.

1763 Im Frieden von Hubertusburg wird der Besitz Schlesiens bestätigt. Preußen wird Großmacht. – (General-Landschul-Reglement in Preußen, Schulpflicht 5.–13. Lebensjahr).

1770 Immanuel Kant wird Professor in Königsberg.

1772 Erste Teilung Polens: Preußen erhält Westpreußen (ohne Danzig und Thorn), Ermland und Netzedistrikt.

1781 Kant schreibt seine »Kritik der reinen Vernunft«.

1786 Tod Friedrichs II. in Sanssouci (17.8.), Nachfolger wird sein Neffe, König Friedrich Wilhelm II. in Preußen (bis 1797); Berlin hat 147 000 Einwohner; Preußen besteht aus dem Kurfürstentum Brandenburg, den Herzogtümern Schlesien und Vorpommern, den Provinzen Ostpreußen, der 1772 von Polen abgetrennten Provinz Westpreußen und den Enklaven in Westdeutschland (mit Ostfriesland, Münster, Essen).

1787 Einrichtung des Oberschulkollegiums und des Abiturienten-Examens in Preußen.

1788 Kant veröffentlicht ein zweites Hauptwerk, die »Kritik der praktischen Vernunft«.

1793 Zweite Teilung Polens: Preußen erhält Posen und Kalisch, Danzig und Thorn.

1794 Das Preußische Allgemeine Landrecht, geschaffen von Carl Gottlieb Svarez, tritt in Kraft. – Johann Gottfried Schadow vollendet den Siegeswagen auf dem Brandenburger Tor.

1795 Die Dritte Teilung Polens zwischen Preußen, Österreich und Russland. Preußen nimmt Masovien, Warschau und das Gebiet zwischen Weichsel, Bug und Njemen.

1797 Regierungsantritt von König Friedrich Wilhelm III. (bis 1840).

1799 Preußen bleibt im Zweiten Koalitionskrieg (bis 1802) gegen Frankreich neutral. – Forschungsreise von Alexander von Humboldt nach Mittel- und Südamerika (bis 1804). – Erste Dampfmaschine in Berlin. – Friedrich Schleiermacher veröffentlicht »Reden über die Religion«.

1806 Außer Österreich, Preußen, Kurhessen und Braunschweig treten alle deutschen Staaten in Napoleons »Rheinbund« ein. – Es kommt zum Ausbruch des Kriegs Frankreich gegen Preußen und Russland. Die preußische Armee erleidet bei Jena und Auerstedt eine schwere Niederlage (14.10.).

1807 Im Frieden von Tilsit (7.–9.7.) verliert Preußen sämtliche Gebiete westlich der Elbe und damit etwa die Hälfte seines Gebiets und seiner Bevölkerung. – Freiherr vom Stein führt liberale Reformen durch (Bauernbefreiung, Städteordnung, Behördenreform).

1808 Carl von Clausewitz, Gerhard von Scharnhorst und Neidhardt von Gneisenau beginnen mit der Reform der preußischen Armee. – Johann Gottlieb Fichte hält in Berlin seine »Reden an die Deutsche Nation«.

1809 Wilhelm von Humboldt wird Leiter des Kultus- und Unterrichtswesens im preußischen Innenministerium.

1810 Karl August Fürst von Hardenberg führt nach Steins Entlassung die Reformen in Preußen weiter. – In Preußen wird die Gewerbefreiheit verkündet. – Heinrich von Kleist schreibt »Prinz Friedrich von Homburg«.

1812 Napoleon beginnt Feldzug gegen Russland mit preußischen Hilfstruppen unter General Yorck (1759–1830). Nach der Niederlage der Grande Armée Konvention von Tauroggen (Dezember), die den Beginn der »Erhebung« Preußens kennzeichnet; Emanzipationsedikt für Juden in Preußen (11.3.) bringt Ende der Schutzjudenschaft mit deren Sonderabgaben; Juden werden »Einländer und preußische Staatsbürger«; Friedrich Ludwig Jahn errichtet in Berlin den ersten Turnplatz.

1813 Mit dem »Aufruf an mein Volk« (17.3.) durch König Friedrich Wilhelm III. beginnen die Befreiungskriege. In der »Völkerschlacht« bei Leipzig (16.–19.10.) wird Napoleon geschlagen und muss sich über den Rhein zurückziehen.

1814 Karl August von Hardenberg und Wilhelm von Humboldt sind nach der Abdankung Napoleons und dessen Verbannung nach Elba die Vertreter Preußens beim Wiener Kongress (1814/15): Preußen erhält fast alle seine früheren Gebiete wieder zurück.

1815 Rückkehr Napoleons auf den französischen Thron; Wiederaufleben des Krieges und endgültige Niederlage in der Schlacht von Waterloo (18.6.) Nach der Neuordnung Europas durch den Wiener Kongress bilden Russland, Preußen und Österreich die »Heilige Allianz« gegen liberale und revolutionäre Bewegungen. Errichtung des Deutschen Bundes (8.6.) unter österreichischer und preußischer Führung. – August Wilhelm Iffland stirbt. Er hat das Berliner Theater zu erstem Ruhm gebracht.

1819 Einstellung der Reformen in Preußen; die Karlsbader Beschlüsse bestimmen über Pressezensur, Verbot der Burschenschaften, Beaufsichtigung von Universitäten und Lehrkräften; Beginn der Demagogen-Verfolgungen; Ernst Moritz Arndt (1769–1860) und Friedrich D. E. Schleiermacher (1768–1834) werden ihrer Ämter enthoben. »Turnvater« Friedrich Ludwig Jahn (1778–1852) wird verhaftet.

1821 In Schinkels neuem Schauspielhaus auf dem Gendarmenmarkt wird Carl Maria von Webers Oper »Der Freischütz« uraufgeführt.

1834 Errichtung des Deutschen Zollvereins.

1837 In Berlin gründet August Borsig eine Eisengießerei und eine Maschinenbauanstalt.

1840 Friedrich Wilhelm IV. wird König in Preußen (bis 1857). Um die Militärtauglichkeit zu heben, wird in Preußen die Fabrikarbeit für Kinder unter neun Jahren verboten.

1847 Friedrich Wilhelm IV. beruft die acht Provinziallandtage als »Vereinigten Landtag der Monarchie« nach Berlin ein.

1848 Barrikadenaufstand in Berlin (18.3.), Friedrich Wilhelm IV. zieht die Truppen aus der Stadt ab, huldigt unter dem Druck des Volkes den 230 Märzgefallenen; preußische Nationalversammlung in Berlin (Mai); Auflösung der preußischen Nationalversammlung durch Wrangels Truppen; Dreiklassenwahlrecht; Gründung der Arbeitsverbrüderung als Dachorganisation aller Arbeiter- und Gewerbevereine auf dem Arbeiterkongress in Berlin. – Als politisch-satirisches Blatt erscheint der »Kladderadatsch«.

1869 Friedrich Wilhelm IV. lehnt die Kaiserkrone ab; Preußen erhält eine »oktroyierte« Verfassung – Preußen gründet die Union der deutschen Fürsten (28 Staaten).

1851 Otto von Bismarck wird preußischer Gesandter beim Deutschen Bundestag (1858 in St. Petersburg; 1862 in Paris).

1858 Rudolf Virchow begründet die Zellular-Pathologie.

1858 Prinzregent Wilhelm übernimmt die Regentschaft, Beginn der »Neuen Ära«.

1861 Wilhelm I. wird König von Preußen (bis 1888).

1862 Otto von Bismarck wird preußischer Ministerpräsident nach dem Scheitern aller Bemühungen, den Heeres- und Verfassungskonflikt zu lösen (23.9.) – Theodor Fontane schreibt seine »Wanderungen durch die Mark Brandenburg« (1862–82).

1866 Deutscher Krieg: Sieg Preußens gegen Österreich in der Schlacht von Königgrätz (3.7.).

1867 Gründung des Norddeutschen Bundes unter Führung Preußens (Hauptstadt Berlin): Bismarck wird erster Kanzler des Norddeutschen Bundes, dessen Verfassung am 1. Juli in Kraft tritt; enthält wesentliche Bestimmungen der späteren Reichsverfassung.

1869 August Bebel (1840–1913) und Wilhelm Liebknecht (1862–1900) gründen in Eisenach die Sozialdemokratische Arbeiterpartei; der Norddeutsche Bund nimmt gegen die Stimmen der Sozialdemokraten eine neue Gewerbeordnung an (ohne Frauenschutz).

1870 »Emser Depesche« (13.7.). Deutsch-französischer Krieg (bis 1871); Kapitulation Napoleons III. bei Sedan (2.9.).

1871 Gründung des Deutschen Reiches, Wilhelm I. wird deutscher Kaiser (Kaiserproklamation am 18.1 in Versailles), Bismarck wird Reichskanzler.

1872 Beginn des »Kulturkampfes« (bis 1887).

1878 Annahme des »Gesetzes gegen die gemeingefährlichen Bestrebungen der Sozialdemokratie« (bis 1890); kleiner Belagerungszustand über Berlin verhängt; Verbot der Parteipresse und -organisation; Verfolgung der aktiven Sozialdemokraten und Gewerkschaften; Trennung der Provinz Preußen in Ostpreußen (Königsberg) und Westpreußen (Danzig).

1879 Zweibund zwischen Deutschland und Österreich-Ungarn.

1881 Dreikaiservertrag zwischen Deutschland, Österreich-Ungarn und Russland.

1882 Dreibund zwischen Deutschland, Österreich-Ungarn und Italien.

1883 Errichtung eines modernen Sozialversicherungssystems (Unfall-, Kranken-, Alters- und Invalidenversicherung), das 1889 zum Abschluss kommt.

1884 Beginn der deutschen Kolonialexpansion bis 1885 (Südwestafrika, Kamerun, Togo, Ostafrika und einige pazifische Inseln; später folgen Samoa, Tsingtau und die Karolinen).

1887 Geheimer Rückversicherungsvertrag mit Russland (1890 nicht erneuert).

1888 Tod Kaiser Wilhelms I. (9.3.); Friedrich III. stirbt nach 99tägiger Regierung; Wilhelm II. wird deutscher Kaiser und König von Preußen (bis 1918).

1890 Wilhelm II. entlässt Bismarck (21.3.). Leo von Caprivi wird neuer Reichskanzler (bis 1894).

1897 Admiral Alfred von Tirpitz (1849–1930) wird Staatssekretär des Reichsmarineamts; Beginn des systematischen Aufbaus einer modernen Schlachtflotte zur Umsetzung der Weltpolitik.

1898 Orientreise Wilhelms II.; seine »Damaskusrede« erweckt britisches und russisches Misstrauen.

1905 Erste Marokkokreise: Wilhelm II. landet in Tanger, Deutschland fordert internationale Konferenz. – Max Reinhardt übernimmt das Deutsche Theater in Berlin.

1908 Wilhelm II. gibt dem »Daily Telegraph« ein Interview und wird im In- und Ausland scharf kritisiert.

1911 Gründung des militaristischen Jungdeutschland-Bundes; zweite Marokkokrise, deutsches Kanonenboot vor Agadir (01.7.), Deutschland erhält Teile von Französisch-Kongo.

1912 Im Reichstag werden die Sozialdemokraten stärkste Fraktion.

1914 Das Attentat auf den österreichisch-ungarischen Thronfolger Franz Ferdinand in Sarajewo (28.6.) löst eine europäische Krise aus. Die deutsche Unterstützung Österreich-Ungarns und die Bereitschaft, das Risiko eines Kontinental-, ggf. auch eines Weltkriegs in Kauf zu nehmen, ist der Anlass für den Ausbruch des Ersten Weltkriegs. Der deutsche Vormarsch im Westen scheitert an der Marne; die russischen Armeen werden in der Schlacht bei Tannenberg (August) und an den masurischen Seen (September) geschlagen.

1915 Winterschlacht in Masuren; Friedensdemonstration in Berlin (November/Dezember).

1917 Osterbotschaft Wilhelms II., in der er die Reform des preußischen Dreiklassewahlrechts ankündigt.

1918 Der Versuch, im Westen den Krieg durch eine große Offensive zu entscheiden, scheitert. Die Oberste Heeresleitung fordert einen Waffenstillstand (29.9.).
1918 Prinz Max von Baden wird deutscher Reichskanzler und verkündet nach Ausbruch der Revolution eigenmächtig die Abdankung.

Kaiser Wilhelms II. (9.11.) – Philipp Scheidemann ruft vom Reichstag die Republik aus; Karl Liebknecht ruft wenig später am Berliner Schloss die Sozialistische Republik aus.

1919 Mit dem Ende der Monarchie in Preußen und im Reich erfolgen gemäß dem Versailler Vertrag (1919) folgende Abtretungen großer preußischer Gebiete: Danzig wird Freie Stadt (zuerst mit Völkerbund-Kommissar, ab 1922 im polnischen Zollgebiet); Polen erhält den größten Teil der Provinz Posen, von Westpreußen die pommerellischen Kreise und einen wesentlichen Teil des oberschlesischen Industriegebiets; die Tschechoslowakei erhält das Hultschiner Ländchen; aus den preußisch gebliebenen Provinzresten wird die Provinz »Grenzmark Posen-Westpreußen« gebildet (1922); das Memelgebiet wird autonom (dem litauischen Staat unterstellt): Dänemark erhält die Gebiete bis Flensburg zurück; von der Rheinprovinz werden Moresnet, Eupen und Malmedy an Belgien abgetreten; das Saargebiet (südl. Teil der preußischen Rheinprovinz) geht als Treuhandgebiet an den Völkerbund (für 15 Jahre befristet, 1925 in das französische Zollgebiet einbezogen); Gustav Noske (SPD) lässt als Oberbefehlshaber aller Truppen in Berlin den Spartakus-Aufstand im Januar niederschlagen (Reichswehrminister bis 1920); Hugo Preuß entwirft die Verfassung der Weimarer Republik; Ermordung Karl Liebknechts und Rosa Luxemburgs in Berlin (15.01.). – George Grosz legt sein Lithografie-Werk »Das Gesicht der herrschenden Klasse« vor.

1920 Otto Braun wird preußischer Ministerpräsident, Carl Severing preußischer Innenminister. – Max Liebermann wird Präsident der Preußischen Akademie der Künste.

1925 Nach dem Tod Friedrich Eberts (ab 1919 erster Reichspräsident) wird Paul von Hindenburg zum Reichspräsidenten gewählt. – Gründung der Berliner Architekten-Vereinigung »Ring« (Mies van der Rohe, Gropius, May, Bartning, Mendelsohn).

1927 Thomas Mann (1875–1955) schreibt im »Hannoverschen Kurier« (9.10.): »Preußens deutsche Sendung ist noch nicht vollendet. Welch ein Beispiel nach innen und außen – das Aufgehen Preußens in der neu gegliederten Einheit des Reichs!«

1928 Uraufführung der »Dreigroschenoper« von Bert Brecht (Text) und Kurt Weill (Musik) in Berlin. Das Werk erringt Welterfolg. – Der »Angriff« beginnt sein Erscheinen (Redaktion Josef Goebbels).

1930 Sturz der Regierung Müller (SPD) und Errichtung des Systems der Präsidialkabinette (Reichskanzler Brüning 1930-32; Papen 1932; Schleicher 1932/33), die ohne Mehrheit im Reichstag gestützt auf des Vertrauen des Reichspräsidenten mithilfe von Ausnahmegesetzen (Art. 48) regieren.

1932 Bei der Landtagswahl in Preußen verliert die Regierung der Sozialdemokraten Braun und Severing ihre Mehrheit; massive Gewinne der NSDAP. Hindenburg wird als Reichspräsident wiedergewählt. Staatsstreich durch Franz von Papen. Die Regierung Braun-Severing wird abgesetzt (20.7.); Papen übernimmt als Reichskommissar für Preußen die preußischen Staatsgeschäfte.

1933 Hindenburg ernennt Adolf Hitler zum Reichskanzler (30.1.). Der noch in der Weimarer Republik gebliebene Rest preußischer Eigenstaatlichkeit wird beseitigt.

1934 »Gesetz über den Neuaufbau des Reiches« (30.1.) bringt die Beseitigung der Parlamente in allen deutschen Ländern; im Interesse der nationalsozialistischen Gleichschaltungspolitik wird die Staatlichkeit Preußens stark verändert: Die Ressortministerien werden bis auf das Finanzministerium mit entsprechenden Reichsministerien zusammengelegt; der Landtag als Institution beseitigt, die Befugnisse des Reichsstatthalters auf den preußischen Ministerpräsidenten übertragen, die Oberpräsidenten – in Personalunion mit den Gauleitern – werden mit besonderen Vollmachten ausgestattet. Damit ist Preußen aufgelöst in Reichsgaue; Heinrich Himmler (1900–1945) wird als Reichsführer SS Chef der Gestapo in Preußen.

1939 Mit Hitlers Überfall auf Polen beginnt der Zweite Weltkrieg.

1943 Beginn der schweren alliierten Luftangriffe auf Berlin und andere deutsche Städte.

1944 »Aufstand des Gewissens«, Stauffenbergs Attentat auf Hitler misslingt (20. Juli); danach Verfolgung und Sippenhaft aller beteiligten Widerstandskämpfer (viele preußische Offiziere und Beamte); Vernichtung des größten Teils von Königsberg durch zwei Angriffe der britischen Luftwaffe; Eindringen der Roten Armee in Ostpreußen (Oktober).

1945 Kapitulation Königsbergs (9.4.); Übergabe Berlins an die Rote Armee (2.5.); Massenflucht (beginnend im Winter 1944/45 aus Ostpreußen und aus allen anderen deutschen Ostgebieten vor den anstürmenden Russen. – Die Potsdamer Konferenz beschließt die »Umsiedlung« der verbleibenden Bewohner.

1946 Berlin wird in vier Besatzungs-Sektoren der vier alliierten Siegermächte USA, Sowjetunion, Großbritannien und Frankreich aufgeteilt.

1947 Durch Gesetz des Alliierten Kontrollrates Nr. 46 (25.2.) wird der Staat Preußen aufgelöst; die Kernlande Preußens stehen zu diesem Zeitpunkt unter polnischer bzw. sowjetischer Verwaltung oder gehen in das Territorium der späteren DDR ein.

Karten – Brandenburg-Preußen von 1415 bis 1918

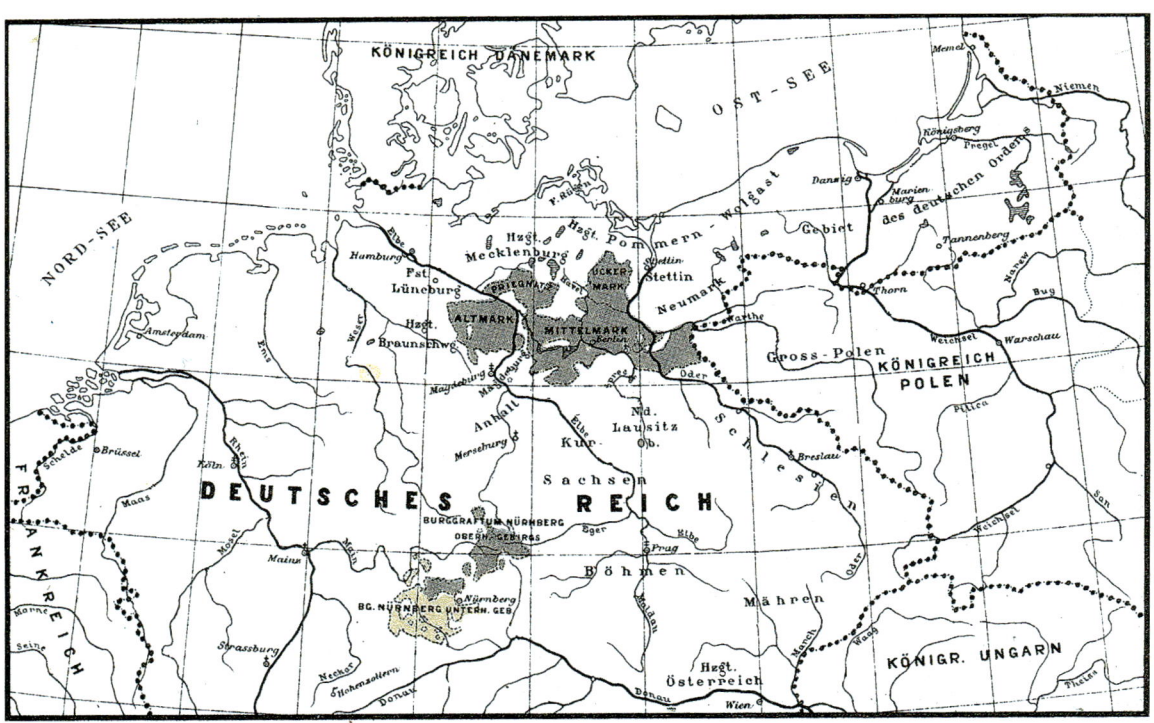

1415–1440: Friedrich, VI. Burggraf von Nürnberg, wird 1415 von König Sigismund die Mark Brandenburg übertragen (dunkelbraun). Beim Tod dieses ersten Kurfürsten von Brandenburg misst das Land zusammen mit Ansbach und Bayreuth 29 478 qkm.

1688–1740: 1701 wird Kurfürst Friedrich III. König Friedrich I. in Preußen. Er hinterlässt seinem Sohn ein Gebiet, das nur unwesentlich größer ist als das, was er erbte. 1740, beim Tod von Friedrich Wilhelm I., hat der Staat mit Orange und Neuchâtel 118 926 qkm.

1640–1688: Bis zum Regierungsantritt von Kurfürst Friedrich Wilhelm hat sich Brandenburg-Preußen mehr als verdoppelt. Es erwirbt jetzt noch Kolonien an der Goldküste und in Westindien und hat beim Tod des Großen Kurfürsten eine Fläche von 110 826 qkm.

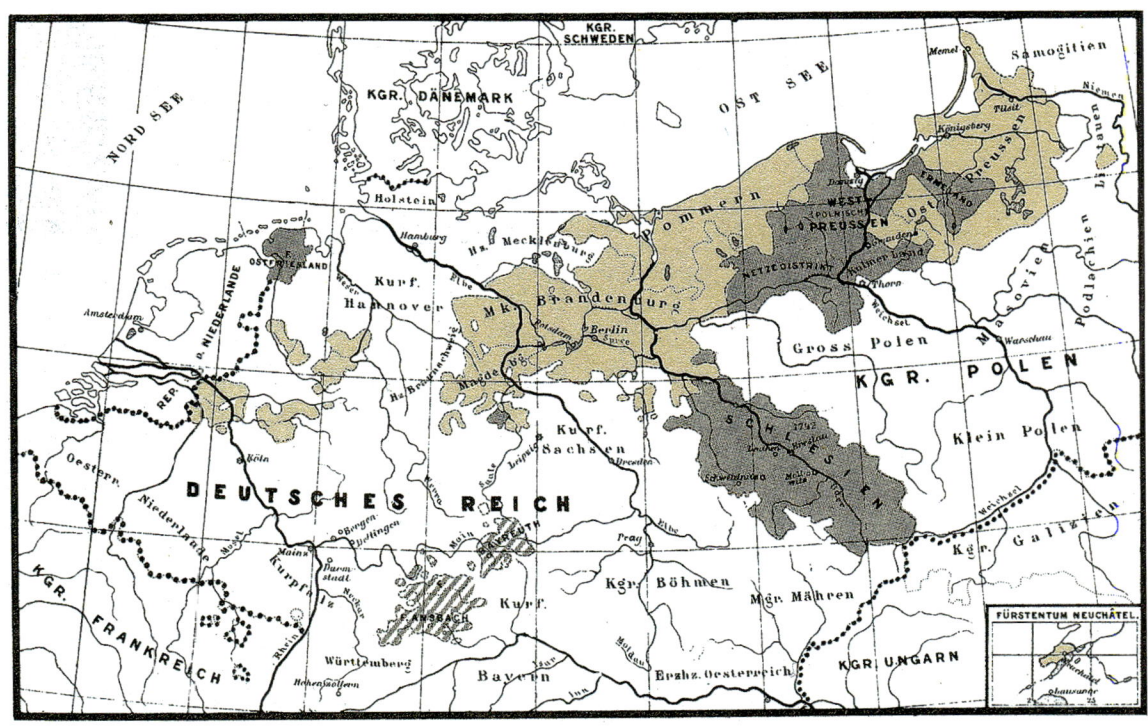

1740–1786: Unter Friedrich dem Großen wächst Preußen erheblich (dunkelbraun), u. a. kommen Schlesien, Westpreußen und Netzegebiet hinzu. Seinem Nachfolger hinterlässt er ein Land mit 3 430 000 Einwohnern und einer Größe von 194 891 qm.

KARTEN – BRANDENBURG-PREUSSEN VON 1415 BIS 1918   209

1786–1797: In der kurzen Regierungszeit von Friedrich Wilhelm II. erreicht der Staat die größte Ausdehnung: 305 659 qkm (die Bundesrepublik hat 247 975 qkm). Zurückzuführen ist dies auf die Gebiete, die Polen 1792 und 1795 an Preußen verliert.

1815–1861: Der Wiener Kongress 1814/15 schafft Ordnung in Europa. Preußen erhält zu dem, was es schon vor 1807 besaß, Teile von Sachsen, Westfalen und das linksrheinische Gebiet: 1815: 10 400 000 Einwohner, 278 042 qkm; 1861: 19 600 000 Einwohner

 jeweils ererbtes Gebiet   jeweils hinzuerworbenes Gebiet oder erobertes Gebiet   Besitz der Nebenlinie

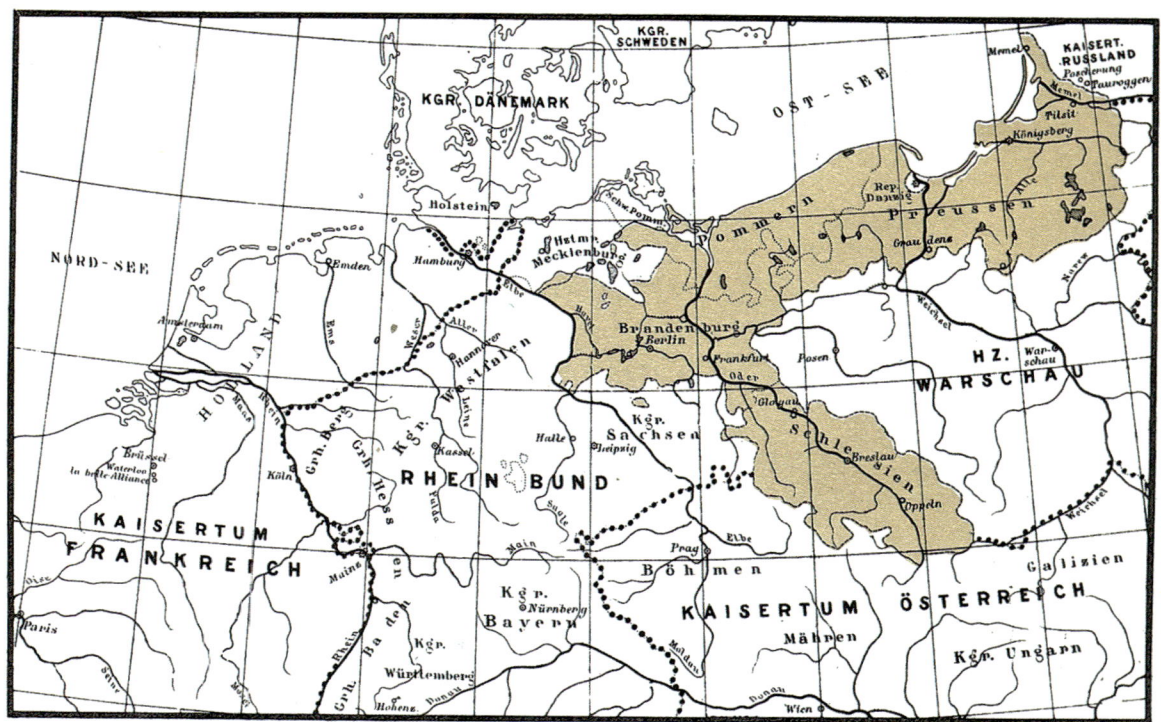

1807–1815: Im Frieden von Tilsit muss Preußen die Hälfte seines Gebiets abtreten, darunter alles Land westlich der Elbe, den größeren Teil des Netzedistrikts und die polnischen Erwerbungen. Das Verbleibende ist hellbraun getönt.

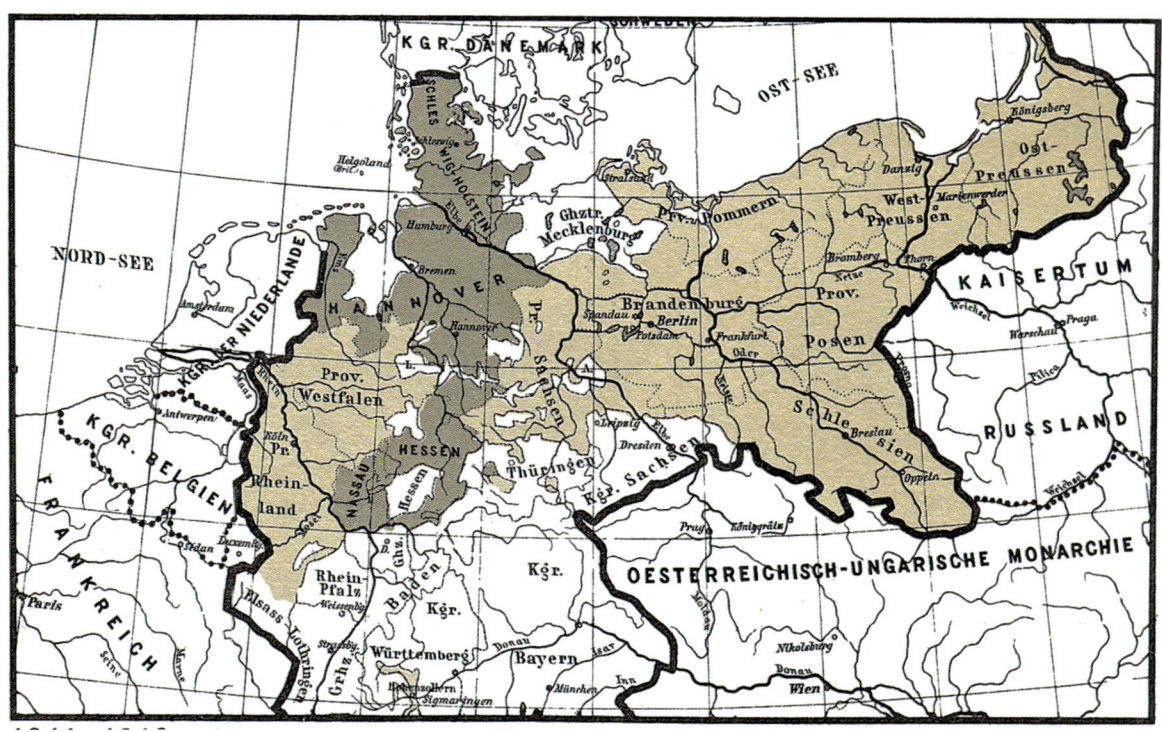

1861–1918: Das dunkelbraune Gebiet umfasst Preußens Zugewinn von 1864 und 1866, das Herzogtum Lauenburg (L) wird erst 1876 einverleibt. 1871 wird Wilhelm I. Kaiser des Deutschen Reiches, dessen Grenzen durch die schwarze Linie gekennzeichnet sind.

Quellen- und Literaturvereichnis

Gesamtdarstellungen

Burgdorff, Stephan / Pötzl, Norbert F. / Wiegrefe, Klaus (Hrsg.): Preußen. Die unbekannte Großmacht, München 2008

Clark, Christopher: Preußen. Aufstieg und Niedergang.1600–1947, München 2007

Hubatsch, Walther: Grundlinien preußischer Geschichte. Königtum und Staatsgestaltung 1701–1871, Darmstadt 1983

Kroll, Frank-Lothar (Hrsg.): Preußens Herrscher. Von den ersten Hohenzollern bis Wilhelm II., München 2006

Schlenke, Manfred (Hrsg.): Preußen. Politik, Kultur, Gesellschaft, 2 Bde., Reinbek 1986

Ders. (Hrsg.): Preußen-Ploetz. Eine historische Bilanz in Daten und Deutungen, Freiburg i. Br. 1983

Schoeps, Hans-Joachim: Preußen. Geschichte eines Staates. Bilder und Zeugnisse, Berlin 1981

Streidt, Gert / Feierabend Peter (Hrsg.): Preußen. Kunst und Architektur, Köln 1999

Das Werden Preussens

Angermann, Norbert: Friedrich Wilhelm, der Große Kurfürst, Bonn 1988

Baumgart, Peter (Hrsg.): Ständetum und Staatsbildung in Brandenburg-Preußen, Berlin 1983

Biskup, Marian / Labuda, Gerard: Die Geschichte des Deutschen Ordens in Preußen. Wirtschaft, Gesellschaft, Staat, Ideologie, Osnabrück 2000

Die politischen Testamente der Hohenzollern, bearbeitet von Richard Dietrich, (= Veröffentlichungen aus den Archiven Preußischer Kulturbesitz, hrsg. von Friedrich Benninghoven, Bd. 20), Köln-Wien 1986.

Gericke, Wolfgang: Glaubenszeugnisse und Konfessionspolitik der brandenburgischen Herrscher bis zur preußischen Union 1540–1815, Bielefeld 1977

Messerschmidt, Manfred: Die politische Geschichte der preußisch-deutschen Armee 1514–1890, München 1975

Naumann, Hans-Joachim: Friedrich Wilhelm der Große Kurfürst. Der Sieger von Fehrbellin, Berlin 1995

Schneidereit, Otto A.: Die Prussen und der Deutsche Orden, Berlin 1994

Der Soldatenkönig und sein Zeitalter

Büsch, Otto: Militärsystem und Sozialleben 1713–1807 im alten Preußen. Die Anfänge der sozialen Militarisierung der preußisch-deutschen Gesellschaft, Frankfurt a. M. 1981

Hinrichs, Carl: Preußentum und Pietismus. Der Pietismus in Brandenburg-Preußen als religiös-soziale Reformbewegung, Göttingen 1971

Neumann, Hans-Joachim: Friedrich Wilhelm I. Leben und Leiden des Soldatenkönigs, Berlin 1993

Venohr, Wolfgang: Der Soldatenkönig. Revolutionär auf dem Thron, Frankfurt a. M. 1988

Friedrich der Grosse und seine Zeit

Aretin, Karl Otmar von: Friedrich der Große. Größe und Grenzen des Preußenkönigs, Freiburg i. Br. 1985

Duffy, Christopher: Friedrich der Große. Ein Soldatenleben, Augsburg 1995

Goldenbaum, Ursula / Kosenia, Alexander (Hrsg.): Berliner Aufklärung. Kulturwissenschaftliche Studien, Hannover 1999

Großmann, Joachim: Künstler, Hof und Bürgertum, Berlin 1994

Hellmuth, Eckhardt: Naturrechtsphilosophie und bürokratischer Werthorizont. Studien zur preußischen Geistes- und Sozialgeschichte des 18. Jahrhunderts, Göttingen 1985

Kunisch, Johannes: Friedrich der Große. Der König und seine Zeit, München 2004

Möller, Horst: Aufklärung in Preußen. Der Verleger, Publizist und Geschichtsschreiber Friedrich Nicolai, Berlin 1974

Schieder, Theodor: Friedrich der Große. Ein Königtum der Widersprüche, Frankfurt a. M. 1983

Schobeß, Volker: Friedrich der Große und die Potsdamer Wachtparade 1740–1786, Berlin 2009

Ziechmann, Jürgen (Hrsg.): Panorama der Fridericianischen Zeit. Friedrich der Große und seine Epoche. Ein Handbuch, Bremen 1985

Reformstaat Preussen

Hubatsch, Walther: Die Stein-Hardenbergschen Reformen, Darmstadt 1977

Michalsky, Helga: Bildungspolitik und Bildungsreform in Preußen, Weinheim 1978

Reif, Heinz (Hrsg.): Adel und Bürgertum in Deutschland. Entwicklungslinien und Wendepunkte im 19. Jahrhundert, Berlin 2000

Schmitt, Hanno / Tosch, Frank (Hrsg.): Erziehungsreform und Gesellschaftsinitiative in Preußen 1798–1840, Berlin 1999

Stübig, Heinz: Scharnhorst. Die Reform des preußischen Heeres, Göttingen 1988

Thiele, Gerhard: Gneisenau. Leben und Werk des Königlich-Preußischen Generalfeldmarschalls. Eine Chronik, Potsdam 1999

Vogel, Barbara (Hrsg.): Preußische Reformen 1807–1820, Königstein 1980

Restauration und Revolution

Görtemaker, Manfred / Hübener, Kristina / Neitmann, Klaus u. a. (Hrsg.): Zwischen Königtum und Volkssouveränität. Die Revolution von 1848/49 in Brandenburg, Frankfurt a. M. 1999

Kroll, Frank-Lothar: Friedrich Wilhelm IV. und das Staatsdenken der Romantik, Berlin 1990

Moll, Georg: Preußischer Weg und bürgerliche Umwälzung in Deutschland, Weimar 1988

Obenaus, Herbert: Anfänge des Parlamentarismus in Preußen bis 1848, Düsseldorf 1984

Rumpler, Helmut (Hrsg.): Deutscher Bund und deutsche Frage 1815–1866. Europäische Ordnung, deutsche Politik und gesellschaftlicher Wandel im Zeitalter der bürgerlich-nationalen Emanzipation, München 1990

Ullmann, Hans-Peter / Zimmermann, Clemens (Hrsg.): Restaurationssystem und Reformpolitik. Süddeutschland und Preußen im Vergleich, München 1996

Auf dem Weg ins Kaiserreich und die Zeit von 1871 bis 1918

Berghahn, Volker R.: Das Kaiserreich 1871–1914, Stuttgart 2003

Engelberg, Ernst: Bismarck. Das Reich in der Mitte Europas, Berlin 1990

Epkenhans, Michael / Seggern, Andreas von: Leben im Kaiserreich. Deutschland um 1900, Stuttgart 2007

Frie, Ewald: Das Deutsche Kaiserreich, Darmstadt 2004

Gall, Lothar: Bismarck. Der weiße Revolutionär, Frankfurt a. M. 1983

Hildebrand, Klaus: Das vergangene Reich. Deutsche Außenpolitik von Bismarck bis Hitler, Stuttgart 1996

Loth, Wilfried: Das Kaiserreich. Obrigkeitsstaat und politische Mobilisierung, München 1996

Mommsen, Wolfgang J.: Bürgerstolz und Weltmachtstreben. Deutschland unter Wilhelm II. 1890–1918, Berlin 1995 (= Propyläen-Geschichte Deutschlands, Bd. 7, Teil 2)

Nipperdey, Thomas: Deutsche Geschichte 1800–1918, 3 Bde., München 1998

Röhl, John C. G.: Wilhelm II., 2 Bde., München 1993 ff.

Treue, Wilhelm (Hrsg.): Drei deutsche Kaiser. Wilhelm I., Friedrich III., Wilhelm II. Ihr Leben und ihre Zeit, Freiburg i. Br. 1987

Wehler, Hans-Ulrich: Von der »Deutschen Doppelrevolution« bis zum Beginn des Ersten Weltkrieges: 1849–1914, München 1995 (= Deutsche Gesellschaftsgeschichte Bd. 3)

Preussen in der Weimarer Republik

Biewer, Ludwig: Preußen in der Weimarer Republik. Eine Ausstellung des Geheimen Staatsarchivs Preußischer Kulturbesitz, Berlin 1982

Bracher, Karl Dietrich: Die Auflösung der Weimarer Republik. Eine Studie zum Problem des Machtzerfalls in der Demokratie, Stuttgart 1957

Möller, Horst: Parlamentarismus in Preußen 1919–1932 (= Handbuch der Geschichte des deutschen Parlamentarismus, Bd. 5), Düsseldorf 1985

Kolb, Eberhard und Rudolf Morsey: Ein Staatsstreich? Die Reichsexekution gegen Preußen (»Preußenschlag«) vom 20. Juli 1932 und seine Folgen – Darstellungen und Dokumente. Bundesrat 2007.

Petzold, Joachim: Franz von Papen. Ein deutsches Verhängnis, München 1995

Schulze, Hagen: Weimar. Deutschland 1917–1933 (= Deutsche Geschichte, Bd. 4), Berlin 1982

Der Untergang

Craig, Gordon A.: Das Ende Preußens. Acht Porträts, München 1985

Fest, Joachim: Staatsstreich. Der lange Weg zum 20. Juli, Berlin 1994

Gerlach, Heinrich: Nur der Name blieb. Glanz und Untergang des alten Preußen, Düsseldorf 1978

Knopp, Werner: Preußens Wege, Preußens Spuren. Gedanken über einen versunkenen Staat, Düsseldorf 1981

Scheurig, Bodo: Henning von Tresckow. Ein Preuße gegen Hitler, Berlin 2004

Mythos und Realität

»Als der Krieg zu Ende war«. Literarisch-politische Publizistik 1945–1950. Sonderausstellung des Schiller-Nationalmuseums, Katalog Nr. 23, herausgegeben von Bernhard Zeller, Stuttgart 1973

Dollinger, Hans: Preußen. Eine Kulturgeschichte in Bildern und Dokumenten, Gütersloh 1985

Dönhoff, Marion Gräfin: Preußen. Maß und Maßlosigkeit, München 1998

Forstreuther, Kurt (Hrsg.): Wirkungen des Preußenlandes. Vierzig Beiträge, Köln 1981

Haffner, Sebastian: Preußen ohne Legende, Hamburg 1977

Krockow, Christian Graf von: Preussen. Eine Bilanz, Stuttgart 1992

Schoeps, Hans-Joachim: Üb′immer Treu′ und Redlichkeit. Preußen in Geschichte und Gegenwart, Düsseldorf 1978

Siedler, Wolf J.: Abschied von Preußen, Berlin 1991

Wehler, Hans-Ulrich (Hrsg.): Preußen ist wieder chic … Politik und Polemik in zwanzig Essays, Frankfurt a. M. 1983

Namen- und Sachregister

Adenauer, Konrad 100, 105
Albrecht Friedrich von Preußen 18, 25
Albrecht I. der Bär 11, 16
Albrecht I. von Brandenburg-Ansbach
    14, 24, 25
Albrecht II. 17
Albrecht III. Achilles 15
Alexander I. 42
Anna Maria von Braunschweig-
    Calenberg-Göttingen 25
Anna-Sophie von Preußen 25
Arndt, Ernst Moritz 54, 190
Arnim, Achim von 134
Arnim, Bettina von 134 f.
Auguste Viktoria von Schleswig-Holstein-
    Sonderburg-Augustenburg (Königin
    von Preußen, dt. Kaiserin) 196
Baden, Prinz Max von 78, 92
Bamberger, Ludwig 61, 81
Baudissin, Wolf Graf von 182
Behring, Emil von 169
Beneckendorff und von Hindenburg,
    Paul von 84, 86 f., 95–100, 108, 178
Benedek, Ludwig Ritter von 72 f.
Benningsen, Rudolf von 68
Bethmann Hollweg, Theobald von 91
Beuth, Christian Peter Wilhelm 161
Bismarck, Otto von 6, 41, 43, 61–63, 67 f.,
    72, 77 f., 80, 82, 84, 88, 90, 95, 97, 107 f.,
    117, 170, 172 f.
Blücher, Gebhard Leberecht von
    47, 55, 178, 190
Borsig, Johann Carl Friedrich August
    159, 164 f.
Böttiger, Johann Friedrich 162
Braun, Otto 93–95, 98–100, 108
Brecht, Bert 95
Brentano, Clemens 134
Broszat, Martin 41
Brühl, Charles von 142
Brüning, Heinrich 99
Bucher, Lothar 61
Camphausen, Gottfried Ludolf 60
Christine von Braunschweig-Bevern 33
Cicero, Johann 15
Clark, Christopher 41, 140
Cockerill, James 159
Cockerill, John 159
Cockerill, William 159
Corinth, Lovis 81
Descartes, René 128

Devrient, Ludwig 147
Disraeli, Benjamin 69
Döblin, Alfred 95
Dönhoff, August Graf 196
Dönhoff, Marion Gräfin 196 f.
Dorothea von Dänemark 25
Driesen, Georg Wilhelm von 37
Droysen, Gustav 168
Ebert, Friedrich 92, 93, 95 f.
Egell, Franz Anton 164
Eichendorff, Joseph von 56
Einstein, Albert 169
Eitel Friedrich von Preußen 182
Engelberg, Ernst 7
Engels, Friedrich 60
Erich I. von Braunschweig-Calenberg-
    Göttingen 25
Eugen Franz, Prinz von Savoyen 38
Falkenhayn, Erich von 102
Fichte, Johann Gottlieb 132, 168
Firmian, Leopold Anton Freiherr von
    124
Fischer, Emil 81, 169
Föhse, Anna Luise 38
Fontane, Theodor 38, 81–83, 161
Franz Ferdinand von Österreich-Este
    (Erzherzog von Österreich) 91
Friedrich August I. von Sachsen
    (der Starke) (Kurfürst) 40
Friedrich August III. 41
Friedrich I. (Barbarossa)
    (röm.-dt. Kaiser) 11
Friedrich I. (VI.) (Kurfürst von
    Brandenburg) 15, 26
Friedrich II. (der Große) (König von
    Preußen) 26, 28–30, 32–36, 88, 114,
    116, 124, 129, 162, 177
Friedrich II. (röm.-dt. Kaiser)
    12, 15, 40 f., 98, 136, 140, 158
Friedrich III. (I.) (König von Preußen) 21
Friedrich Karl Reichsfreiherr vom
    und zum Stein 50, 54, 131, 140, 142,
    158, 190
Friedrich V. von Ansbach-Bayreuth 24
Friedrich von Sachsen 24
Friedrich Wilhelm I. (der Soldatenkönig)
    (König in Preußen) 18, 20, 26–28,
    32, 108, 118, 122, 126, 130, 152, 167,
    182
Friedrich Wilhelm II. (König von
    Preußen) 43, 44, 147

Friedrich Wilhelm III. (König von
    Preußen) 42, 46 f., 54, 147, 149, 167,
    177, 178
Friedrich Wilhelm IV. (König von
    Preußen) 58 f., 61, 63, 76, 135, 144,
    176
Friedrich Wilhelm von Brandenburg
    (Großer Kurfürst) 120–123
Friesen, Friedrich 56
Gall, Lothar 7
Ganz, Bruno 147
Georg Friedrich 18
Georg Wilhelm 19 f.
Gneisenau, August Neidhart von 41
Goebbels, Joseph 100
Goethe, Johann Wolfgang 134, 146
Goltz, Wilhelm Leopold Colmar
    Freiherr von der 192
Gotzkowsky, Johann Ernst 162
Grimm, Gebrüder 38
Grzesinski, Albert 99
Günderode, Karoline von 134
Hahn, Diederich 90, 169
Hardenberg, Karl August von 50, 56,
    113, 131, 144
Harkort, Friedrich 139
Hauptmann, Gerhard 81, 102, 161
Hegel, Georg Wilhelm Friedrich 113,
    154 f., 168, 190
Heimannsberg, Magnus 99
Hertling, Georg Freiherr von 78
Herz, Henriette 45, 132
Heuss, Theodor 178
Hintze, Otto 48 f.
Hirsch, Paul 93
Hitler, Adolf 6, 97–99, 102 f., 108, 180,
    190, 193, 196
Humboldt, Alexander von 132, 178
Humboldt, Wilhelm von 52, 132, 167
Iffland, August Wilhelm 146 f., 151
Jagiello I. 14
Jahn, Friedrich Ludwig 54, 56
Joachim Friedrich 19
Joachim I. Nestor 15
Joachim II. Hektor 16, 199
Johann Georg 17, 18
Johann Sigismund 18, 19
Jünger, Ernst 177
Kant, Immanuel 113, 128, 132, 152,
    154, 168
Kapp, Friedrich 61

214 NAMEN- UND SACHREGISTER

Kapp, Wolfgang 91, 93
Karl Alexander von Lothringen und Bar 36
Karl der Große (röm. Kaiser) 10
Karl IV. (röm.-dt. Kaiser) 12
Katharina II. (die Große) (Kaiserin von Russland) 40
Katte, Hans Hermann von 32
Kaufhold, Karl Heinrich 138
Kerrl, Hanns 100
Kleist, Heinrich von 132, 148–151
Koch, Robert 81, 169
Kokoschka, Oskar 81
Kollwitz, Käthe 95
Konrad I. von Masowien 12
Körner, Theodor 54, 56, 57
Kościuszko, Tadeusz 40
Kotzebue, August von 146, 151
Krüger, Friederieke 56
Krupp, Friedrich 159
Kuno Graf von Rantzau 62
Landsberg, Otto 93
Lasker, Eduard 81
Lehndorff, Heinrich von 196
Leibniz, Gottfried Wilhelm von 22, 128, 167
Lenné, Peter Joseph 165
Leopold I., Fürst von Anhalt-Dessau 38
Leopold II. (röm.-dt. Kaiser) 147
Lessing, Gotthold Ephraim 131, 146
Lewin, Rahel 45
Liebermann, Max 81
Lippold Ben Chluchim 17
Liselotte von der Pfalz 21
Louis Ferdinand, Prinz von Preußen 46, 131, 132
Louis-Philippe I. (König von Frankreich) 58
Ludendorff, Erich 84, 86, 96, 194
Ludwig XIV. (König von Frankreich) 118, 123 f.
Luise von Mecklenburg-Strelitz (Königin von Preußen) 42, 48 f., 76, 151
Lüttwitz, Walther von 93
Lützow, Adolf von 56
Manstein, Erich von 103
Manteuffel, Otto von 65 f., 82
Maria Theresia (Erzherzogin von Österreich) 29

Marwitz, Bernd Friedrich August von der 142
Marwitz, Friedrich August Ludwig von der 142–145
Marwitz, Johann Friedrich Adolf von der 144
Marx, Karl 60, 154, 96
May, Karl 38
Meinecke, Friedrich 6
Meinrad, Josef 147
Meitner, Lise 169
Mendelssohn, Moses 131 f.
Metternich, Klemens Wenzel Lothar von 58
Moltke, Charlotte Gräfin 142
Moltke, Helmuth (der Jüngere) 90, 192 f.
Moltke, Helmuth James Graf von 192 f.
Moltke, Helmuth von (der Ältere) 72, 84, 117, 173, 190, 192
Mommsen, Theodor 81, 168
Mulvany, Thomas 159
Napoleon 41, 140, 158
Nettelbeck, Joachim Christian 42
Nicolai, Friedrich 131
Oldenburg-Januschau, Elard von 80
Osiander, Andreas 24
Pahl, Louise 164
Papen, Franz von 99 f., 108
Pechstein, Max 95
Planck, Max 169
Preuß, Hugo 93
Prittwitz und Gaffron, Maximilian Graf von 86
Prochaska, Eleonore 56
Puttkamer, Johanna von 62
Ranke, Leopold von 168
Rathenau, Emil 194
Rathenau, Walter 194 f.
Rennenkampf, Paul von 86
Rheinbaben, Georg Freiherr von 185
Roche, Sophie la 134
Röhm, Ernst 102
Roon, Albrecht Graf von 67
Rouanet-Kummer, Emilie 82
Salza, Hermann von 12
Samsonow, Alexander 86
Schadow, Johann Gottfried 132
Scharnhorst, Gerhard von 47, 51, 54 f., 131, 190
Scheidemann, Philipp 90, 92

Schliemann, Heinrich 170
Schilling, Heinz 122
Schinkel, Karl Friedrich 178
Schleiermacher, Friedrich 132
Schopenhauer, Arthur 154, 168
Schulenburg, Friedrich von 196
Seckendorff, Veit Ludwig von 156
Severing, Carl 94
Sigismund (röm.-dt. Kaiser) 12, 15, 18 f.
Smith, Adam 158
Sophie Charlotte von Braunschweig-Hannover 21
Sophie von der Pfalz 21
Spengler, Oswald 95
Staël-Holstein, Anne Louise Germaine de 7
Stanislaus II. August Poniatowski (König von Polen) 40
Stauffenberg, Claus Schenk Graf von 102 f.
Steiner, Rudolf 192
Thomasius, Christian 129, 166
Tieck, Friedrich 132
Tieck, Ludwig 132
Treitschke, Heinrich von 6, 80, 168
Tresckow, Henning von 102 f., 182
Twesten, Karl 81
Varnhagen von Ense, Rahel 132
Virchow, Rudolf 81, 169–171
Vogel, Henriette 151
Voltaire 33, 130
Waldeck, Benedikt 60
Weber, Carl Maria von 57
Weiß, Bernhard 99
Weizsäcker, Richard von 182, 197
Werner, Anton von 81
Wilhelm I. (König von Preußen, dt. Kaiser) 62, 66 f., 69, 72, 75–77, 88, 182
Wilhelm II. (König von Preußen, dt. Kaiser) 63, 80, 88–90, 92, 104, 108, 174, 185
Wirth, Joseph 194
Wolff, Christian 129, 166
Wolff, Theodor 141
Yorck von Wartenburg, Hans David Ludwig Graf 54
Yorck von Wartenburg, Peter 196
Zengen, Wilhelmine von 148
Zuckmayer, Carl 172

Bildnachweis

Picture-Alliance/akg-images: S. 2, 10, 11, 13, 14, 16, 18, 19, 22, 25, 27, 28, 29, 32, 33, 34, 41, 42, 44/45, 46, 47, 49, 50, 51, 55, 57, 59, 65, 70, 71, 72, 73, 83, 89, 92 (l.), 92 (r.), 97, 99, 101, 103, 104, 105, 107, 112, 115 (u.), 116, 117, 118, 123, 125, 126, 127, 129, 130, 131, 132, 135, 137, 138/39, 141, 143, 145, 147, 149, 150, 155 (l.), 155 (r.), 157 (o.), 157 (u.), 158, 159 (o.), 160, 162/163, 167, 168, 169, 171 (o.), 171 (u.), 173, 174 (l.), 174 (r.), 175, 176, 177 (o.), 177 (u.), 179; Bildarchiv Preußischer Kulturbesitz (bpk): S. 7, 8, 15, 21, 36, 37/Klaus Göken, 39, 52, 60, 63, 66, 68, 69, 80, 85, 90, 91, 95, 121, 165, 166; Bridgeman: S. 77; Ullstein: 35, 74/75, 78, 81, 87, 98, 106, 109, 115 (o.), 122, 153, 159 (u.), 164

Die Deutsche Nationalbibliothek verzeichnet diese Publikation in der Deutschen Nationalbibliografie; detaillierte bibliografische Daten sind im Internet über http://dnb.d-nb.de abrufbar.

Das Werk ist in allen seinen Teilen urheberrechtlich geschützt. Jede Verwertung ist ohne Zustimmung des Verlages unzulässig. Das gilt insbesondere für Vervielfältigungen, Übersetzungen, Mikroverfilmungen und die Einspeicherung in und Verarbeitung durch elektronische Systeme.

© 2011 Konrad Theiss Verlag GmbH, Stuttgart
Alle Rechte vorbehalten
Die Herausgabe dieses Werkes wurde durch die Vereinsmitglieder der WBG ermöglicht.

Projektbetreuung: Dr. Claudia Mocek, Theiss Verlag
Zeittafel: Hermann Scharnagl
Lektorat: Beratung und Verlagsservice Scharnagl, Reute
Layout und Gestaltung: DOPPELPUNKT, Stuttgart
Satz: Friedrich Verlagsmedien, Frankfurt
Kartografie: Peter Palm, Berlin
Druck und Bindung: Himmer AG, Augsburg
Gedruckt auf säurefreiem und alterungsbeständigem Papier
Printed in Germany

ISBN 978-3-8062-2418-4

Besuchen Sie uns im Internet: www.theiss.de

Lizenzausgabe für die WBG (Wissenschaftliche Buchgesellschaft), Darmstadt
ISBN: 978-3-534-23654-1

www.wbg-wissenverbindet.de